큰 그림과 큰 글씨로 눈이 편하게!

쓱싹 시리즈 14

쓱 하고 싹 배우는

윈도우11 & 웹 콘텐츠

★ **저자** 김영미 ★

YoungJin.com Y.
영진닷컴

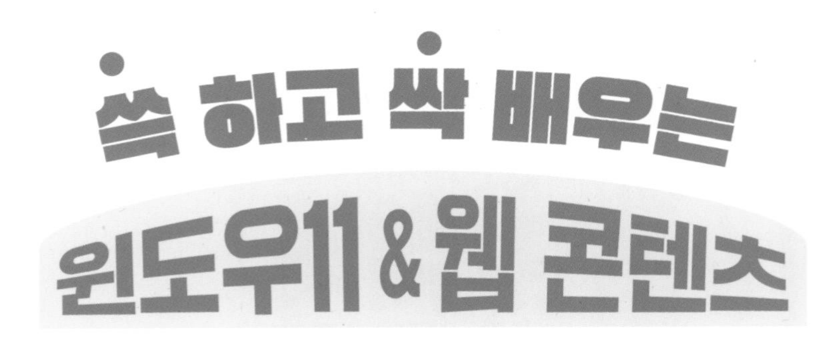

401, STX-V Tower 128, Gasan digital 1-ro, Geumcheon-gu, Seoul, Republic of Korea.

ISBN 978-89-314-6923-3

독자님의 의견을 받습니다

이 책을 구입한 독자님은 영진닷컴의 가장 중요한 비평가이자 조언가입니다. 저희 책의 장점과 문제점이 무엇인지, 어떤 책이 출판되기를 바라는지, 책을 더욱 알차게 꾸밀 수 있는 아이디어가 있으면 이메일, 또는 우편으로 연락주시기 바랍니다. 의견을 주실 때에는 책 제목 및 독자님의 성함과 연락처(전화번호나 이메일)를 꼭 남겨 주시기 바랍니다. 독자님의 의견에 대해 바로 답변을 드리고, 또 독자님의 의견을 다음 책에 충분히 반영하도록 늘 노력하겠습니다.

이메일 : support@youngjin.com
주 소 : 서울특별시 금천구 가산디지털1로 128 STXV타워 4층 401호
등 록 : 2007. 4. 27. 제16-4189호

STAFF

저자 김영미 | **기획** 기획 1팀 | **총괄** 김태경 | **진행** 김연희 | **디자인・편집** 박지은
영업 박준용, 임용수, 김도현 | **마케팅** 이승희, 김근주, 김도연, 김민지, 김진희, 이현아 | **제작** 황장협 | **인쇄** 제이엠

이 책은요!

쓱 하고 싹 배우는
윈도우11 & 웹 콘텐츠

컴퓨터의 기본 활용 방법과 웹 콘텐츠의 다양한 기능을 익히며
일상생활을 좀 더 편리하게 만들어 보세요!

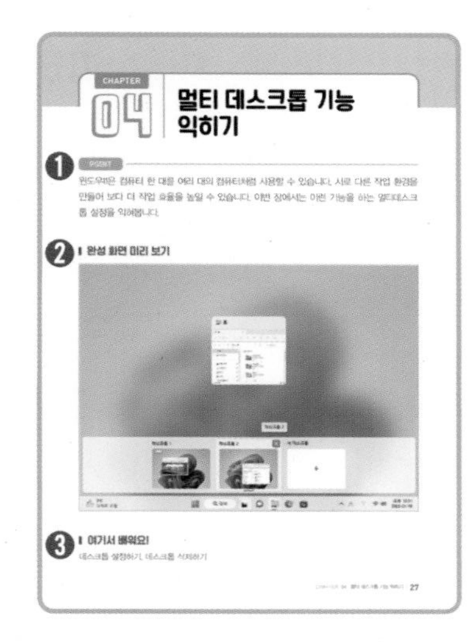

❶ POINT
챕터에서 배우게 될 내용을 간략하게 소개해요.

❷ 완성 화면 미리 보기
챕터에서 배우게 되는 예제의 완성된 모습을 미리 만나요.

❸ 여기서 배워요!
어떤 내용을 배울지 간략하게 살펴봐요. 배울 내용을 미리 알아 두면 훨씬 쉽고 재미있게 배울 수 있어요.

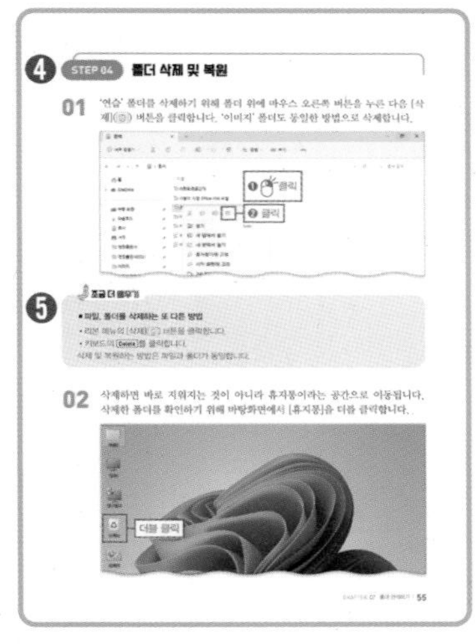

❹ STEP
예제를 하나하나 따라 하면서 본격적으로 기능을 익혀 봐요.

❺ 조금 더 배우기
본문에서 설명하지 않은 내용 중 중요하거나 알아 두면 좋을 내용들을 알 수 있어요.

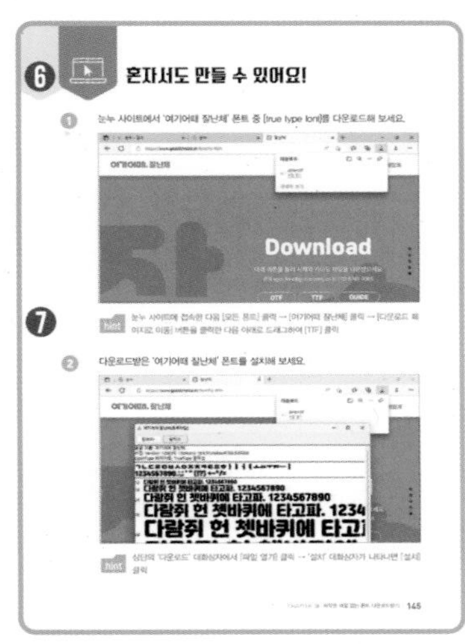

❻ 혼자서도 만들 수 있어요!
챕터에서 배운 내용을 연습하면서 한 번 더 기능을 숙지해 봐요.

❼ HINT
문제를 풀 때 참고할 내용을 담았어요.

이 책의 목차

I. 윈도우 11

Ⅱ. 웹 콘텐츠 활용

CHAPTER 01

I. 윈도우 11

컴퓨터와 첫 만남

POINT

일상생활에서 컴퓨터 없이 살 수 있을까요? 학교와 회사에서 문서를 작성하는 일, 게임, 뉴스, 정보 검색, 친구와 채팅으로 의사소통, 메일 보내기, 사진을 찍어 편집하는 일, 집에서 쇼핑하는 일 등 다양한 일을 컴퓨터가 하고 있습니다. 이번 장에서는 윈도우11을 배우기 전 컴퓨터가 무엇인지, 그리고 컴퓨터의 구성 요소에 대해 알아봅니다.

완성 화면 미리 보기

여기서 배워요!

컴퓨터란?, 컴퓨터의 구성 장치들 살펴보기

STEP 01 컴퓨터란?

01 컴퓨터는 논리적인 언어로 전자회로를 이용하여 다양한 자료를 처리하는 기기를 말합니다. 컴퓨터는 사람으로 비교하면 신체에 해당하는 하드웨어와 생각하고 사고하는 소프트웨어로 구성되어 있습니다. 하드웨어는 본체와 모니터, 키보드, 마우스 등을 말하며, 이것들을 움직여 여러 작업을 할 수 있도록 명령하는 프로그램을 소프트웨어라고 합니다.

STEP 02 컴퓨터 구성 장치들 살펴보기

컴퓨터는 본체, 본체와 연결되어 있는 하드디스크와 같은 보조기억장치와 모니터, 프린터 같은 출력 장치 그리고 마우스, 키보드 같은 입력 장치 등으로 구성되어 있습니다. 본체를 제외한 나머지 장치들을 주변 장치라고 말합니다.

01 본체

컴퓨터의 주변 장치를 제외한 메인 장치를 이야기하며 컴퓨터 본체에는 사람의 뇌와 같은 중앙처리장치(CPU), 메모리(Memory), 하드디스크(Hard disk) 등 컴퓨터를 동작하게 하는 여러 장치로 구성되어 있습니다.

02 하드디스크

보조기억장치라고 합니다. 전원이 꺼지면 정보가 사라지는 주기억장치와 달리 전원이 꺼지더라도 저장된 정보를 그대로 보존하는 기능을 가지고 있습니다. 대부분 '컴퓨터에 저장을 한다'라고 하면 하드디스크에 저장한다고 보면 됩니다.

03 모니터

컴퓨터에서 처리한 영상 정보 결과를 화면으로 보여주는 출력 장치를 말합니다.

04 프린터

컴퓨터에서 처리한 정보들을 종이에 인쇄하는 출력 장치를 말합니다.

05 마우스

모니터 화면에서 커서나 버튼을 클릭하여 다양한 프로그램을 실행시키는 입력 장치를 말합니다. 마우스는 둥글고 작은 모양에 뒤에 긴 케이블이 달려 있는 모습이 쥐와 닮아서 붙여진 이름입니다.

06 키보드

자판을 이용하여 타이핑으로 컴퓨터의 여러 가지 작업을 할 수 있도록 하는 입력 장치를 말합니다.

CHAPTER

02 윈도우11 시작하기

POINT

우리는 언어가 다르면 중간에 통역해 주는 어플이나 통역하는 사람의 도움을 받습니다. 이처럼 컴퓨터가 사용하는 언어는 사람의 언어와 달라서 중간에 통역하는 무언가가 있어야 하는데요. 이런 통역사의 역할을 하는 것을 운영체제(OS:Operating System)라고 합니다. 즉 컴퓨터를 손쉽게 쓸 수 있도록 하는 것입니다. 여기서는 운영체제 중 마이크로소프트사에서 만든 윈도우11의 기본 화면 및 작업표시줄 구성 요소에 대해 알아봅니다.

완성 화면 미리 보기

여기서 배워요!

윈도우11 화면 구성 살펴보기, 작업표시줄 구성 요소, 작업표시줄 속속히 알아보기-1, 작업표시줄 속속히 알아보기-2

STEP 01 윈도우11 화면 구성 살펴보기

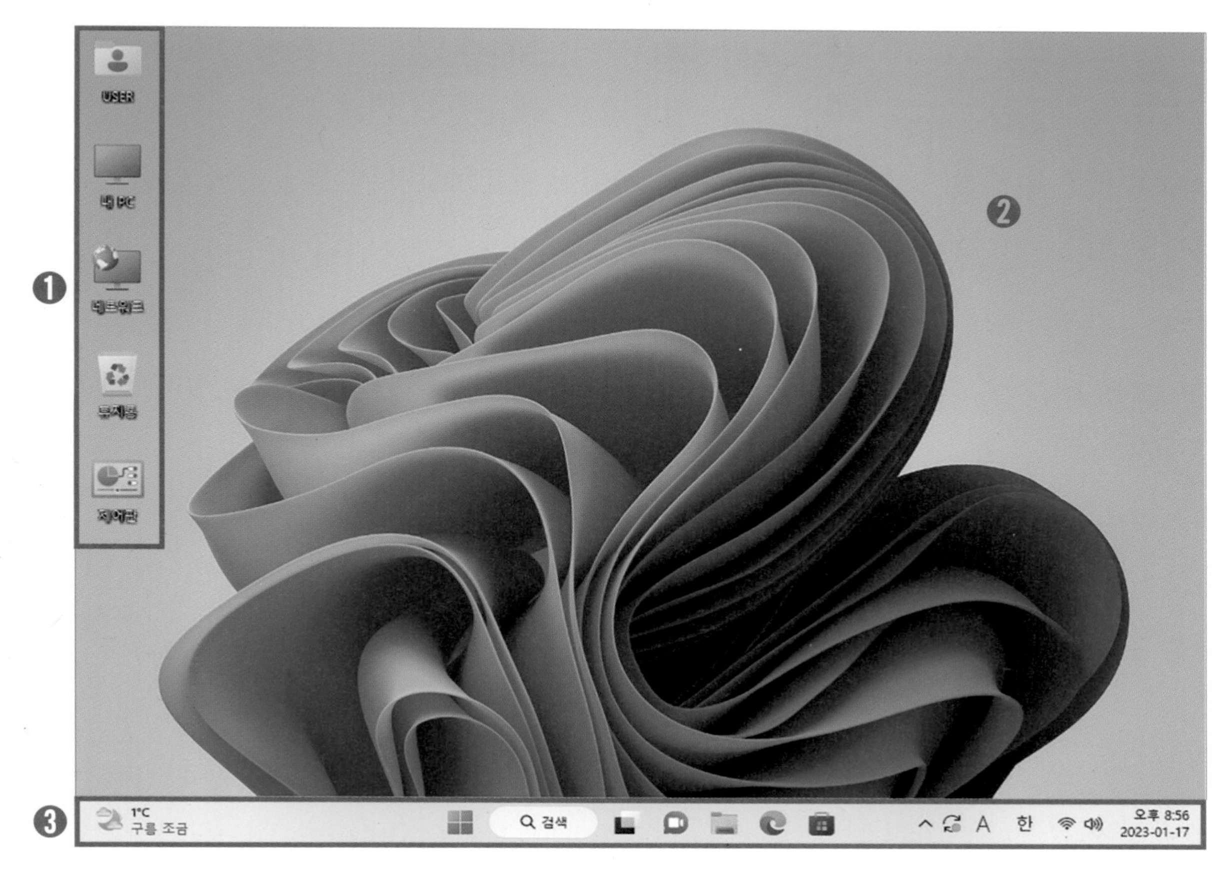

① **아이콘** : 윈도우11에서 사용하는 프로그램(앱)들을 작은 그림 형태로 나타낸 것으로, 기본 윈도우11에서 사용하는 프로그램(앱) 외 사용자가 임의로 프로그램을 설치하면 아이콘 형태로 나타납니다.

② **바탕화면** : 우리가 사용하는 책상과 같이 필요한 프로그램(앱)을 화면 위에 올려놓고 사용하는 공간입니다.

③ **작업표시줄** : 기본 윈도우11에서 사용하는 항목 외 프로그램(앱)을 사용하는 상황을 아래에 표시해주는 공간으로, 하단에 있지만 사용자가 원하는 대로 위치를 변경할 수 있습니다.

STEP 02 작업표시줄 구성 요소

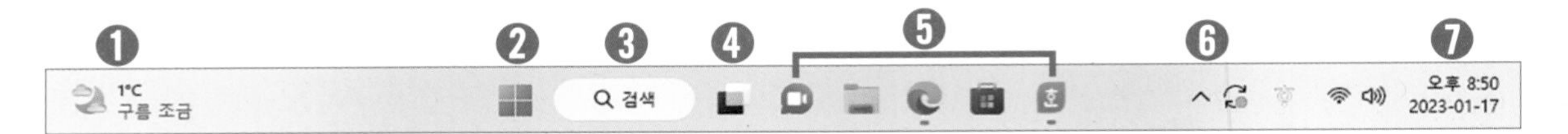

① 날씨 위젯 : 위젯을 표시해주는 공간으로 날씨 위젯이 기본 설정되어 있습니다.

② 시작 버튼 : 윈도우11에 설치된 모든 프로그램(앱)을 나타냅니다.

③ 검색 상자 : 필요한 프로그램(앱)이나 파일, 또는 인터넷 검색을 할 수 있습니다.

④ 데스크톱 버튼 : 하나의 윈도우 바탕화면을 여러 개의 바탕화면으로 만들어 사용할 수 있습니다.

⑤ 고정된 프로그램(앱) : 작업표시줄에 고정시켜 빠르게 실행할 수 있습니다.

⑥ 입력 도구 : 윈도우11의 여러 상태와 한/영 입력을 제어할 수 있습니다.

⑦ 날짜 및 시간 : 현재 날짜와 시간을 확인할 수 있습니다.

STEP 03 작업표시줄 속속히 알아보기-1

01 와이파이의 연결 상태를 확인할 때는 오른쪽 하단의 [Wi-Fi]( ) 버튼을 클릭합니다.

02 [Wi-Fi 연결 관리](>) 버튼을 클릭한 후 연결 가능한 Wi-Fi를 선택하여 연결합니다.

조금 더 배우기

연결할 Wi-Fi를 선택할 때 비밀번호 입력란이 나오면 지정한 Wi-Fi 비밀번호를 입력해야 연결할 수 있습니다.

03 Bluetooth를 연결할 때는 [Bluetooth 장치 관리](>) 버튼을 클릭한 후 Bluetooth를 선택하여 연결합니다.

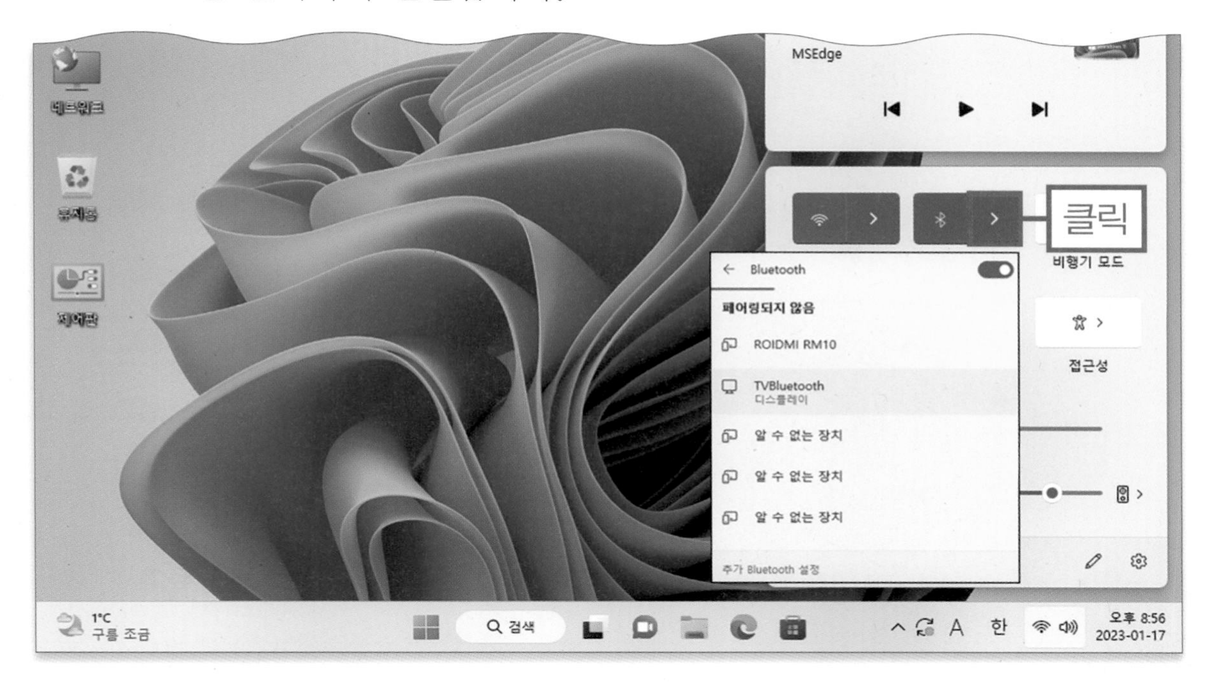

STEP 04 작업표시줄 속속히 알아보기-2

01 위젯 영역과 가운데 고정 항목 영역을 편집하기 위해 작업표시줄에서 마우스 오른쪽 버튼을 누른 후 [작업 표시줄 설정]을 클릭합니다.

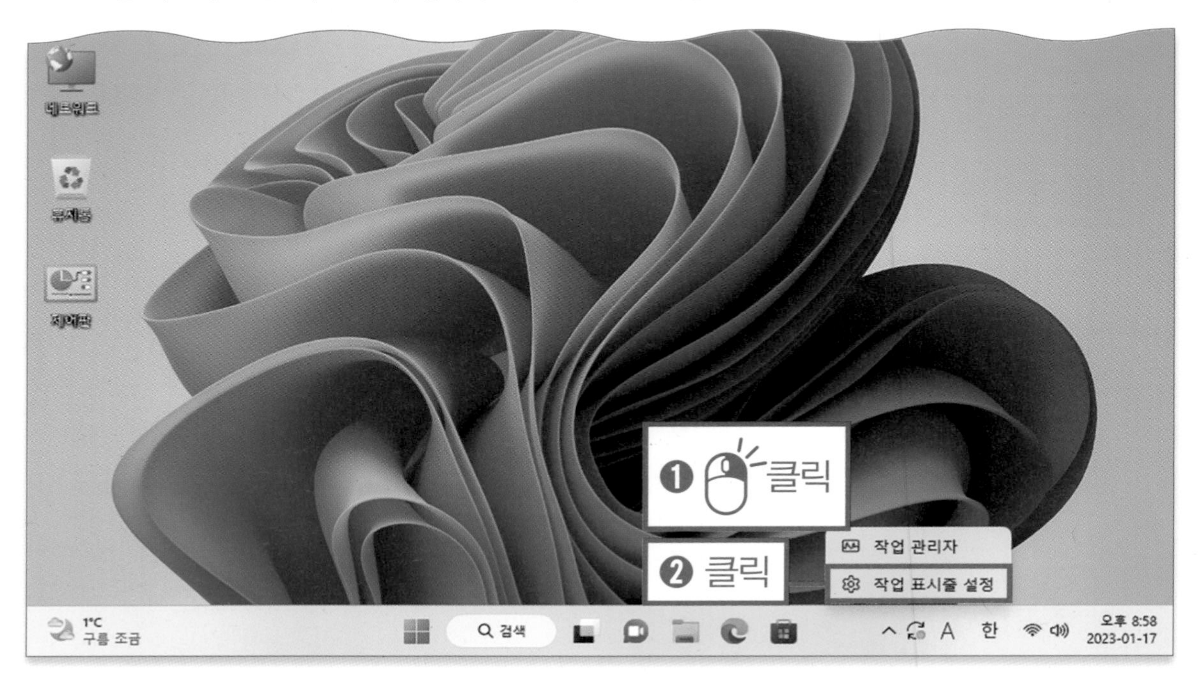

02 '설정' 대화상자가 나타나면 '작업 표시줄 항목' 중 표시하지 않을 항목의 [켬]을 클릭하여 [끔] 상태로 설정합니다. 여기서 왼쪽 날씨 위젯을 표시하지 않을 때는 'widget'의 [켬]을 클릭하여 [끔] 상태로 설정합니다.

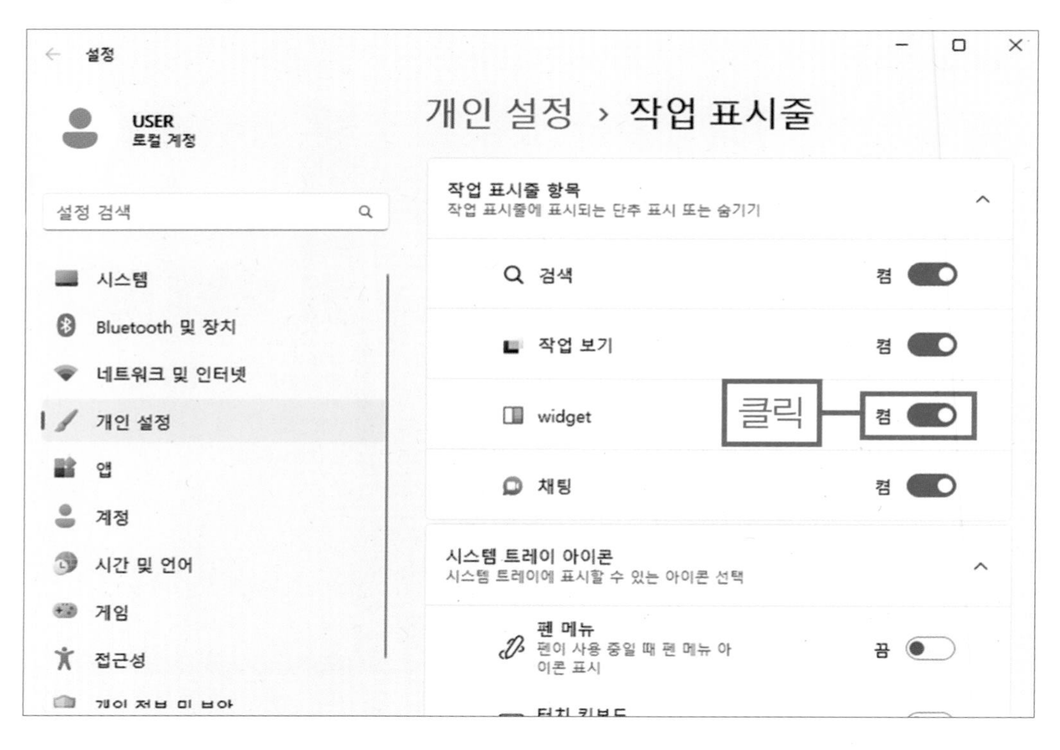

03

가운데 고정 프로그램(앱)을 편집하기 위해 아래로 드래그한 다음 '기타 시스템 트레이 아이콘'에서 나타내고자 하는 프로그램(앱)을 각각 클릭하여 [켬]과 [끔]으로 설정합니다.

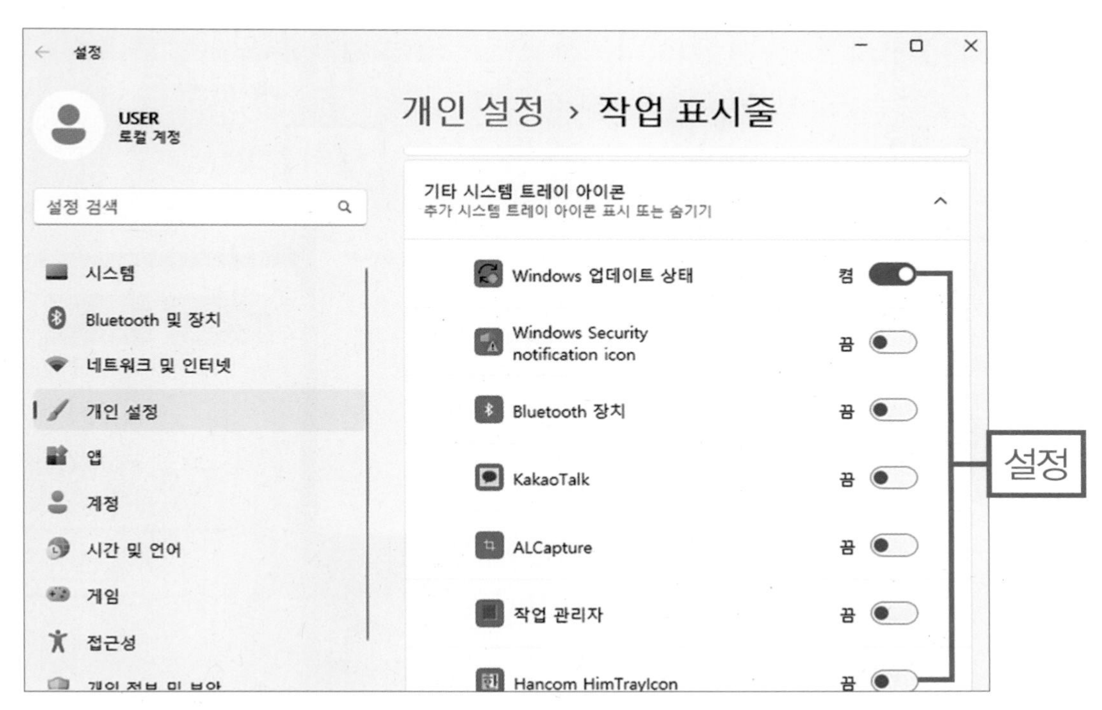

04

고정 프로그램(앱)의 위치를 왼쪽으로 변경하기 위해 아래로 드래그한 다음 '작업 표시줄 동작'에서 [작업 표시줄 맞춤]–[왼쪽]을 차례대로 클릭합니다.

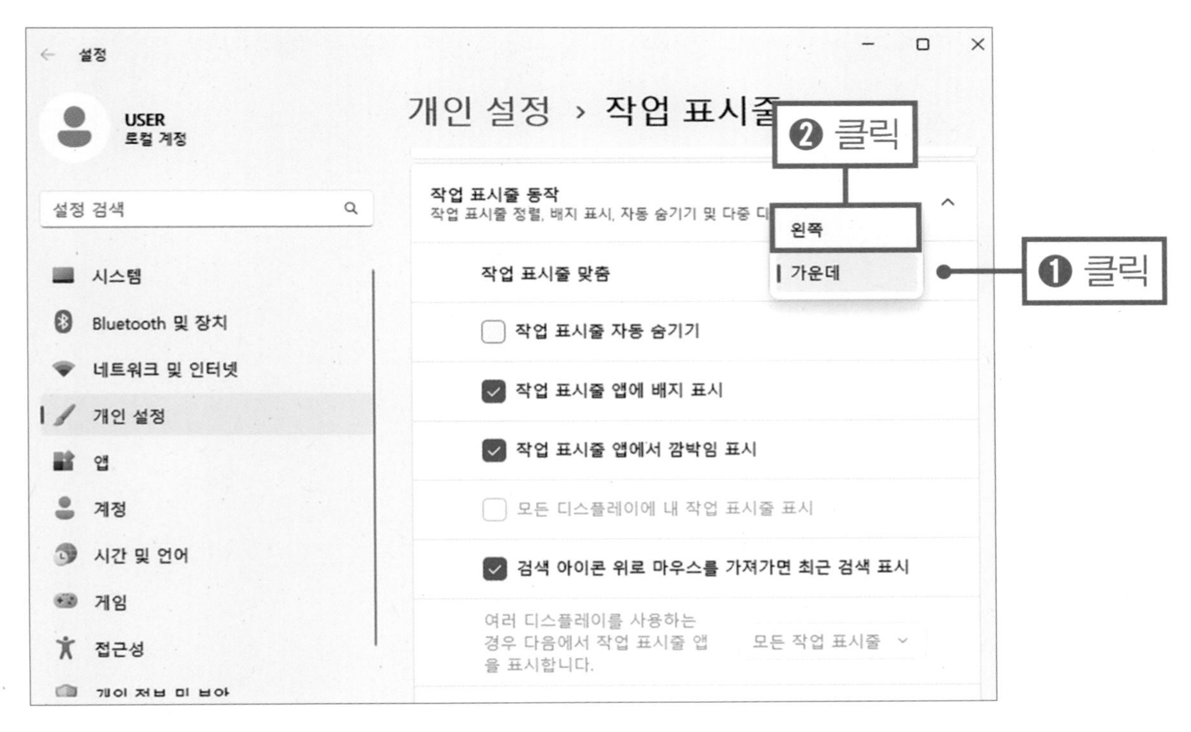

05 설정이 완료되면 상단 오른쪽의 [닫기](×) 버튼을 클릭합니다.

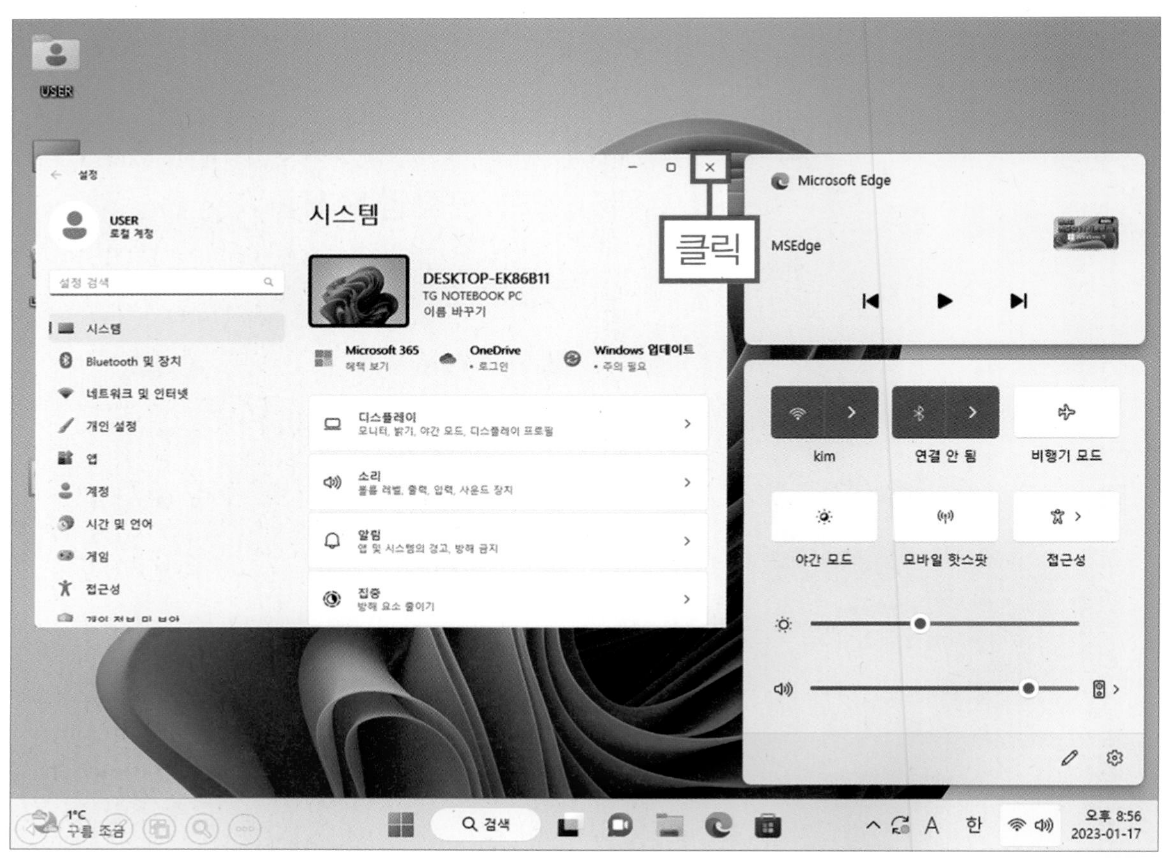

조금 더 배우기

오른쪽 하단의 [Wi-Fi]() 버튼을 클릭한 후 [모든 설정]() 버튼을 클릭하면 다양한 시스템 환경을 변경할 수 있습니다.

CHAPTER 03

시작 메뉴 설정 및 창 다루기

POINT

윈도우11 이전 버전을 사용한 사람들은 시작 메뉴가 다소 생소할 수 있습니다. 이번 장에서는 시작 메뉴를 다루는 손쉬운 방법과 새로워진 창을 다루는 방법을 알아봅니다.

완성 화면 미리 보기

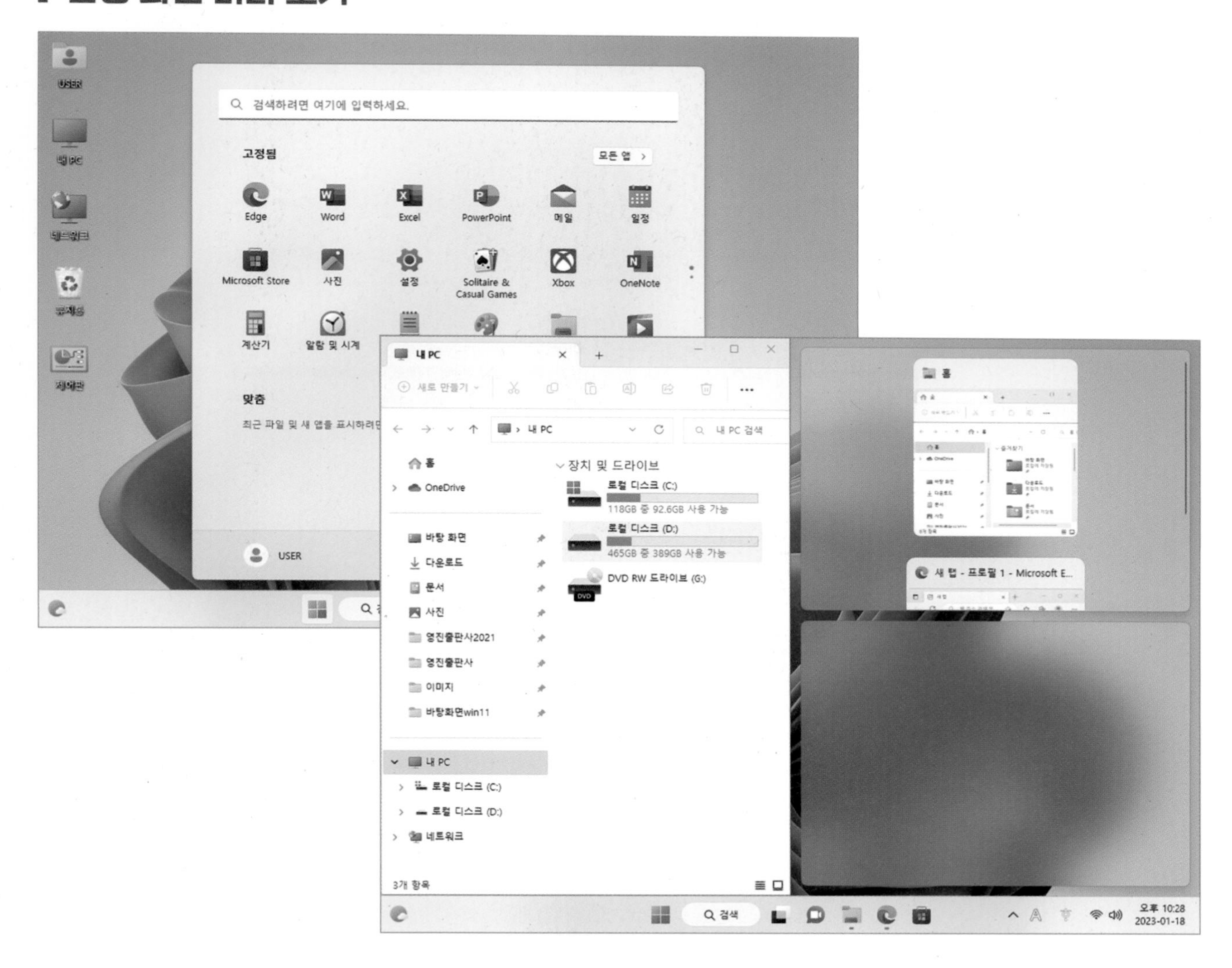

여기서 배워요!

시작 메뉴 설정하기, 창 위치 다루기

STEP 01 시작 메뉴 설정하기

01 작업표시줄 고정 항목에 [시작](■) 버튼을 클릭합니다. 시작 메뉴는 '고정됨' 메뉴가 먼저 보입니다. 이 부분은 작업표시줄의 고정 항목과 동일하지만 고정적으로 사용하는 프로그램(앱)을 많이 보여주는 부분입니다. 윈도우11에 설치된 더 많은 프로그램(앱)을 보려면 상단 오른쪽의 [모든 앱]을 클릭합니다.

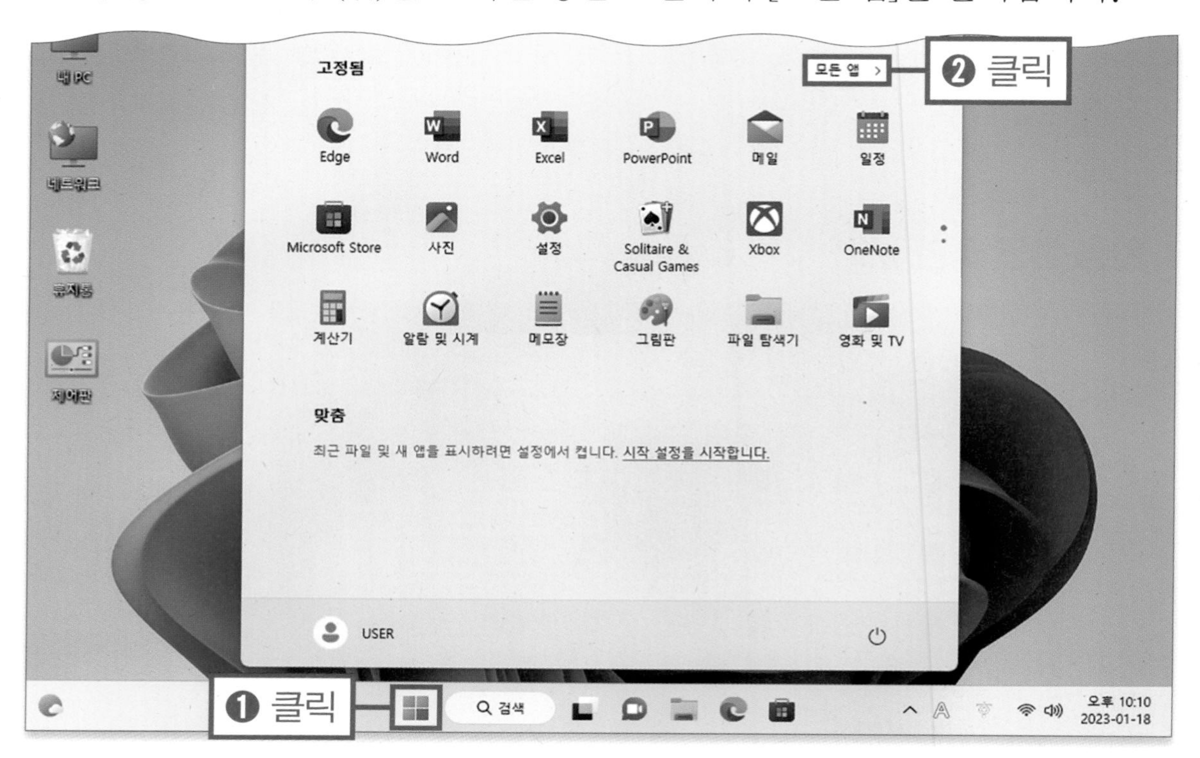

02 윈도우11에 설치된 모든 프로그램(앱)을 보여주며 ABCD...순으로 나열되어 있습니다. 여기서 원하는 프로그램(앱)을 찾아 클릭하여 실행합니다.

03 시작 메뉴에서 고정 항목의 설정을 변경하기 위해 아래 '맞춤' 부분에서 [시작 설정을 시작합니다.]를 클릭합니다.

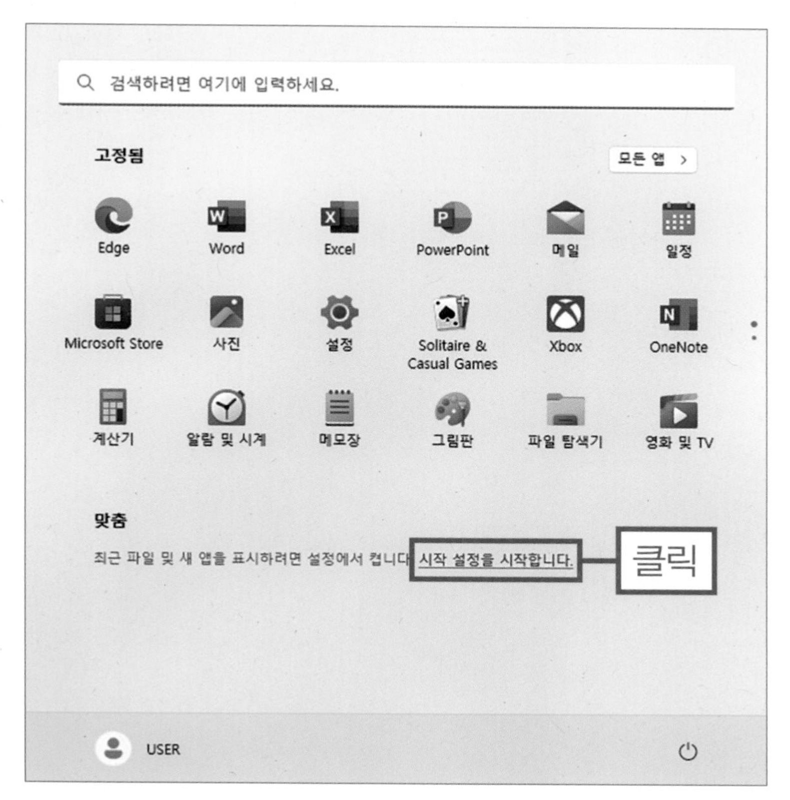

04 '설정' 대화상자가 나타나면 '레이아웃' 부분에서 원하는 형식을 선택한 후 [닫기](✕) 버튼을 클릭합니다.

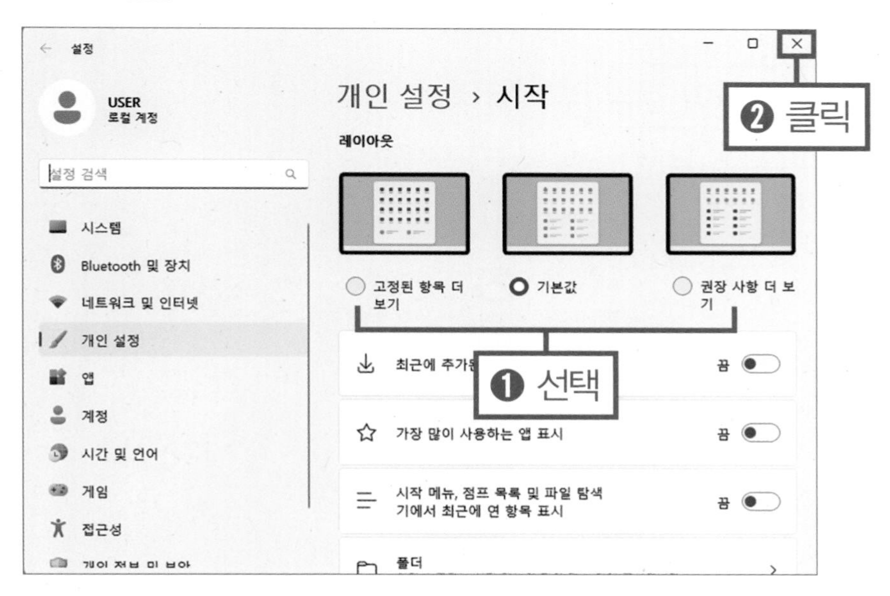

프로그램(앱)을 실행시키는 다른 방법

시작 메뉴의 검색 항목에서 실행시키고자 하는 프로그램(앱)을 입력하면 오른쪽에 프로그램(앱)이 나타납니다. 나타나는 아이콘을 클릭하여 실행합니다. 설치된 프로그램(앱)을 입력했는데 나타나지 않을 때는 철자법이 틀렸는지 확인하세요.

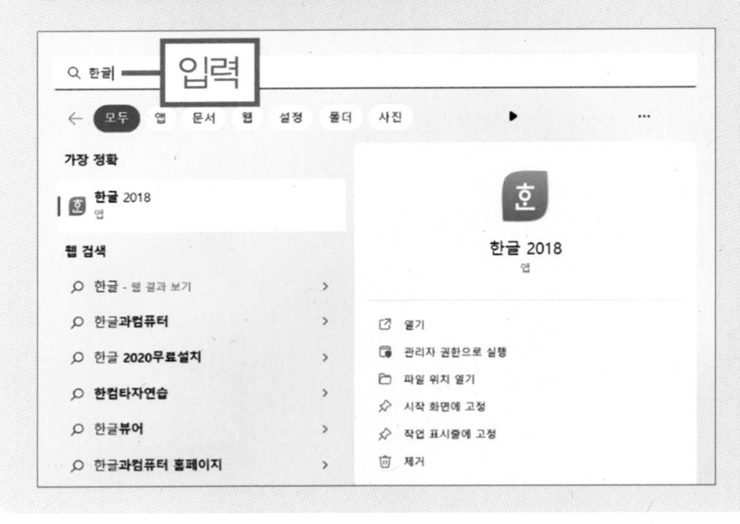

05 시작 메뉴에 고정된 프로그램(앱)은 휴대폰의 아이콘을 다루듯이 사용할 수 있습니다. 속성이 동일한 프로그램(앱)을 하나의 그룹으로 묶을 수 있습니다. 아래 이미지와 같이 MS워드 아이콘을 드래그하여 엑셀 아이콘에 겹칩니다.

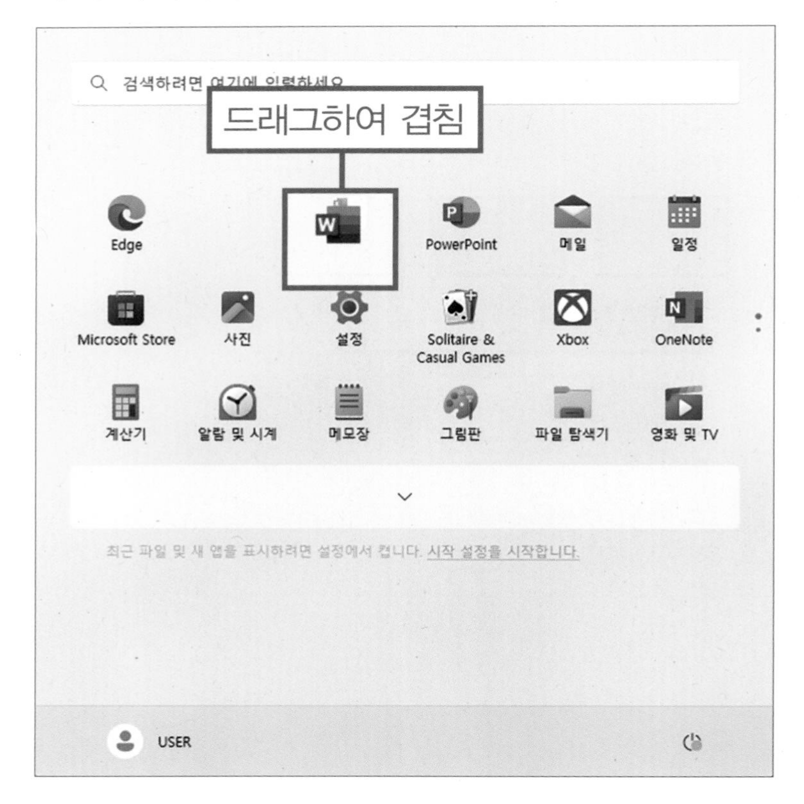

06 아이콘 두 개가 그룹으로 묶인 것을 확인할 수 있습니다. 그룹으로 묶인 아이콘 [폴더]를 클릭합니다.

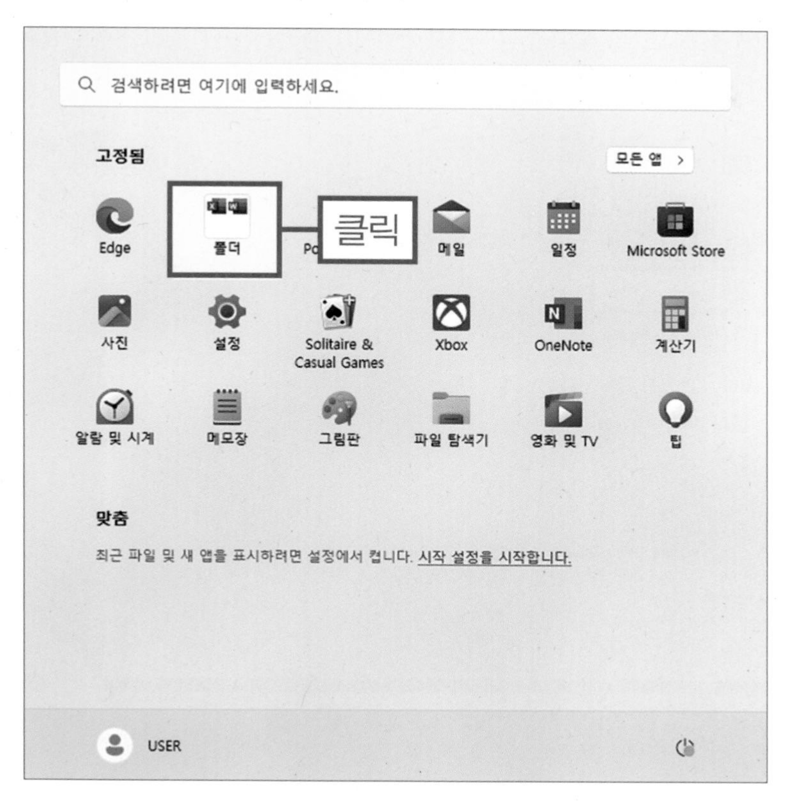

07 그룹명을 변경할 수 있습니다. 아래의 이미지와 같이 상단 입력란에 '오피스'를 입력한 다음 빈 공간을 클릭합니다. 오피스가 만들어진 것을 확인할 수 있습니다.

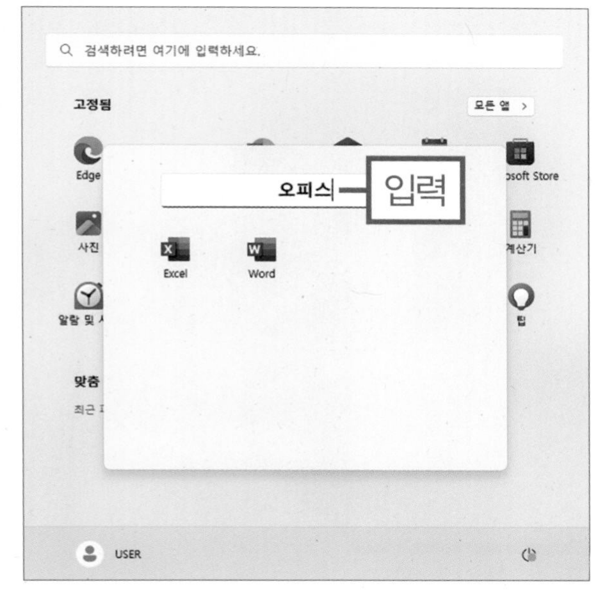

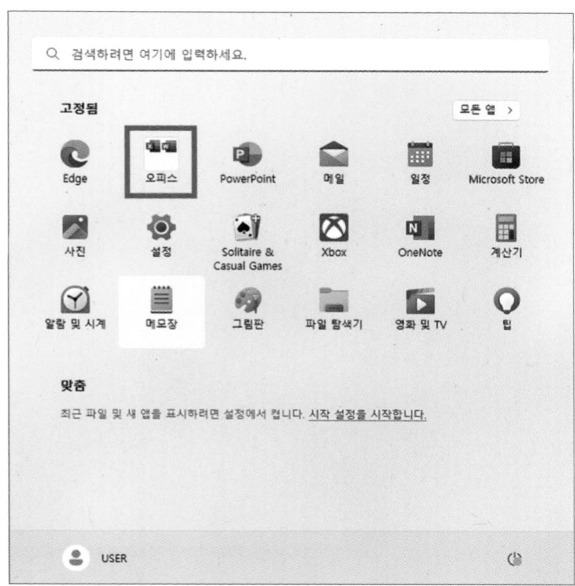

08 바로가기 아이콘이란 바탕화면에 프로그램(앱)을 아이콘으로 만드는 것을 말합니다. 바탕화면에서 바로 프로그램을 시작할 수 있습니다. '모든 앱'이 보이는 상황에서 바탕화면에 드래그하면 아래 이미지와 같이 바탕화면에 바로가기 아이콘을 만들 수 있습니다.

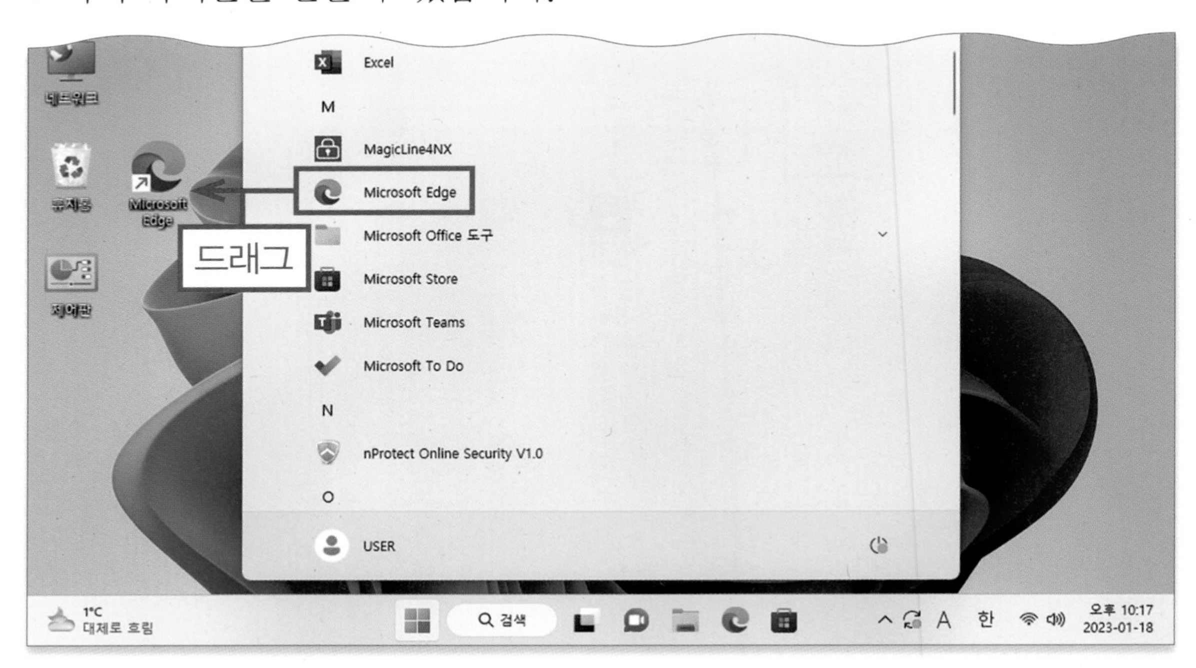

조금 더 배우기

고정된 프로그램(앱)은 바탕화면에 드래그하여 바로가기 아이콘으로 만들 수 없습니다.

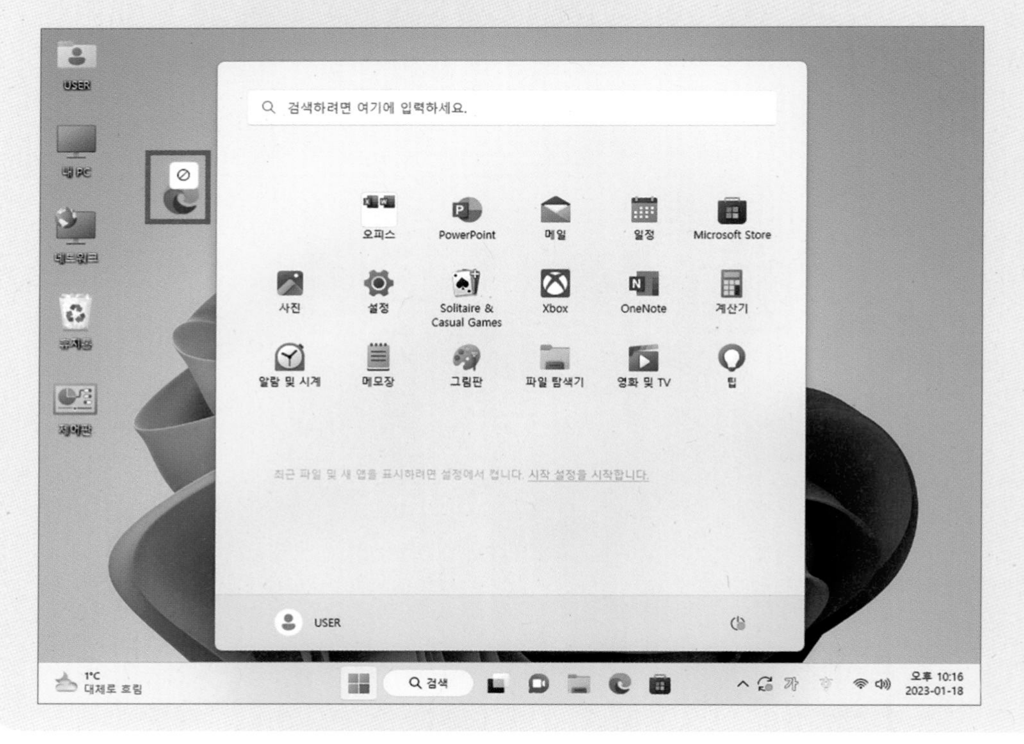

09 윈도우11을 종료하려면 [종료]( ) 버튼을 클릭한 후 [시스템 종료]를 클릭합니다.

조금 더 배우기

- **절전** : 항상 대기 상태와 같은 상황으로 저전력 유지 상태를 말합니다. 절전 상태는 가장 짧은 시간에 원상태로 돌아올 수 있고 빠르게 작업하던 상태로 돌아올 수 있습니다. 짧은 시간 자리를 비우거나 할 때 유용합니다. 만약 이 상태에서 컴퓨터 전원이 완전히 꺼지면 작업하던 문서의 데이터 등이 삭제될 수 있습니다.
- **다시 시작** : 윈도우11을 종료했다가 자동으로 다시 시작합니다.

STEP 02 창 위치 다루기

01 바탕화면에 여러 개의 작업을 동시에 하기 위해 창을 여러 개 열어놓을 때 편하게 배치할 수 있습니다. 바탕화면에 [내 PC], [Edge], [USER]를 각각 더블 클릭하여 실행합니다.

02 그중 [내 PC]의 제목 표시줄을 상단으로 드래그하면 아래 이미지와 같이 배치 창이 나타납니다. 3번째 배치 항목의 왼쪽 공간으로 드래그합니다.

03 왼쪽에 '내 PC'가 배치되면 오른쪽에 배치할 나머지 창의 제목 표시줄을 클릭하여 배치합니다.

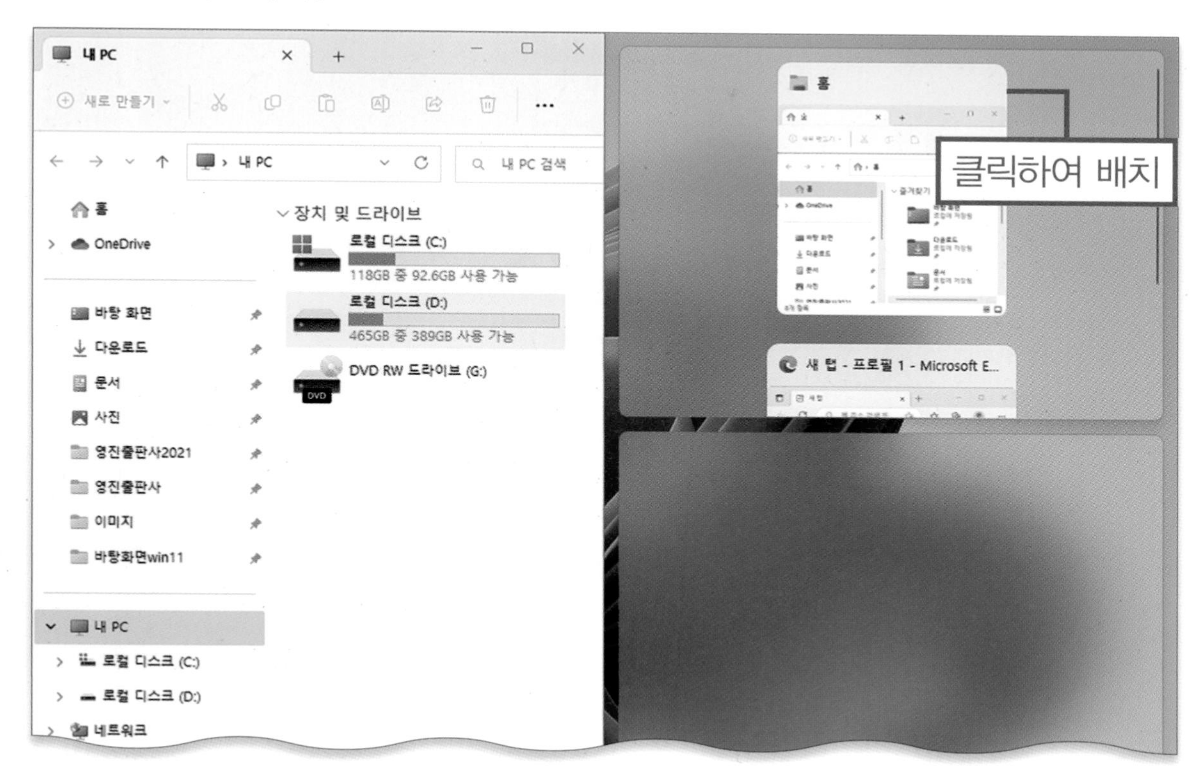

04 3부분으로 배치된 것을 확인할 수 있습니다.

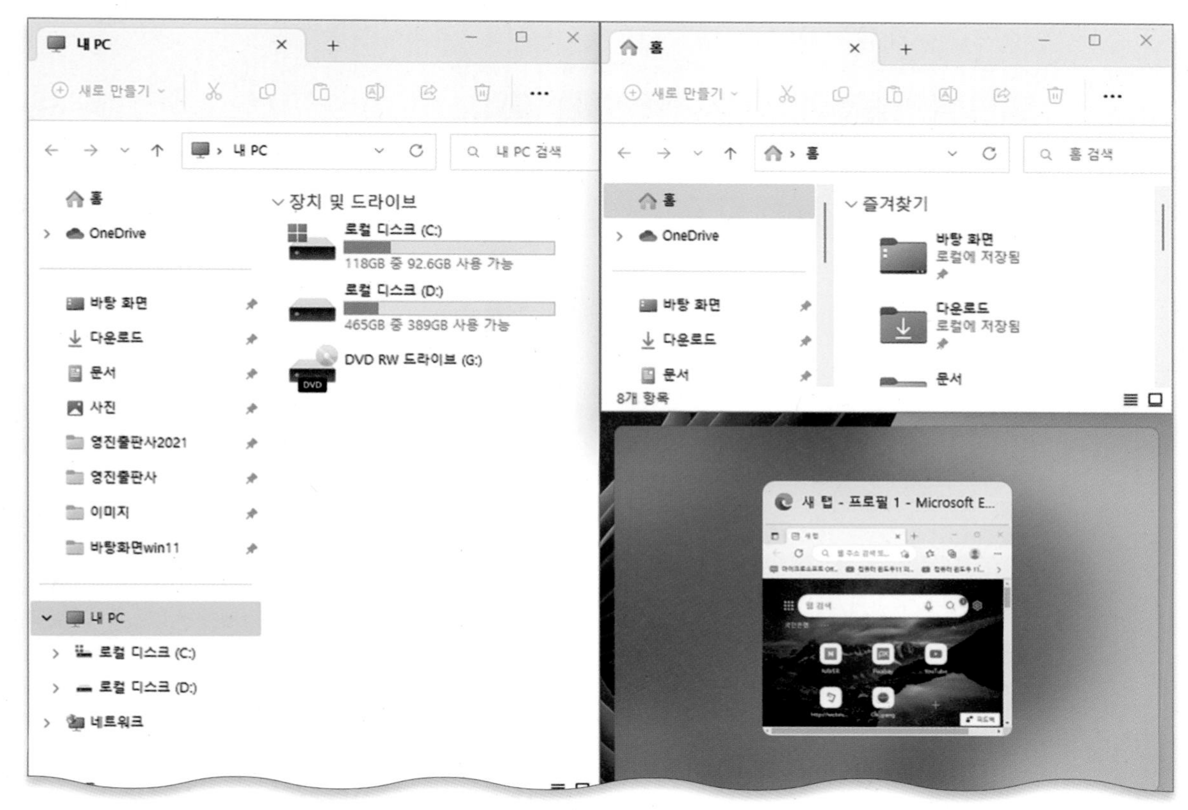

05 배치를 다시 할 때는 임의의 창의 제목 표시줄을 다시 상단으로 드래그하여 배치 항목을 선택하여 배치합니다.

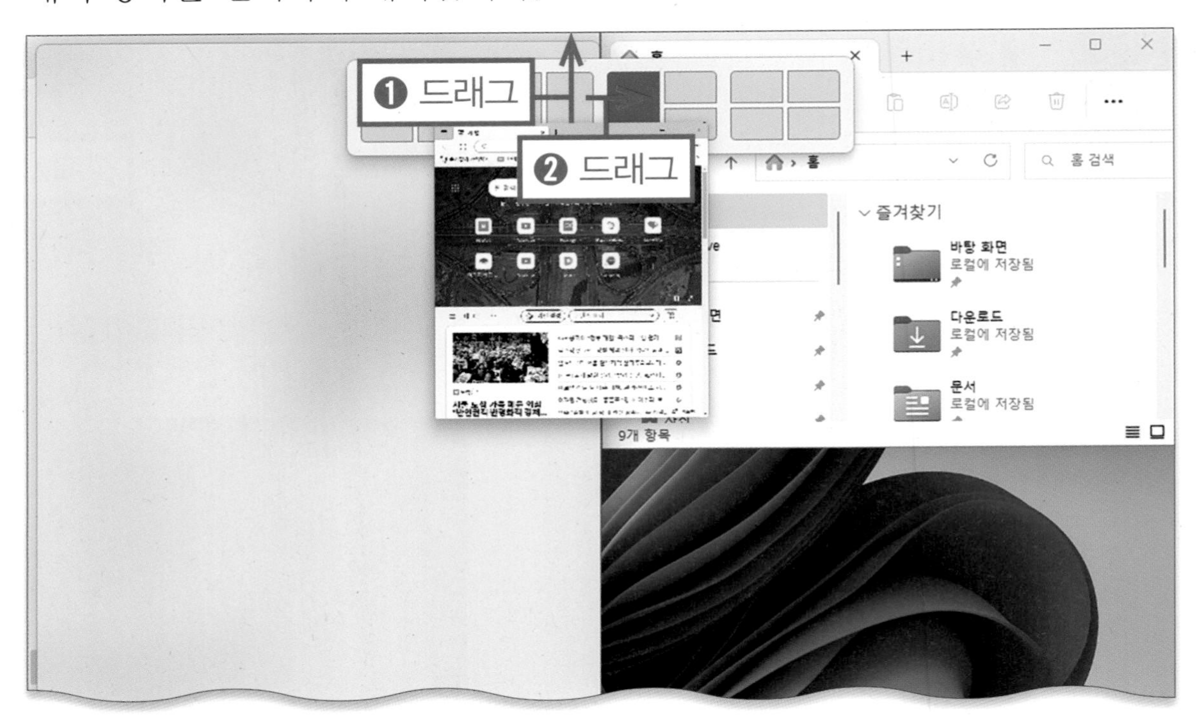

06 배치된 창의 위치가 서로 바뀌면서 배치된 것을 확인할 수 있습니다.

조금 더 배우기

창을 배치한 후 원래 있던 창은 그전 창의 위치에 들어가게 되면서 배치가 완전히 되지 않고 떠 있는 상태입니다. 완전히 배치하려면 그 창을 클릭합니다.

CHAPTER

04 멀티 데스크톱 기능 익히기

POINT

윈도우11은 컴퓨터 한 대를 여러 대의 컴퓨터처럼 사용할 수 있습니다. 서로 다른 작업 환경을 만들어 보다 더 작업 효율을 높일 수 있습니다. 이번 장에서는 이런 기능을 하는 멀티 데스크톱 설정을 익혀봅니다.

완성 화면 미리 보기

여기서 배워요!

데스크톱 설정하기, 데스크톱 삭제하기

STEP 01 데스크톱 설정하기

01 새로운 데스크톱을 추가하기 위해 작업표시줄에서 [데스크톱](■) 버튼을 클릭합니다.

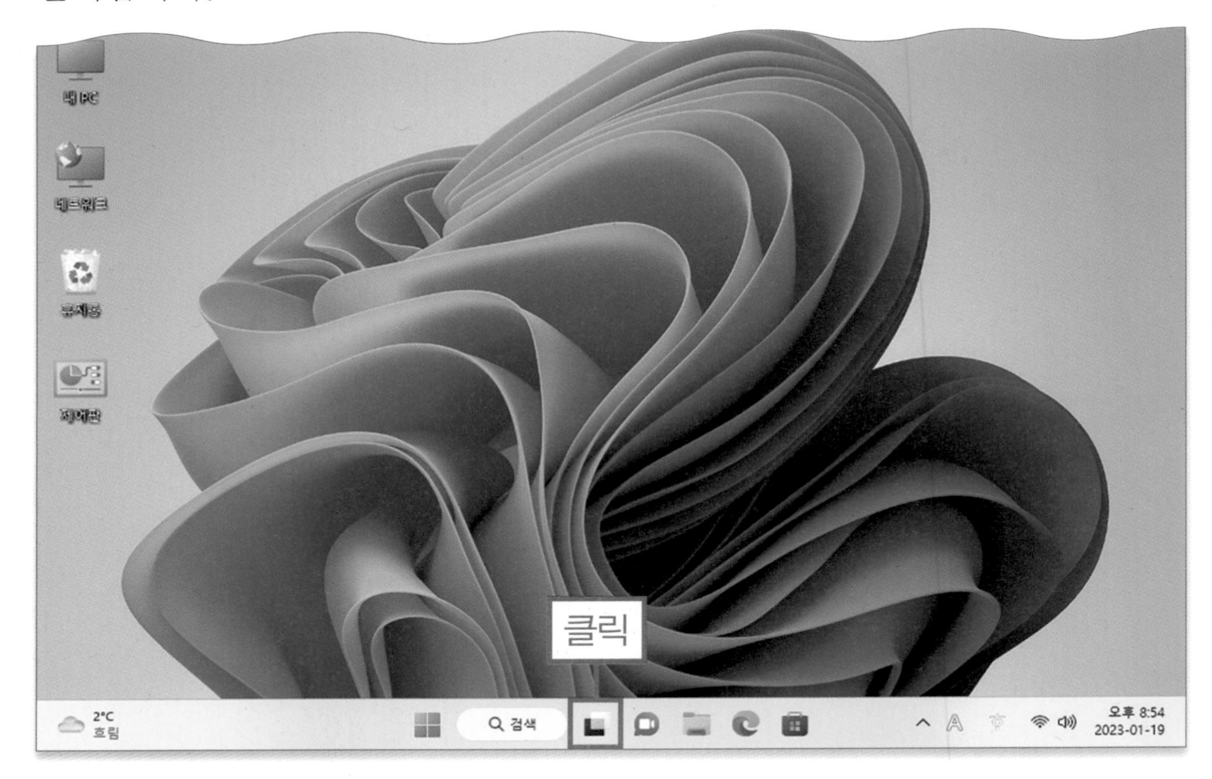

02 데스크톱 설정 환경이 나타나면 [새 데스크톱]을 클릭합니다.

03 서로 다른 환경을 만들기 위해 [데스크톱 1]을 클릭합니다.

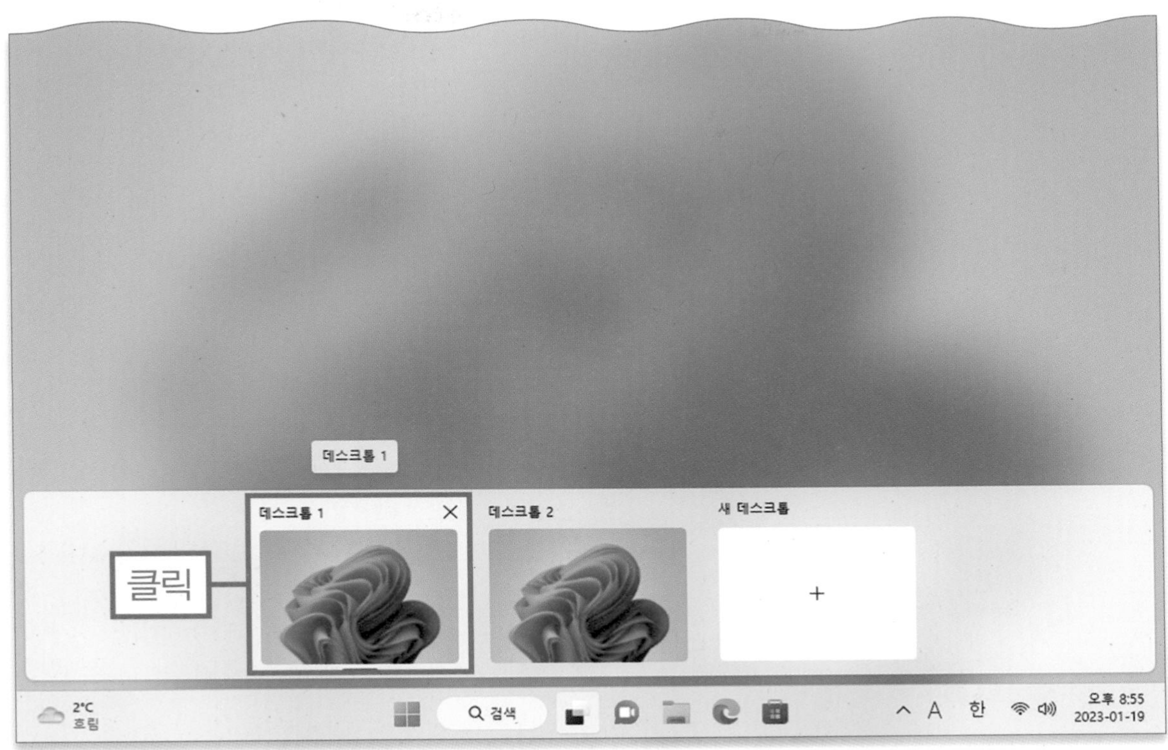

04 '데스크톱 1' 화면이 나타나면 작업표시줄의 고정항목에 [Microsoft Edge] (아이콘) 아이콘을 클릭하여 바탕화면에 띄웁니다.

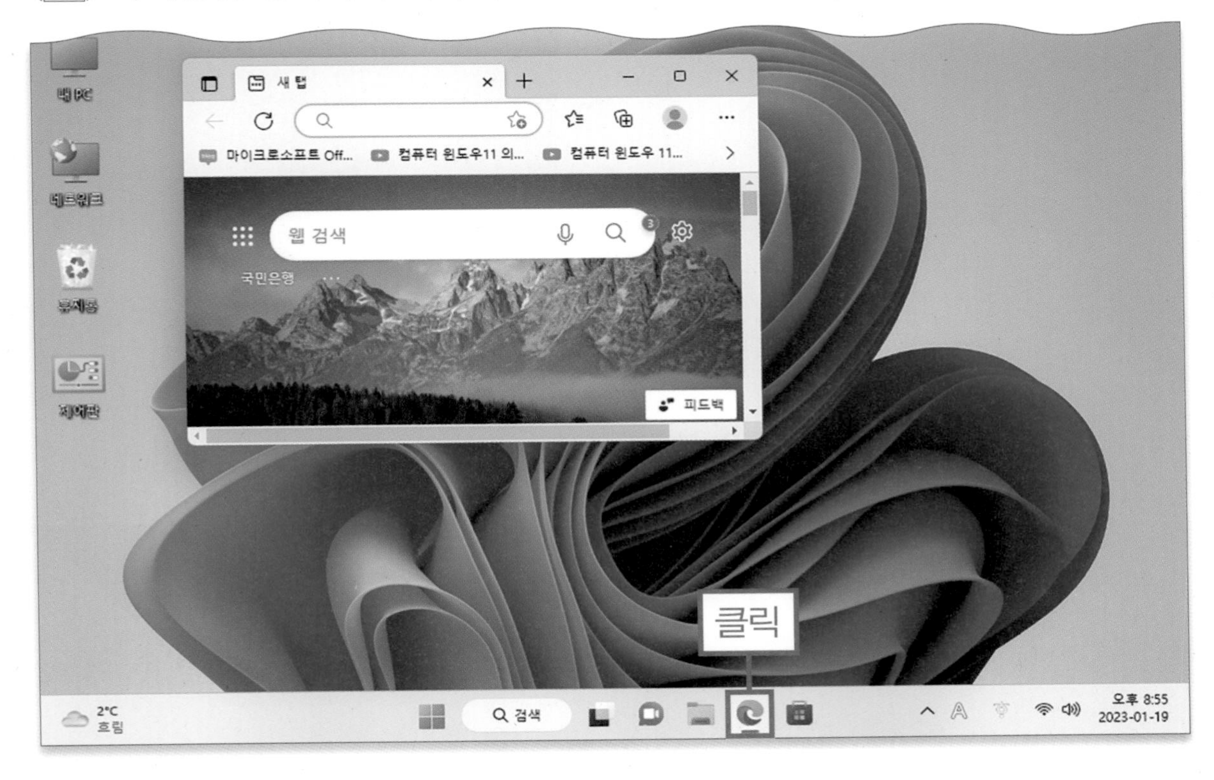

05 추가한 '데스크톱 2'에 다른 환경을 만들기 위해서 작업표시줄에서 [데스크톱]( ) 버튼을 클릭한 다음 [데스크톱 2]를 클릭합니다.

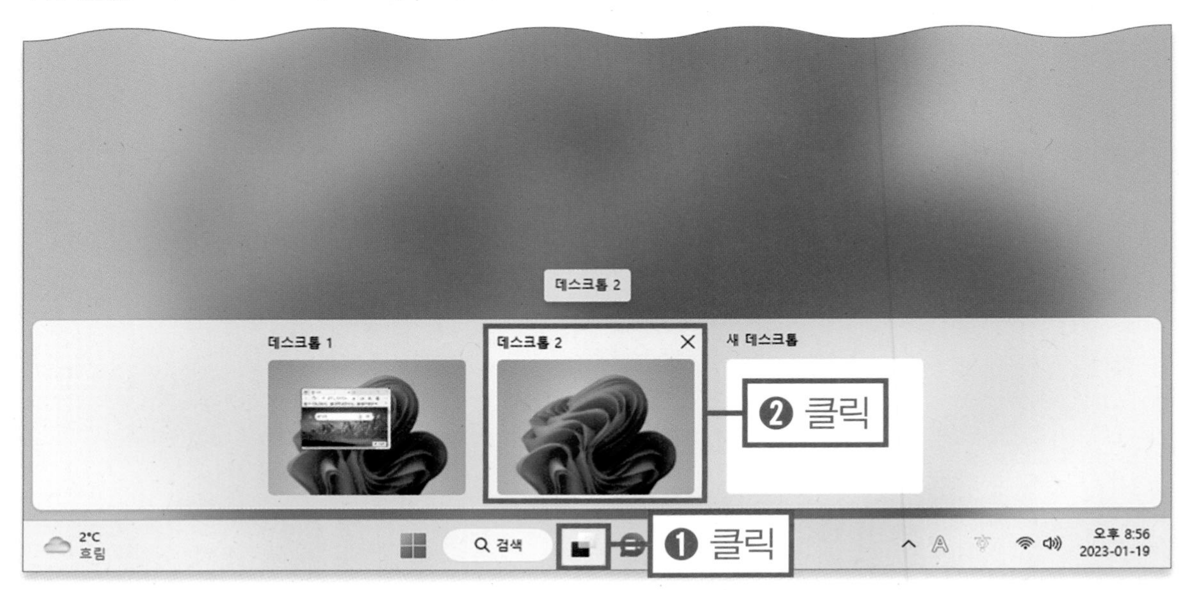

조금 더 배우기

키보드의 [윈도우]+[Tab]을 함께 누르면 조금 더 빠르게 데스크톱을 이동할 수 있습니다.

06 작업표시줄의 [파일 탐색기]( ) 버튼을 클릭하여 바탕화면에 띄웁니다.

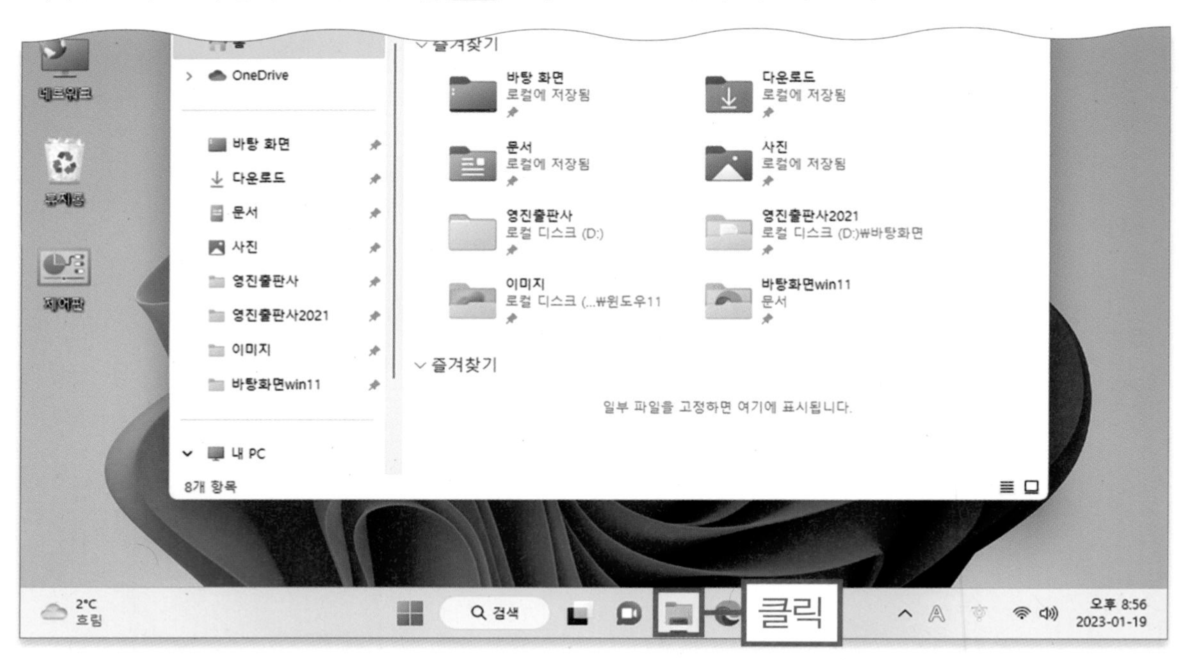

07 다시 작업표시줄에서 [데스크톱]( ) 버튼을 클릭하여 두 개의 데스크톱을 이동해 봅니다.

STEP 02 데스크톱 삭제하기

01 '데스크톱 2'를 삭제하기 위해 작업표시줄에서 [데스크톱]( ) 버튼을 클릭한 다음 '데스크톱 2'의 [닫기]( ) 버튼을 클릭합니다.

02 '데스크톱 2'의 창을 삭제해도 '파일 탐색기' 창은 지워지지 않습니다. [파일 탐색기] 창을 클릭합니다.

03 '데스크톱 1' 화면에 두 개의 창이 띄워진 것을 확인할 수 있습니다.

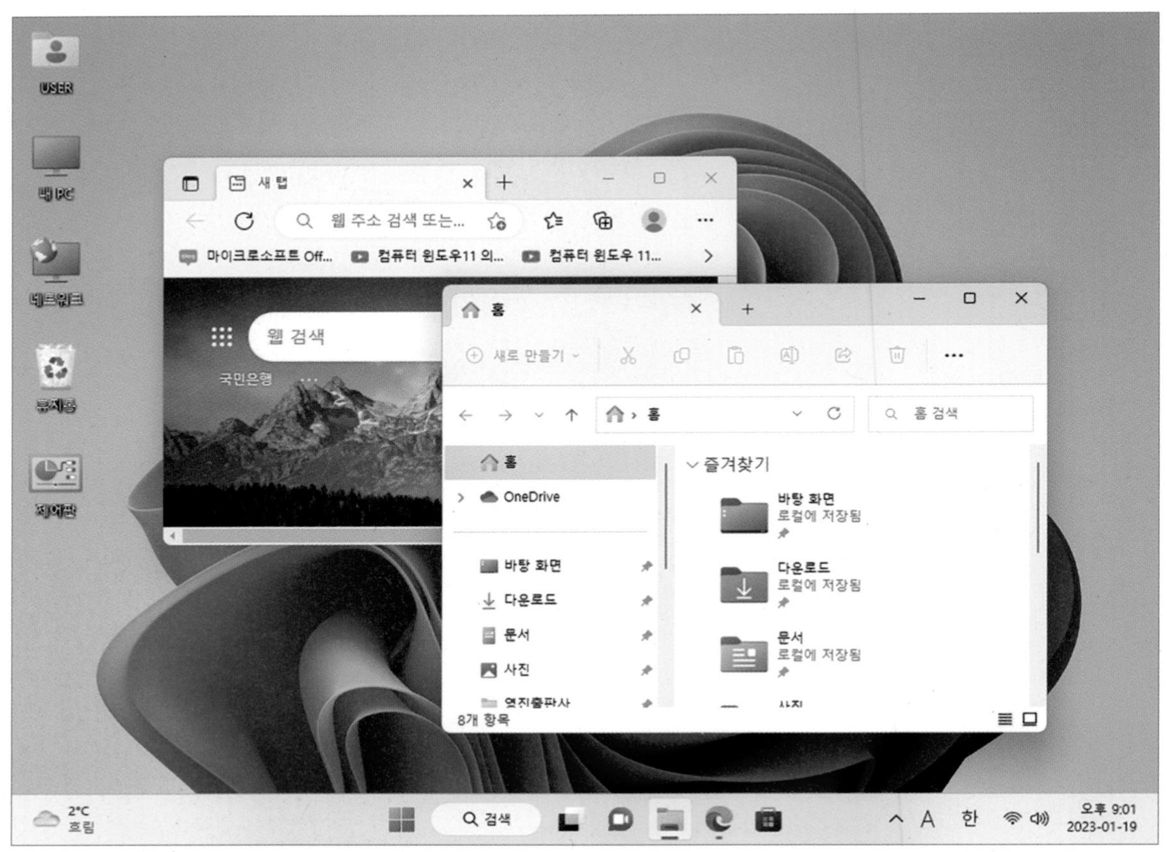

CHAPTER

05 위젯 설정하기

POINT

위젯이란 작업표시줄 왼쪽 하단에 표시된 뉴스 및 관심사를 제공하는 기능으로 윈도우10부터 사용된 기능입니다. 윈도우11에서는 업그레이드 되어 위젯이 통합되었습니다. 이번 장에서는 위젯에 대하여 알아봅니다.

완성 화면 미리 보기

여기서 배워요!

위젯 표시 · 숨기기, 위젯 편집하기

STEP 01 위젯 표시·숨기기

01 위젯 표시/숨기기를 설정하기 위해 작업표시줄에서 마우스 오른쪽 버튼을 누른 후 [작업 표시줄 설정]을 클릭합니다.

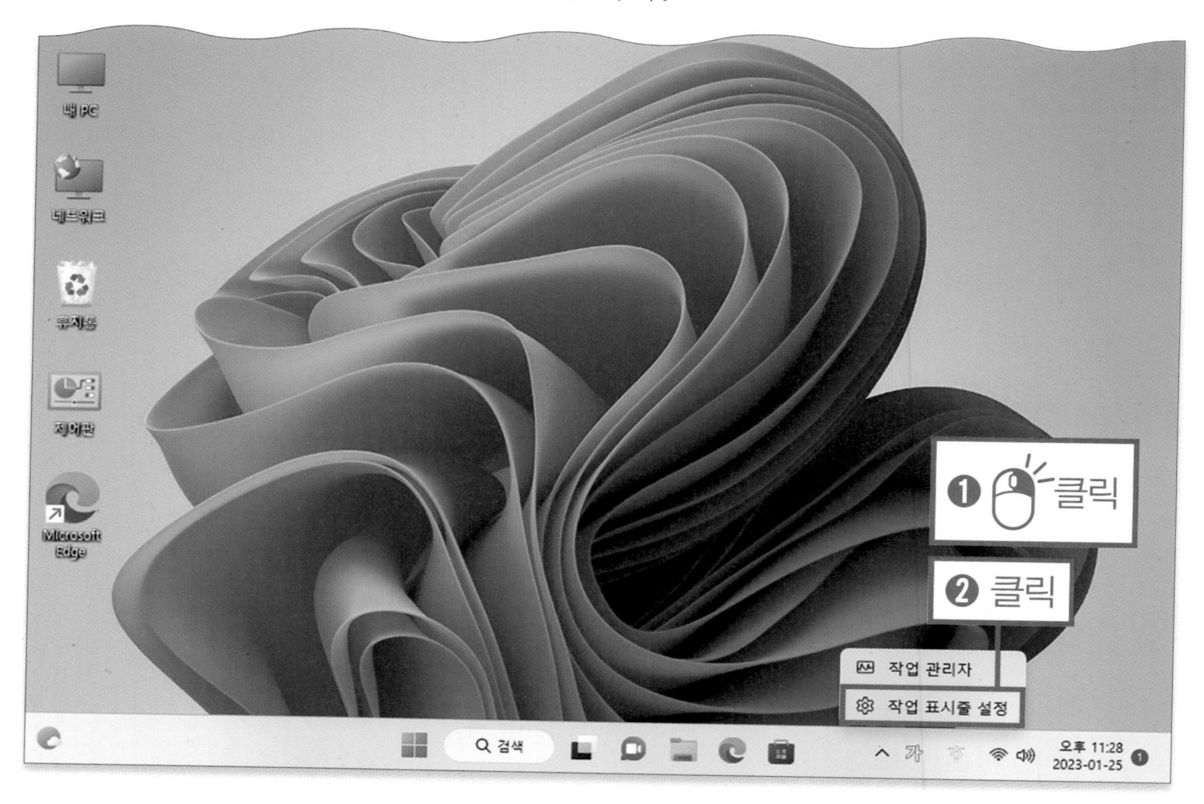

02 '작업 표시줄 항목'에서 'widget' 항목의 [켬]을 클릭하여 표시/숨기기를 설정합니다.

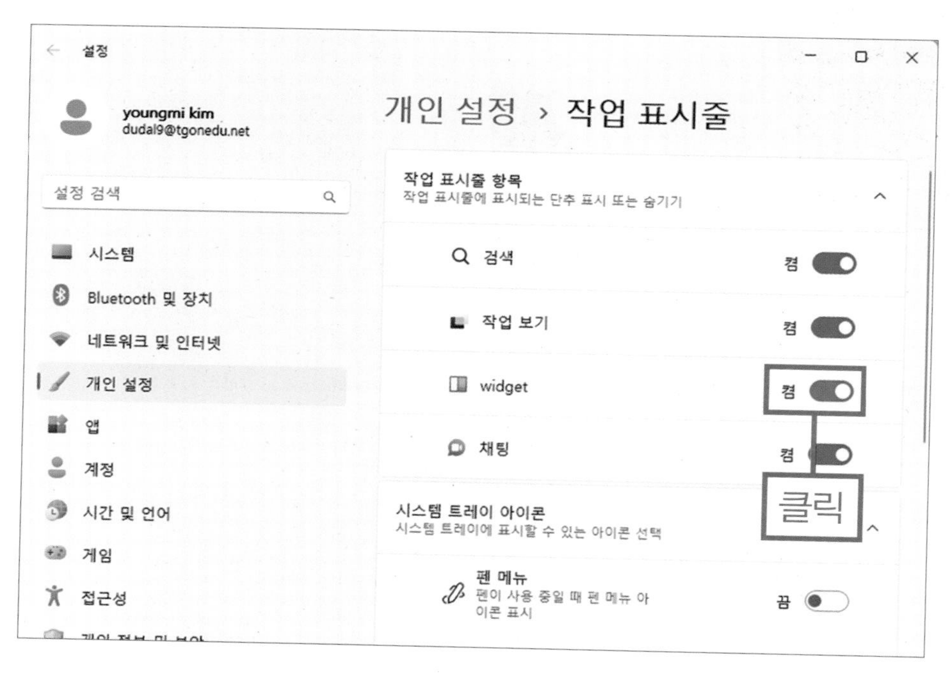

STEP 02 위젯 편집하기

01 표시된 위젯을 사용하기 위해 왼쪽 하단의 [위젯]( ) 아이콘을 클릭한 후 [로그인] 버튼을 눌러 로그인합니다.

조금 더 배우기

위젯을 사용하기 위해 Microsoft 회원가입을 하여 계정을 받아야 합니다. Microsoft 회원가입은 https://www.microsoft.com 사이트로 접속하여 가입합니다.

02 날씨 위젯과 뉴스가 나타나면 관심 있는 뉴스를 클릭해 확인합니다. 위젯을 종료할 때는 오른쪽 상단의 [설정]( ) 버튼을 클릭합니다.

03 오른쪽 상단의 [로그아웃]을 클릭하여 위젯을 종료합니다.

04

뉴스 중 보고 싶지 않은 뉴스나 언론사가 있다면 해당 뉴스에서 상단 오른쪽의 [보기]( ) 아이콘을 클릭합니다.

05

항목이 나타나면 '해당 이야기에 관심 없음'이나 'OSEN에서 스토리 숨기기' 중 원하는 항목을 클릭하여 설정합니다.

조금 더 배우기

- **해당 이미지에 관심 없음** : 해당 기사만 뉴스에서 나타나지 않습니다.
- **OSEN에서 스토리 숨기기** : 이 항목에 해당 언론사 뉴스가 나타나지 않습니다.

06

만약 날씨 위젯이 화씨로 설정되었을 때는 날씨 위젯 오른쪽 상단의 [설정](…) 버튼을 클릭한 다음 [위젯 사용자 지정]을 클릭합니다.

07

'화씨'를 [섭씨]로 선택한 후 [저장] 버튼을 클릭합니다. 사진 위젯을 추가하기 위해 [위젯 추가](+) 버튼을 클릭합니다.

08 [사진] 항목을 클릭합니다.

09 사진 위젯이 추가된 것을 확인할 수 있습니다.

10 사진 위젯을 삭제할 때는 사진 위젯 오른쪽 상단의 [설정](···) 버튼을 클릭하여 [위젯 고정 해제]를 클릭합니다.

조금 더 배우기

사진 위젯은 OneDrive에 사진이 업로드된 것만 확인할 수 있습니다. OneDrive는 Microsoft의 클라우드 서비스입니다. Microsoft 계정이 있으면 언제든지 업로드가 가능합니다.

CHAPTER

06 배경화면 설정하기

POINT

이번 장은 윈도우11에서 배경화면 변경하기와 배경 및 여러 항목을 묶음으로 제공하는 테마 선택, 장시간 컴퓨터를 하지 않을 때 화면을 보호하는 화면 보호기 기능을 알아봅니다.

완성 화면 미리 보기

여기서 배워요!

배경화면 바꾸기, 테마 설정하기, 화면 보호기 설정하기

STEP 01 배경화면 바꾸기

01 바탕화면에서 마우스 오른쪽 버튼을 누른 후 [개인 설정]을 클릭합니다.

02 '개인 설정' 대화상자가 나타나면 스크롤을 아래로 내린 후 [배경]을 클릭합니다.

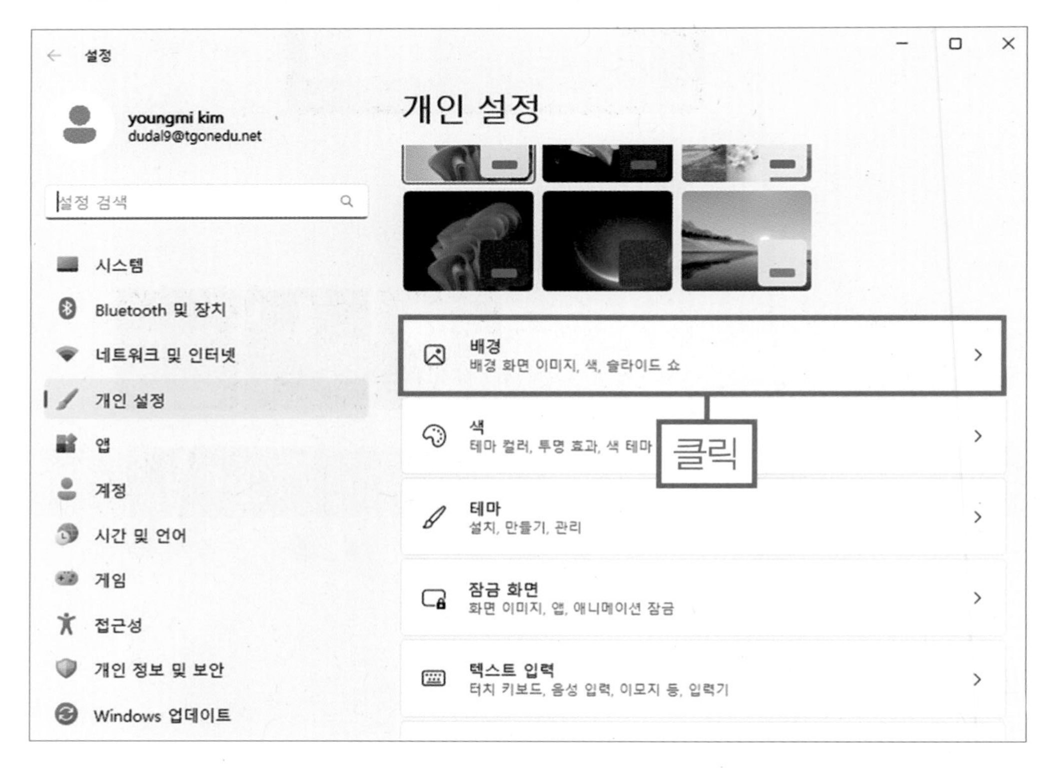

03

배경화면이 나타나면 최근 이미지 중 마음에 드는 이미지를 클릭하여 적용합니다.

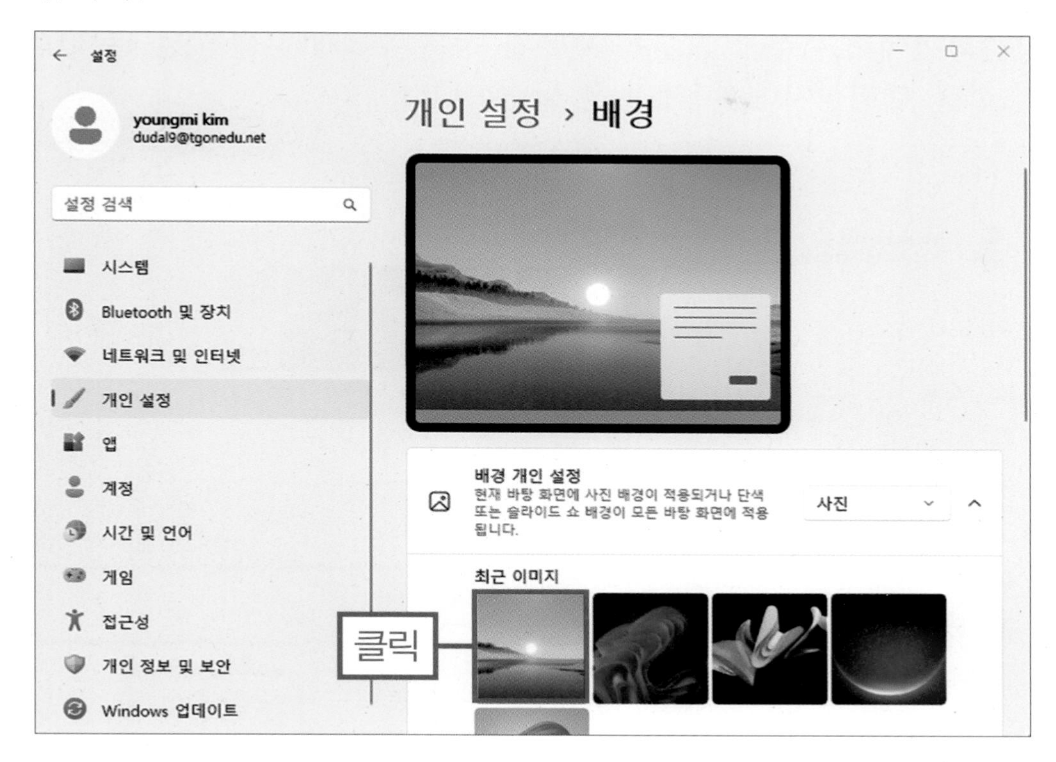

04

단색 및 다른 설정을 하기 위해서는 '배경 개인 설정' 항목에서 [사진]-[단색]을 차례대로 클릭한 다음 '배경색 선택' 항목에서 원하는 색을 선택합니다. [닫기](×) 버튼을 클릭합니다.

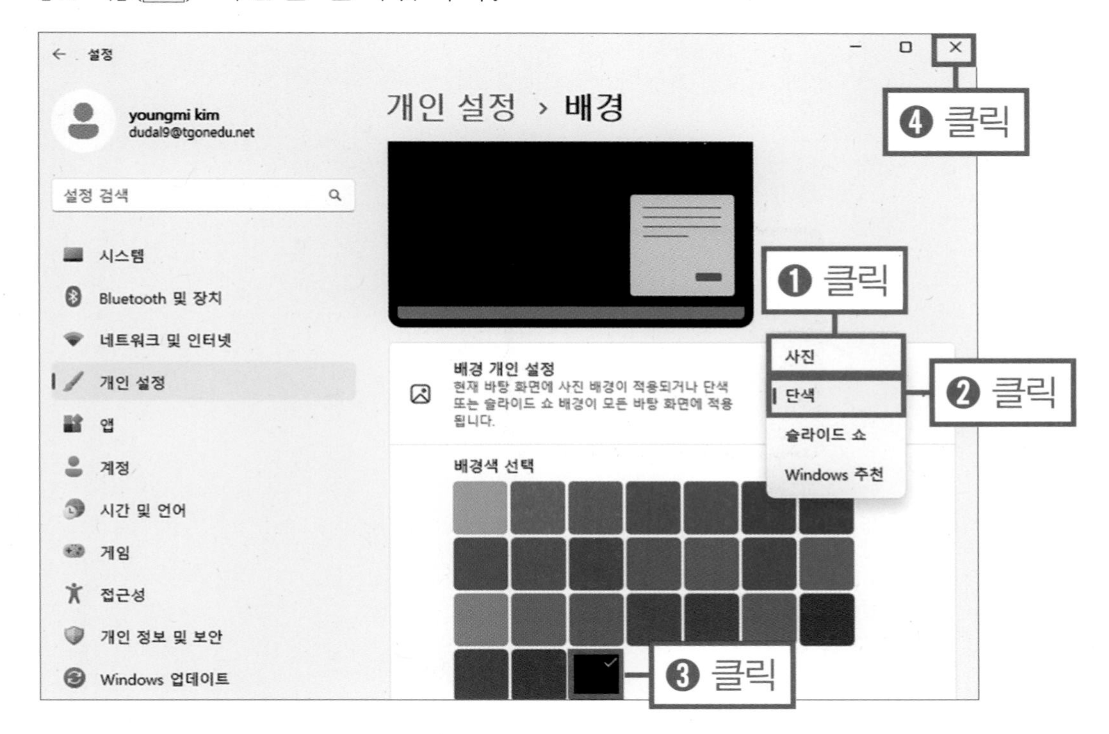

STEP 02 테마 설정하기

01 바탕화면에서 마우스 오른쪽 버튼을 누른 후 [개인 설정]을 클릭합니다. '개인 설정' 대화상자에서 [테마]를 클릭합니다.

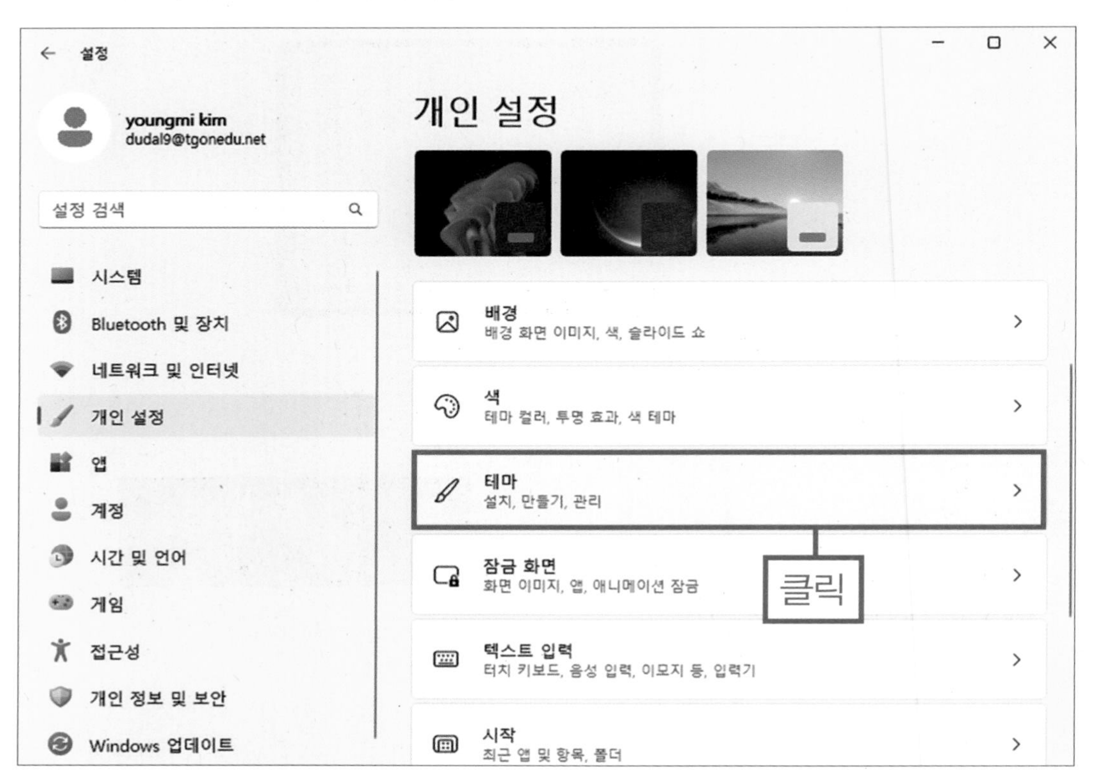

조금 더 배우기

종류별로 설정할 때는 배경, 색, 소리, 마우스 커서 등을 클릭하여 적용합니다.

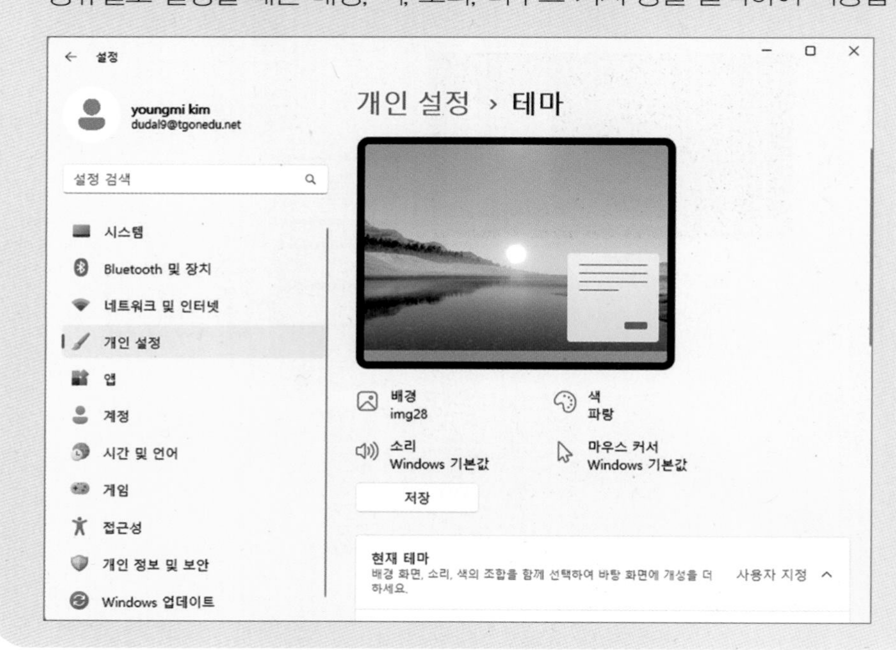

02 스크롤을 아래로 내려 '적용할 테마 선택' 항목에서 원하는 항목을 선택합니다. 여기서는 [캡처된 동작, 4개 이미지]를 클릭합니다. [닫기](×) 버튼을 클릭합니다.

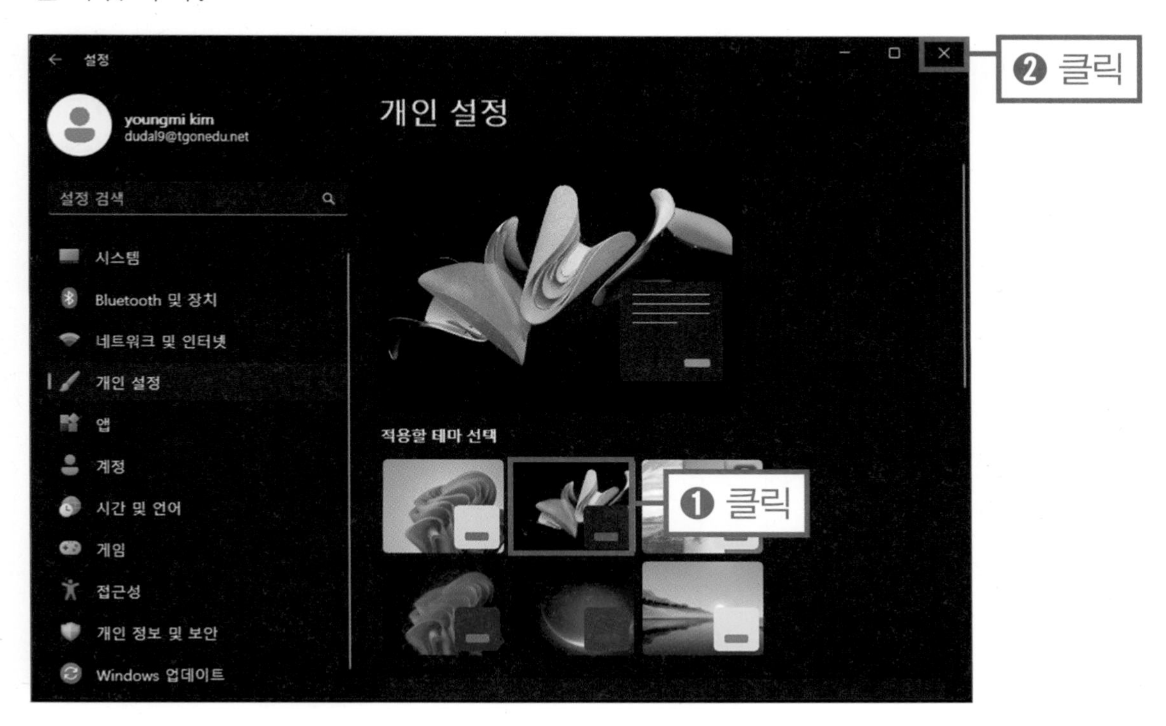

STEP 03 화면 보호기 설정하기

01 바탕화면에서 마우스 오른쪽 버튼을 누른 후 [개인 설정]을 클릭합니다. '개인 설정' 대화상자에서 [잠금 화면]을 클릭합니다.

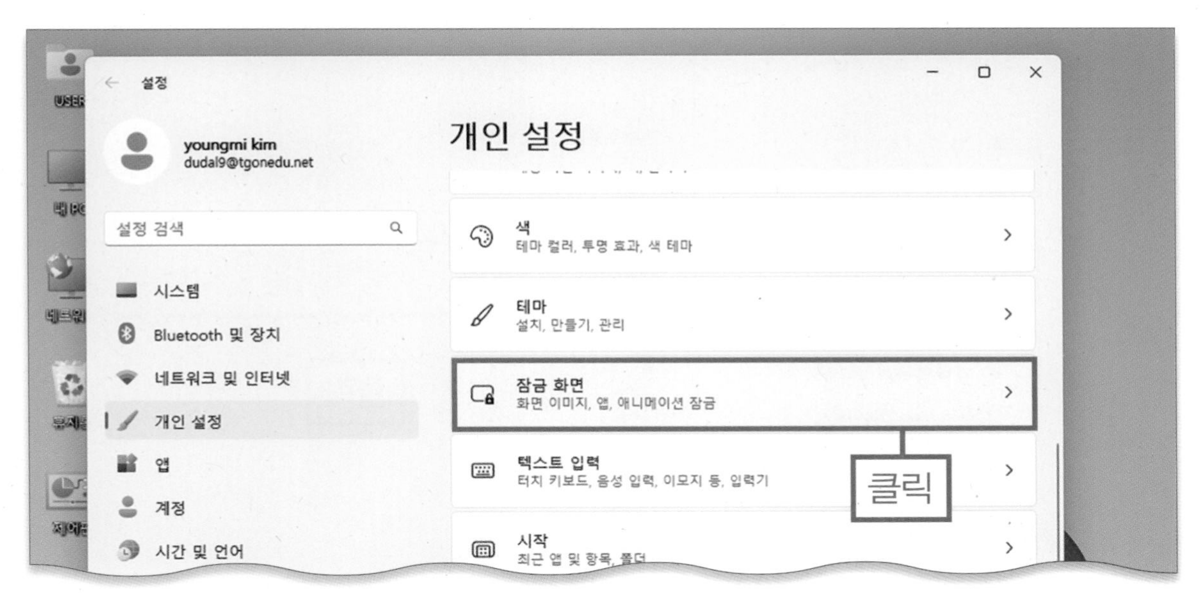

02 컴퓨터를 부팅할 때 나타나는 화면을 설정할 수 있습니다.

03 스크롤을 아래로 내려 '관련 설정' 항목에서 [화면 보호기]를 클릭합니다.

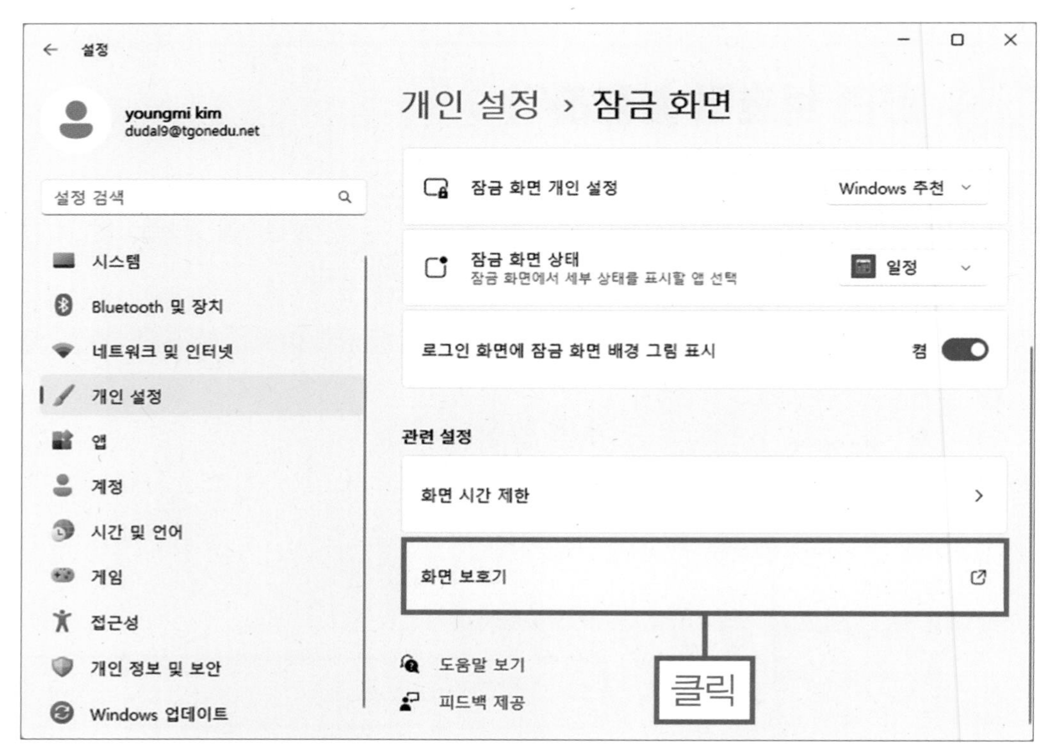

04 '화면 보호기 설정' 대화상자가 나타나면 [없음]을 클릭합니다.

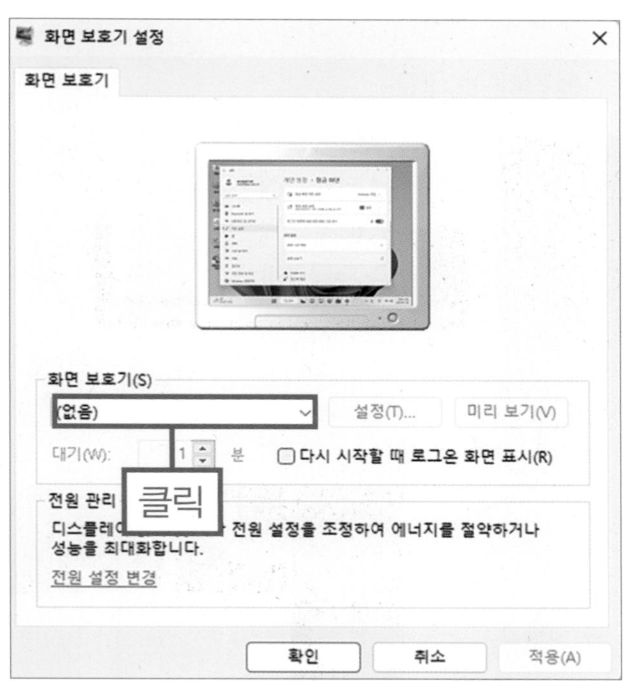

05 목록에서 [춤추는 다각형]을 선택한 다음 '대기'를 [1분]으로 설정한 후 [확인] 버튼을 클릭합니다. 설정이 마무리되면 [닫기](×)–[닫기](×) 버튼을 차례대로 클릭합니다.

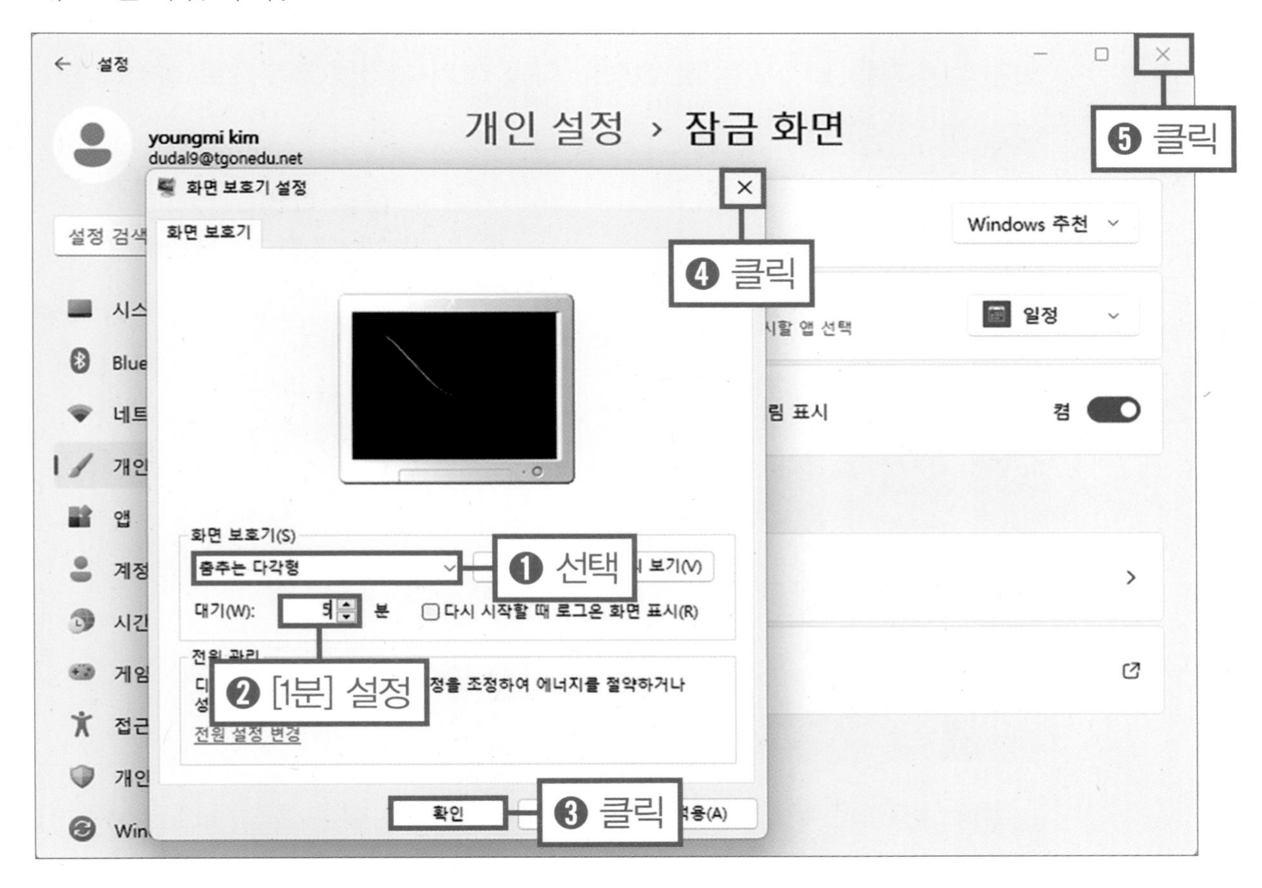

혼자서도 만들 수 있어요!

1 그림과 같이 바탕화면의 배경을 변경해 보세요.

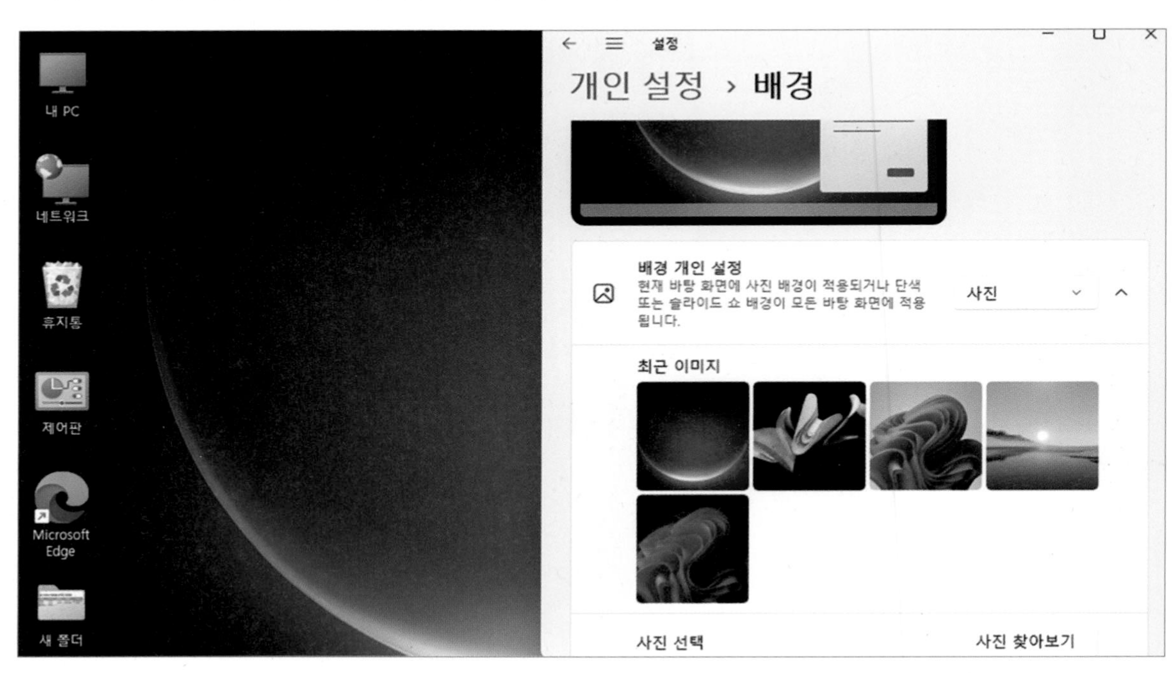

hint 바탕화면에서 마우스 오른쪽 버튼을 눌러 [개인 설정] 클릭 → [배경]-[최근 이미지]에서 이미지 선택

2 화면 보호기를 '비누방울'로 설정한 다음 대기 시간을 '5'분으로 설정해 보세요.

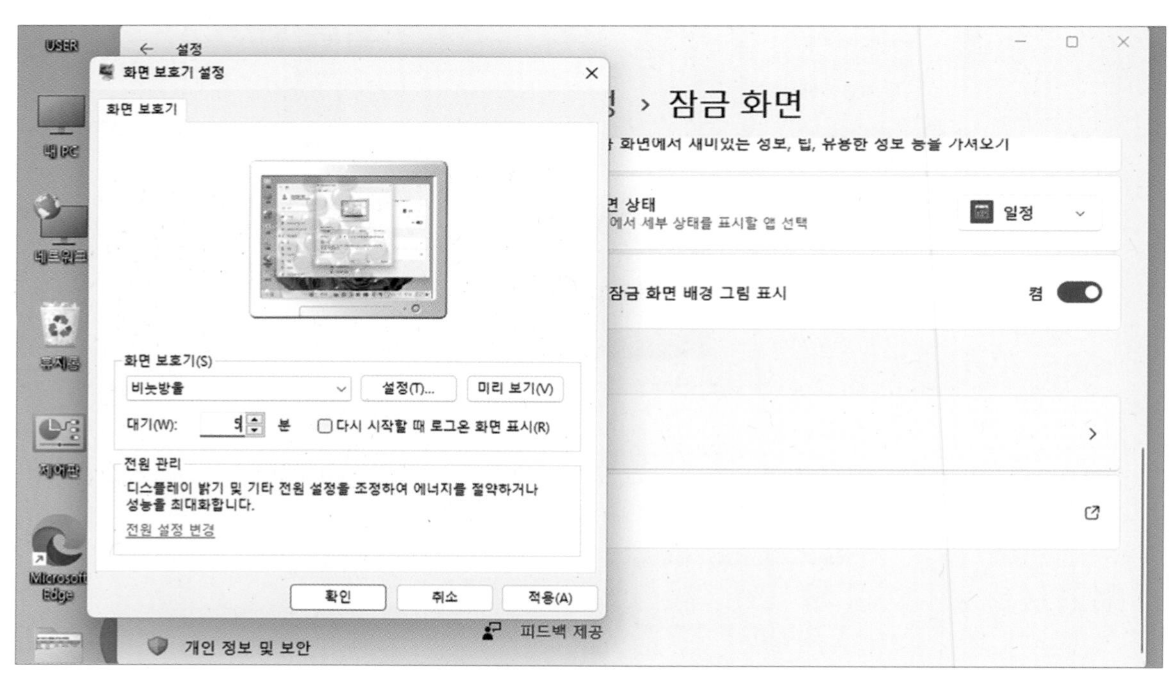

hint 바탕화면에서 마우스 오른쪽 버튼을 눌러 [개인 설정] 클릭 → [잠금 화면]-[화면 보호기]에서 [비눗방울] 선택 → [5]분 지정 → [확인] 버튼 클릭

CHAPTER

07 폴더 관리하기

POINT

폴더는 같은 분류의 파일이나 폴더들을 담고 있는 공간입니다. 이번 장에서는 폴더의 전반적인 설정을 담당하는 파일 탐색기와 폴더를 관리하는 방법을 알아봅니다.

완성 화면 미리 보기

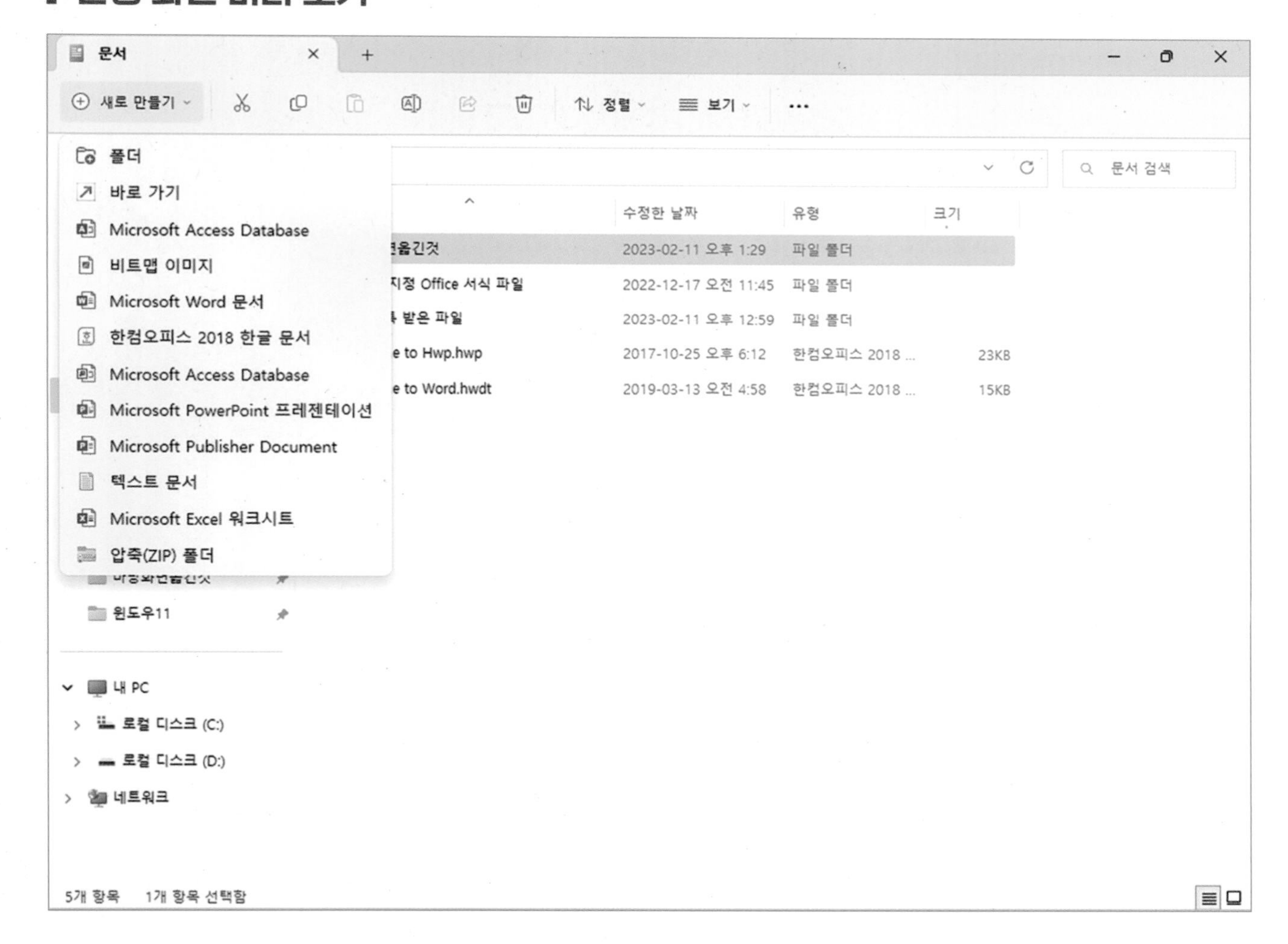

여기서 배워요!

파일 탐색기 살펴보기, 폴더 옵션 설정하기, 폴더 만들기, 폴더 삭제 및 복원, 휴지통 비우기

STEP 02 파일 탐색기 살펴보기

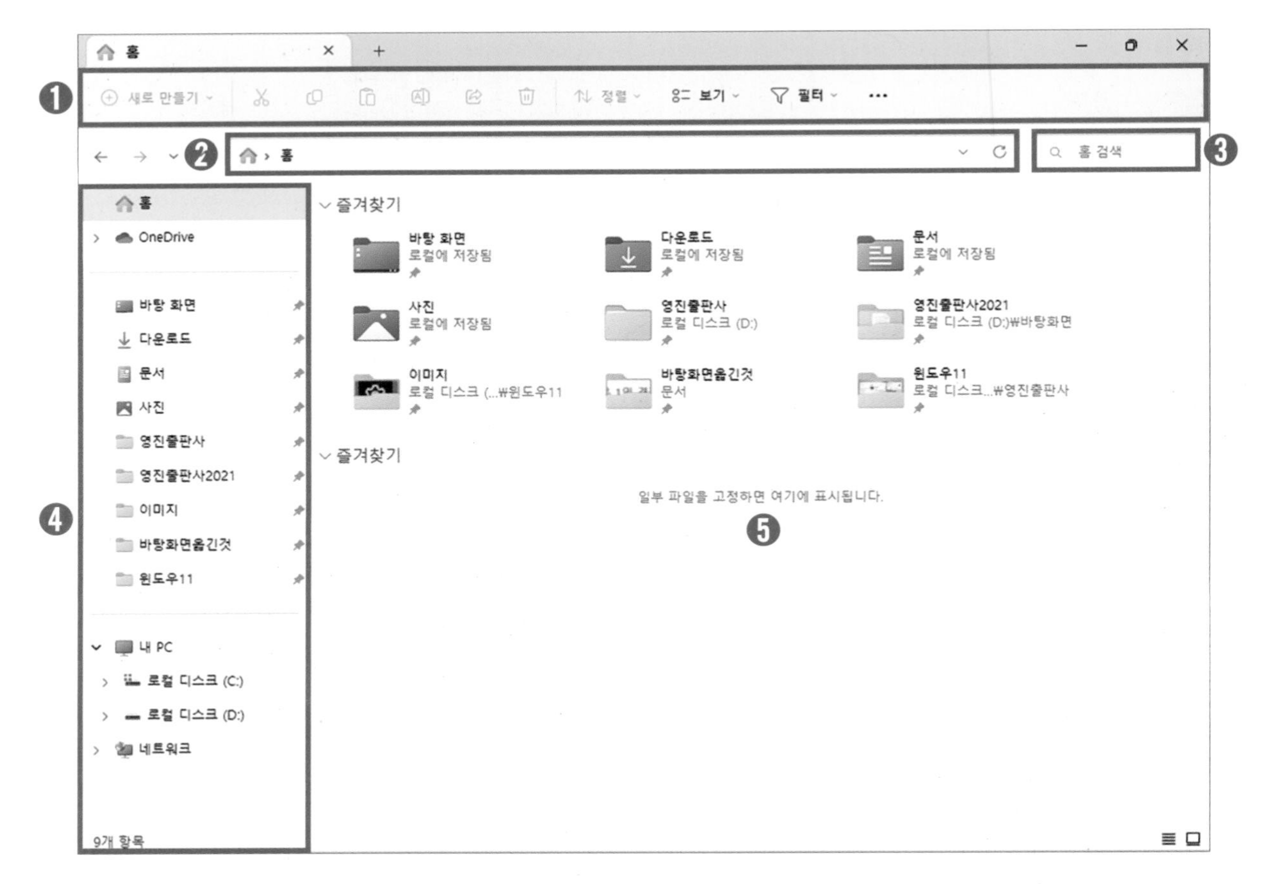

① **리본 메뉴** : 파일이나 폴더에 사용할 도구들을 모아놓은 공간입니다.

② **주소 표시줄** : 파일이 있는 폴더 위치를 알려주는 공간입니다.

③ **홈 검색창** : 찾을 파일을 검색하는 공간입니다.

④ **탐색 창** : 윈도우에 있는 폴더를 트리 형식으로 보여주는 공간으로 상위 폴더를 미리 보여주며 해당 폴더를 클릭하면 하위 폴더를 확인할 수 있습니다.

⑤ **파일 폴더 영역** : 탐색 창에서 해당 폴더를 클릭하면 그 안에 있는 파일이나 폴더를 보여줍니다.

STEP 02 폴더 옵션 설정하기

01 작업표시줄에서 [파일 탐색기]( )를 클릭합니다.

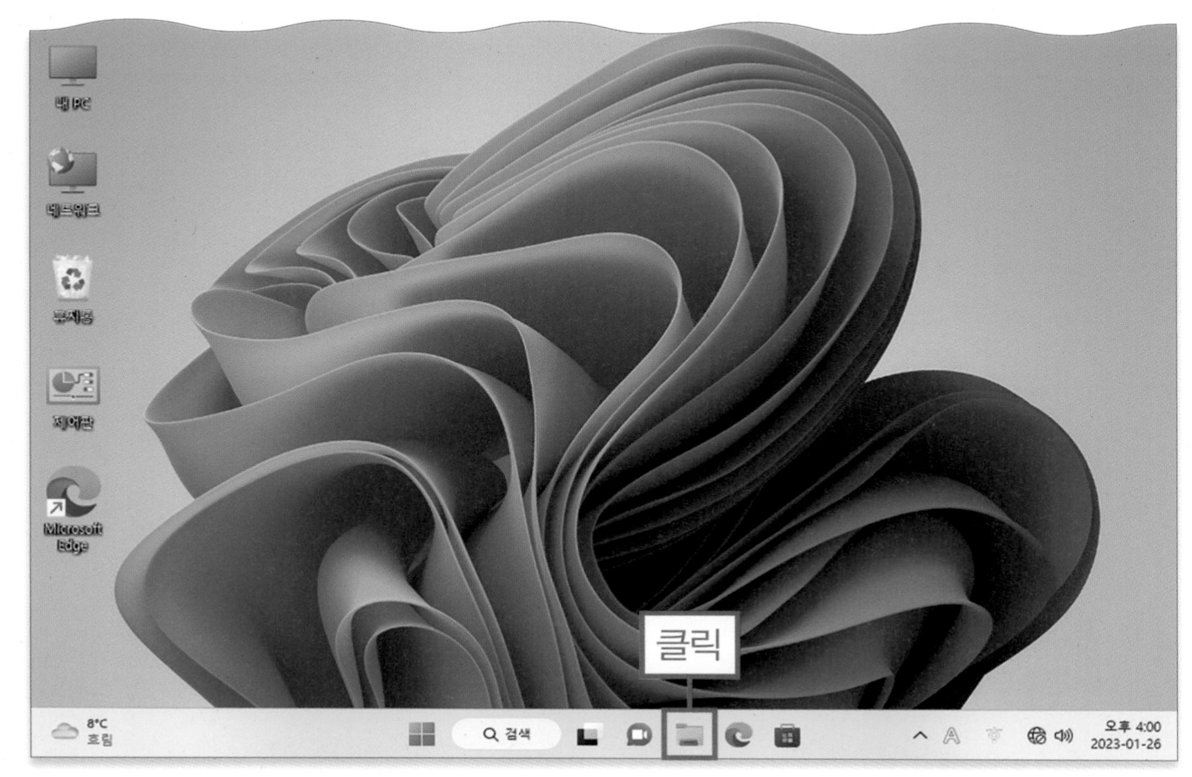

02 [최대화]( ) 버튼을 클릭하여 화면을 채운 다음 상단 리본 메뉴에서 [자세히 보기]( ) 버튼을 클릭한 후 [옵션]을 클릭합니다.

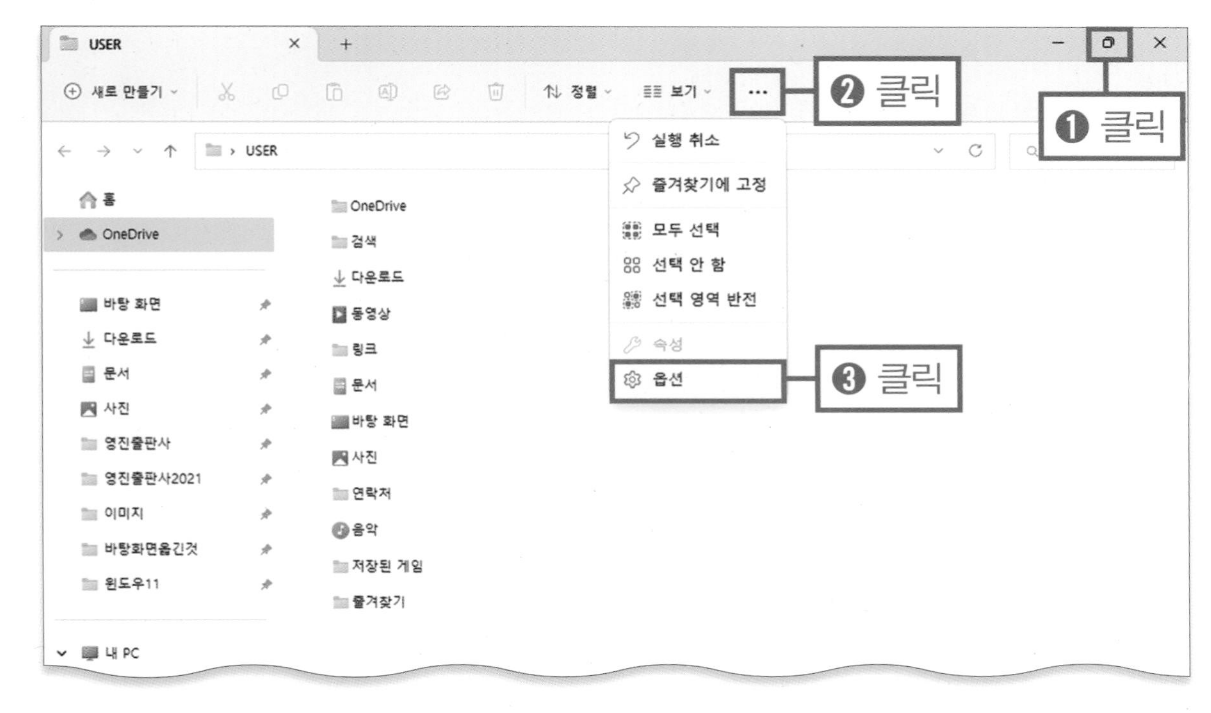

03 '폴더 옵션' 대화상자가 나타나면 '일반' 탭에서 설정할 항목을 선택한 후 [확인] 버튼을 클릭합니다.

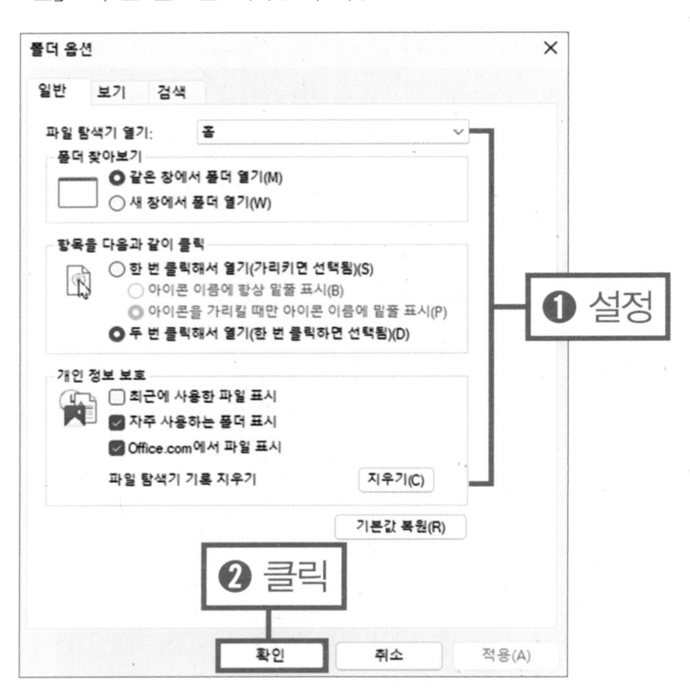

조금 더 배우기

■ 폴더 찾아보기

기본은 '같은 창에서 폴더 열기'입니다.

① **같은 창에서 폴더 열기** : 폴더가 열려 있는 창에서 다른 폴더를 열면 그 창에서 바로 폴더가 열립니다.

② **새 창에서 폴더 열기** : 폴더가 열려 있는 창에서 다른 폴더를 열면 새로운 창이 열리면서 폴더가 열립니다. 각각의 폴더 안에 있는 자료를 창 배열로 비교하면서 확인할 때 편리합니다.

■ 항목을 다음과 같이 클릭

① **한 번 클릭해서 열기** : 한 번 클릭으로 폴더를 열 수 있습니다. 더블 클릭이 어려운 분들은 선택하여 사용합니다.

② **두 번 클릭해서 열기** : 더블 클릭해서 폴더를 열 수 있습니다. 기본은 '두 번 클릭해서 열기'입니다.

STEP 03 폴더 만들기

01 문서 폴더 안에 폴더를 만들기 위해 작업표시줄에서 [파일 탐색기]를 클릭한 다음 '탐색' 창에서 [문서]를 클릭합니다.

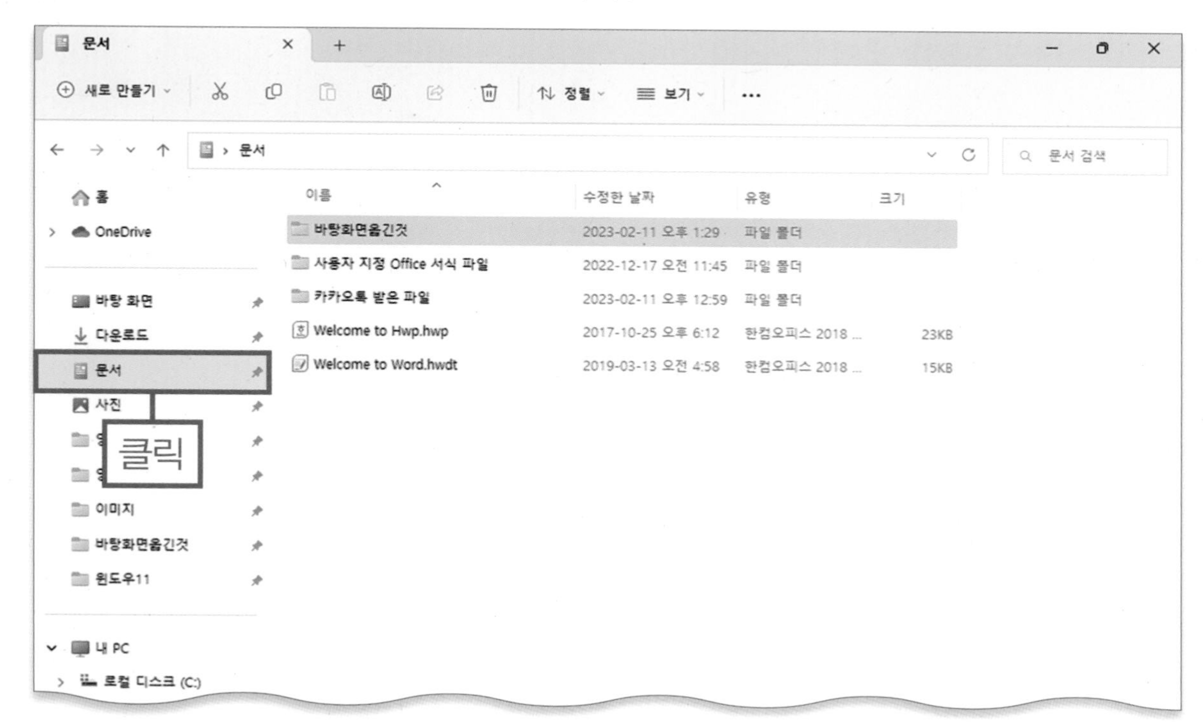

02 상단 리본 메뉴의 [새로 만들기]-[폴더]를 차례대로 클릭합니다.

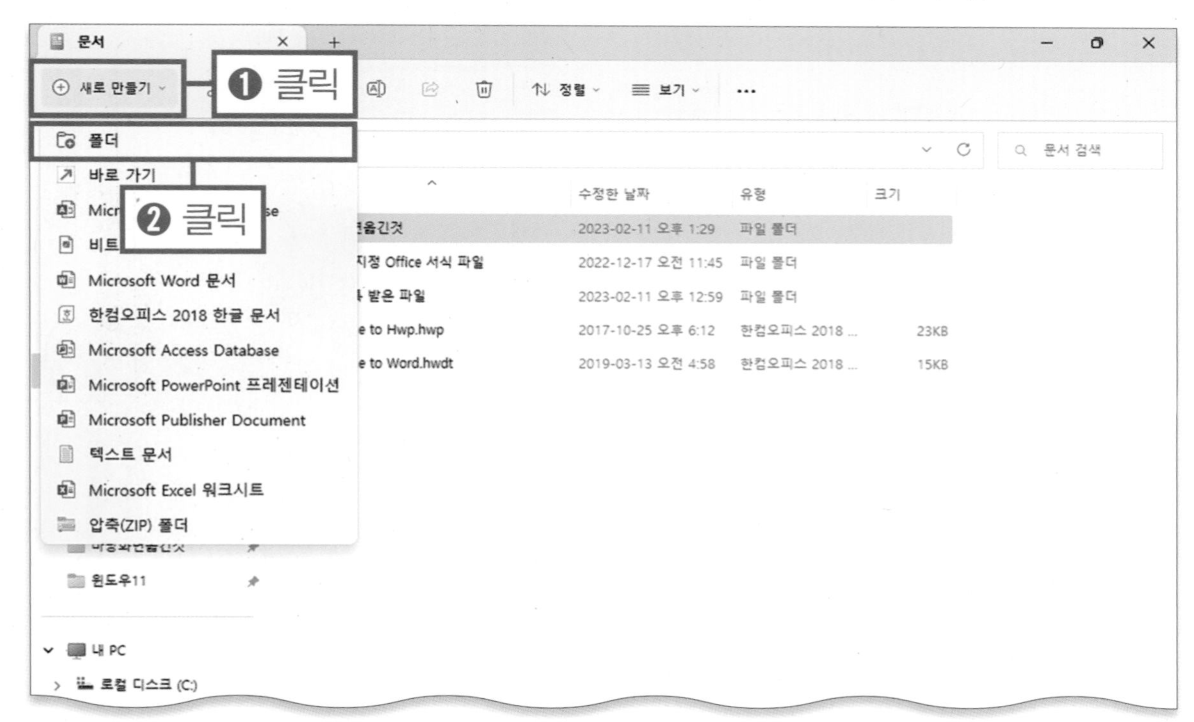

03 문서 영역에 '새 폴더'가 만들어지면서 폴더 이름에 블록이 지정되어 커서가 깜빡입니다. 바로 '연습'이라고 입력한 후 Enter를 누릅니다.

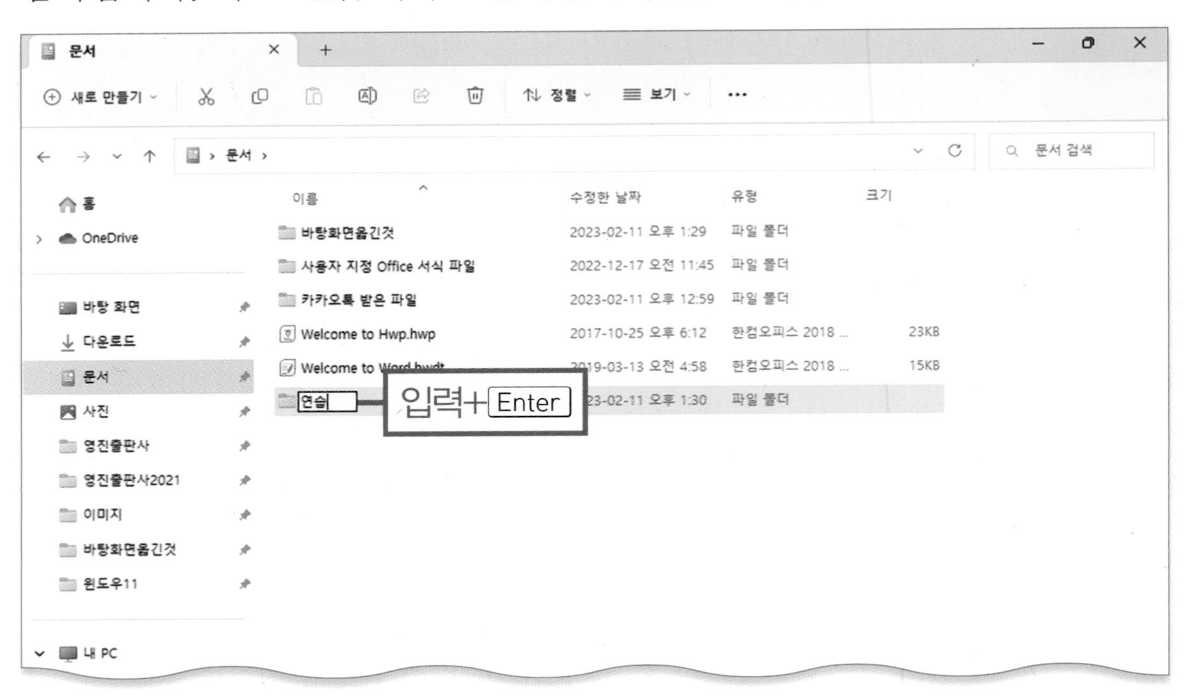

조금 더 배우기

■ **폴더를 만드는 다른 방법**

폴더를 만들 빈 공간에 마우스 오른쪽 버튼을 눌러 [새로 만들기]-[폴더]를 클릭합니다.

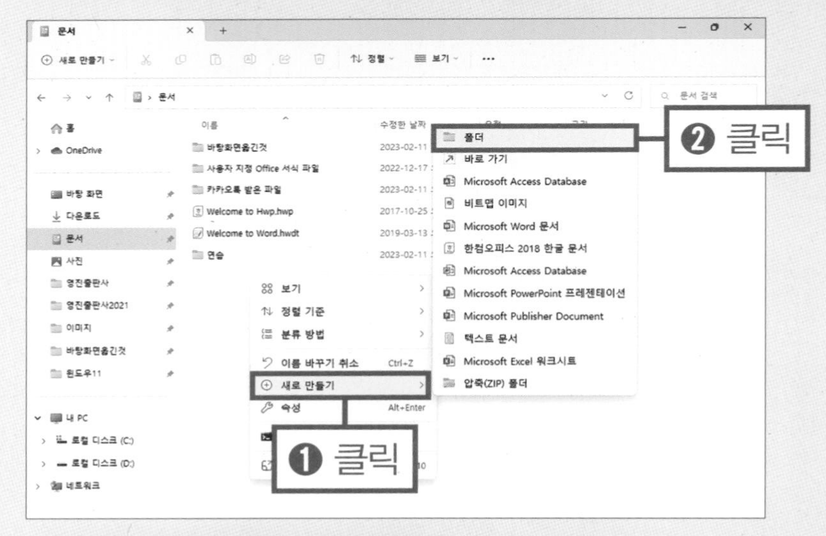

■ **폴더 이름을 바꾸는 3가지 방법**

① 이름을 바꿀 폴더를 클릭한 후 F2를 눌러 변경합니다.

② 변경할 폴더 위에 마우스 오른쪽 버튼을 누른 후 [더 많은 옵션 표시]-[이름 바꾸기]를 차례대로 클릭하여 변경합니다.

③ 이름을 바꿀 폴더를 선택한 다음 리본 메뉴의 [이름 바꾸기]()를 클릭하여 '이미지' 폴더로 변경합니다.

STEP 04 폴더 삭제 및 복원

01 '연습' 폴더를 삭제하기 위해 폴더 위에 마우스 오른쪽 버튼을 누른 다음 [삭제]( ) 버튼을 클릭합니다. '이미지' 폴더도 동일한 방법으로 삭제합니다.

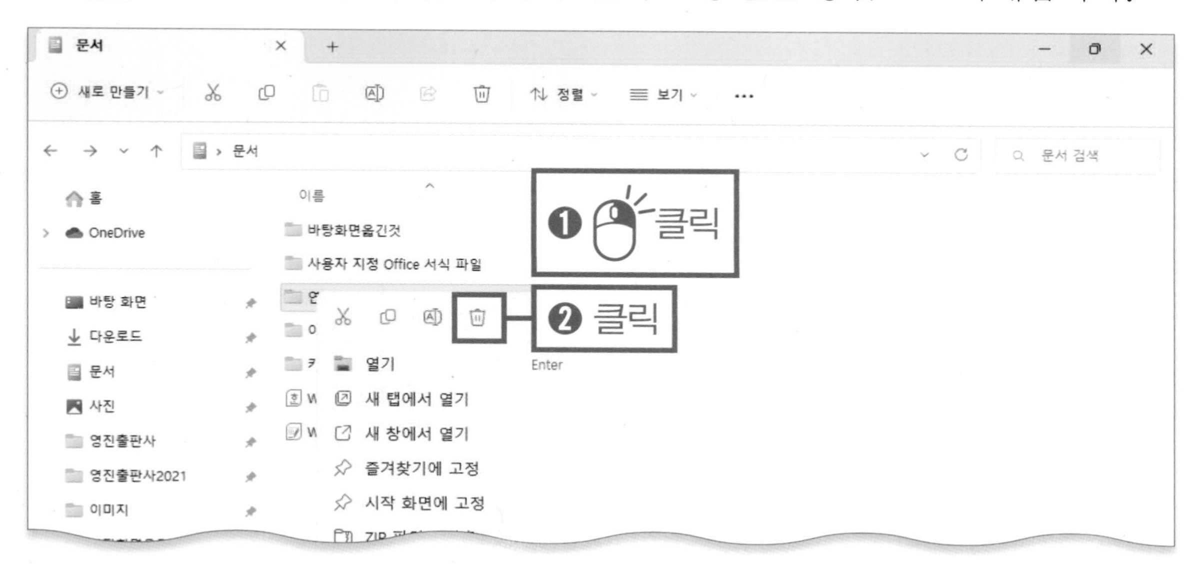

조금 더 배우기

■ 파일, 폴더를 삭제하는 또 다른 방법

- 리본 메뉴의 [삭제]( ) 버튼을 클릭합니다.
- 키보드의 Delete 를 클릭합니다.

삭제 및 복원하는 방법은 파일과 폴더가 동일합니다.

02 삭제하면 바로 지워지는 것이 아니라 휴지통이라는 공간으로 이동됩니다. 삭제한 폴더를 확인하기 위해 바탕화면에서 [휴지통]을 더블 클릭합니다.

03 휴지통으로 '연습', '이미지' 폴더가 이동된 것을 확인할 수 있습니다. 만약 '연습' 폴더를 잘못 지웠다면 '연습' 폴더에 마우스 오른쪽 버튼을 누른 후 [복원]을 클릭합니다.

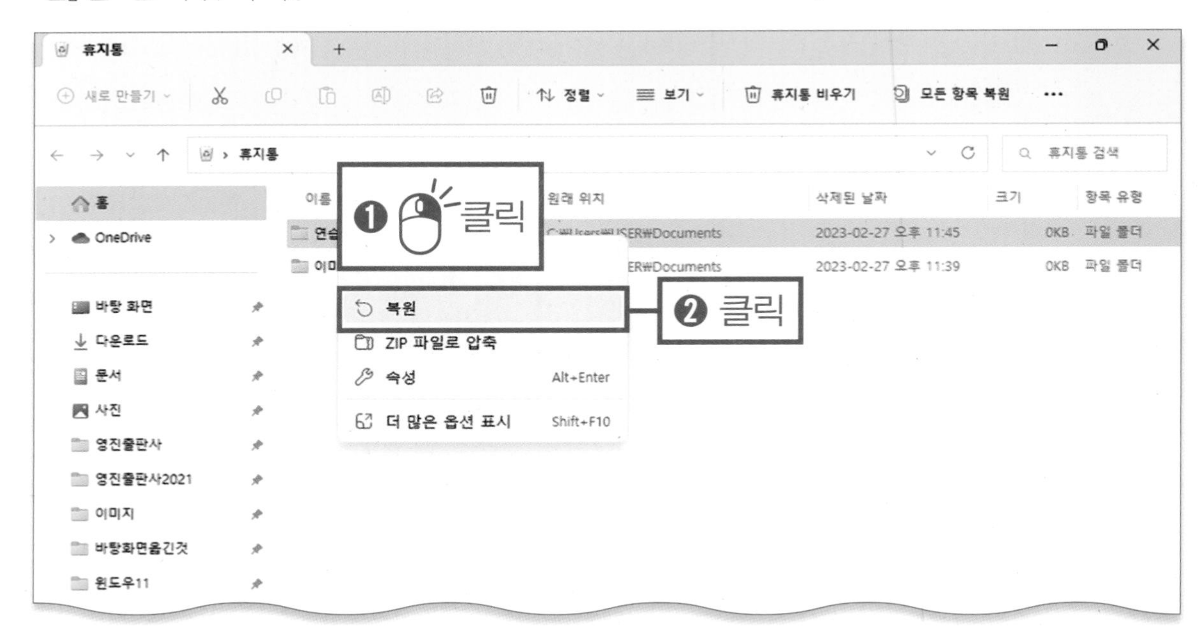

04 '연습' 폴더는 원래 있었던 위치로 다시 복원됩니다.

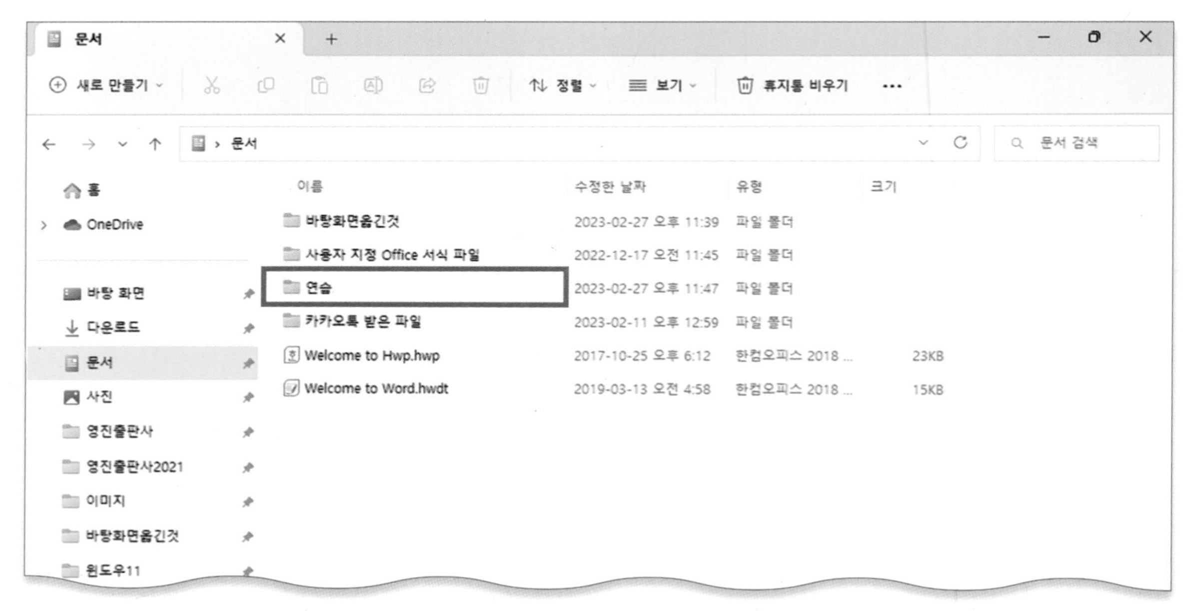

조금 더 배우기

휴지통은 파일이 지워진다는 개념보다 언제든지 다시 복원을 할 수 있도록 잠시 필요 없는 파일이나 폴더를 보관하는 공간으로 생각하면 됩니다. 이런 휴지통도 공간이 정해져 있기 때문에 공간이 다 차면 파일이나 폴더를 지울 때 휴지통으로 들어가는 것이 아니라 바로 영구히 지워지므로 복원이 되지 않습니다. 그러므로 휴지통 관리가 필요합니다.

STEP 05 휴지통 비우기

01 더이상 복원하지 않을 파일이나 폴더가 휴지통에 있다면 지워야 합니다. 휴지통 안에 폴더를 지우기 위해 바탕화면에 있는 [휴지통] 아이콘을 더블 클릭합니다.

02 리본 메뉴의 [휴지통 비우기]를 클릭한 다음 '여러 항목 삭제' 대화상자가 나타나면 [예] 버튼을 클릭합니다.

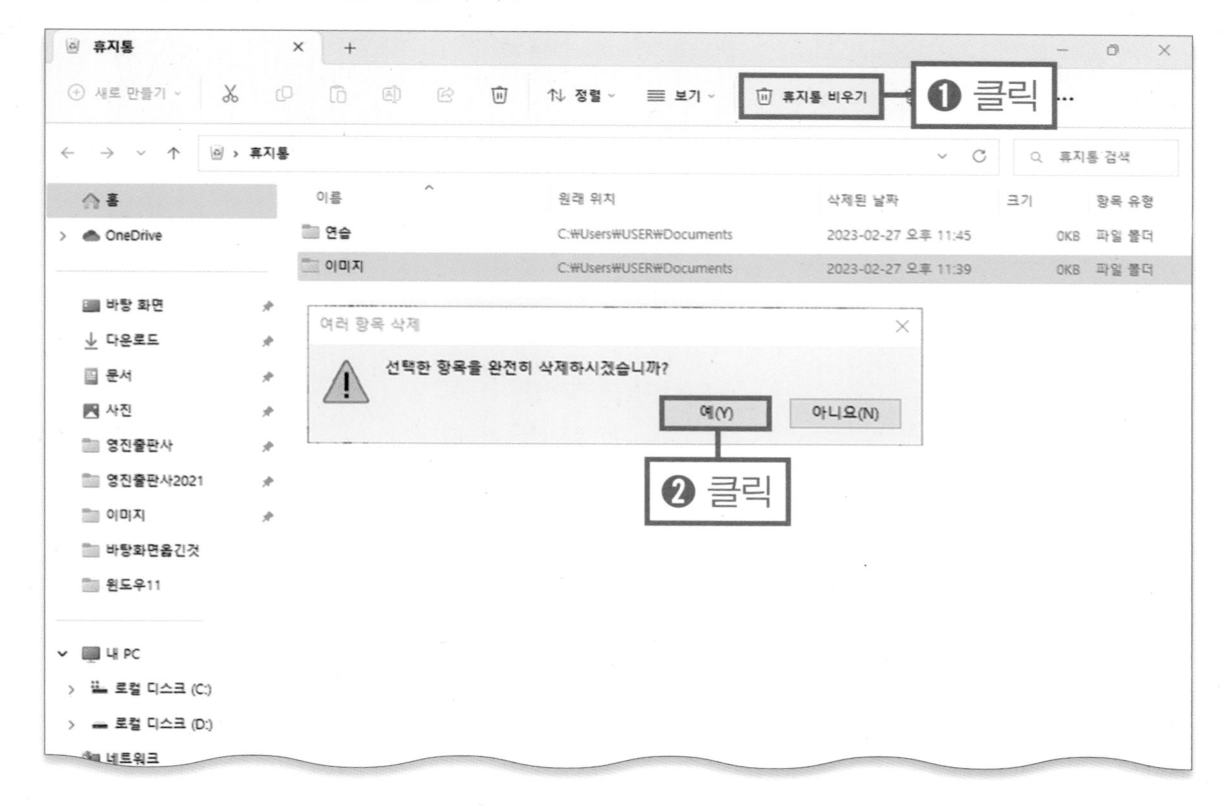

■ 휴지통 비우기의 또 다른 방법

① 바탕화면의 휴지통 아이콘에서 마우스 오른쪽 버튼을 눌러 [휴지통 비우기]를 클릭합니다.

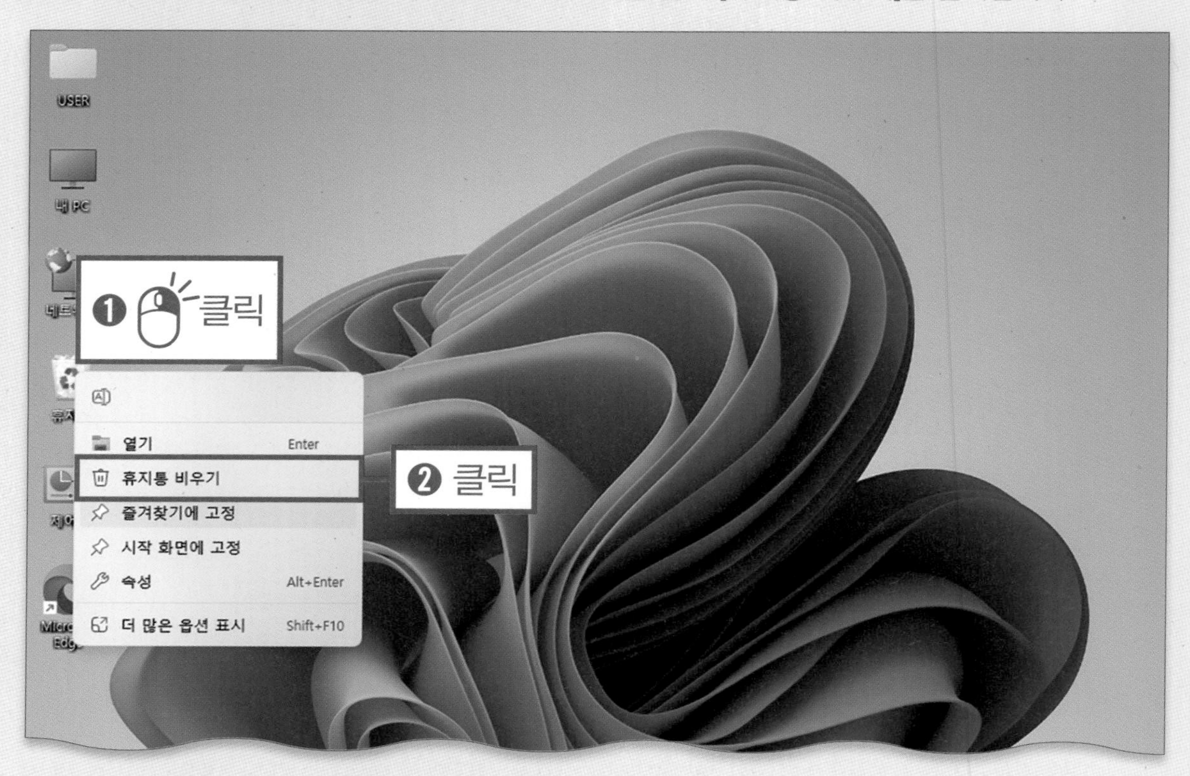

② 휴지통 안에 폴더를 개별적으로 지울 때는 해당 폴더를 클릭한 후 Delete를 눌러 '폴더 삭제' 대화상자가 나타나면 [예]를 클릭합니다.

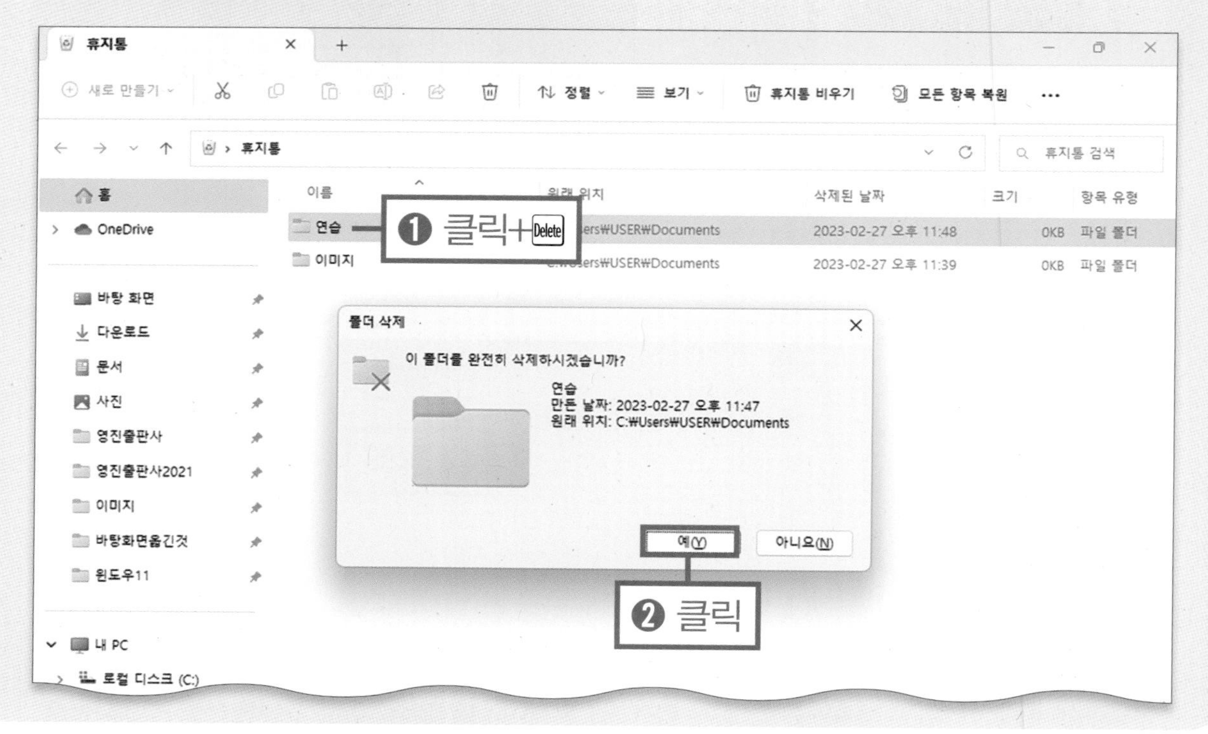

혼자서도 만들 수 있어요!

1 문서에 '연습2' 폴더를 만들어 보세요.

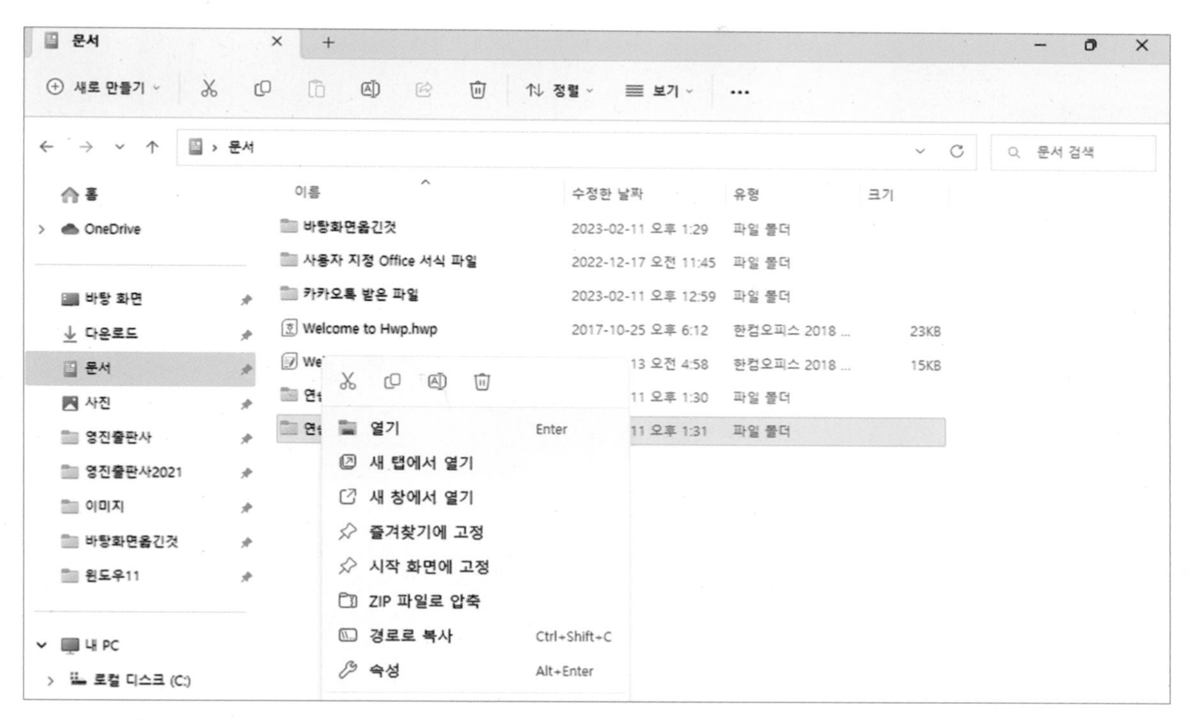

hint 작업표시줄의 [파일 탐색기]를 클릭한 다음 '탐색' 창에서 [문서]를 클릭 → 리본 메뉴의 [새로 만들기] 클릭 → 새 폴더가 만들어지면 '연습2'로 입력 후 Enter

2 '연습2' 폴더의 이름을 '이미지'로 바꿔 보세요.

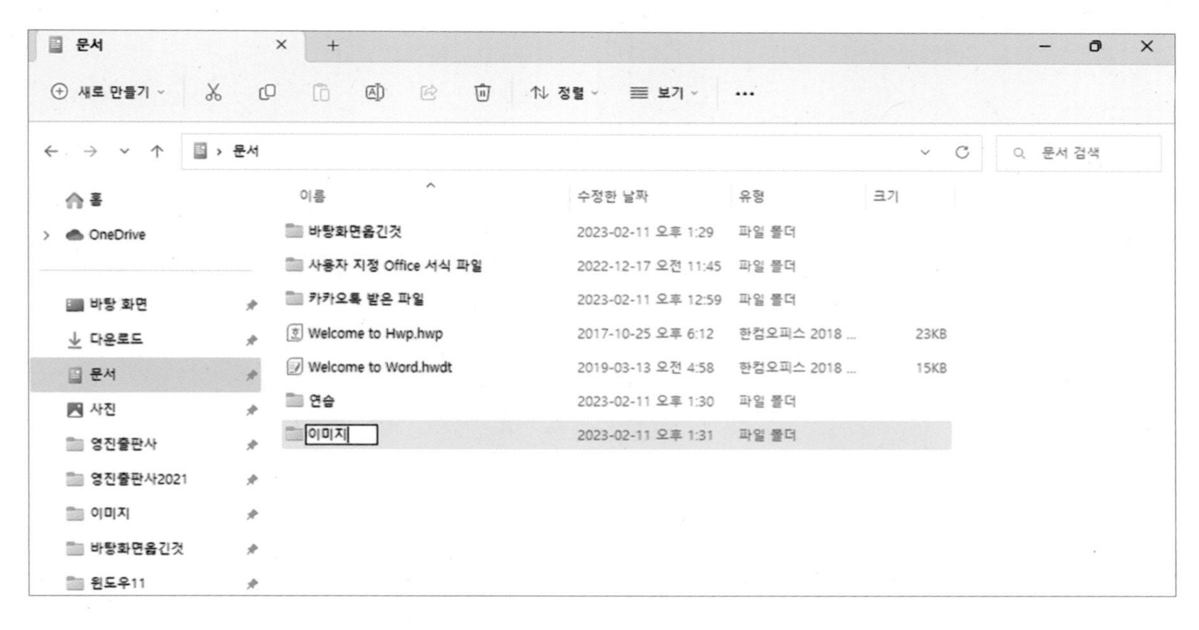

hint 리본 메뉴의 [이름 바꾸기]( )를 클릭한 후 '이미지' 입력

CHAPTER 08

파일 복사 및 이동하기

POINT

이번 장은 파일을 복사하고 다른 공간으로 이동하는 방법을 알아봅니다. 이 기능은 폴더도 동일한 방법으로 사용한다는 것을 잊지 마세요.

완성 화면 미리 보기

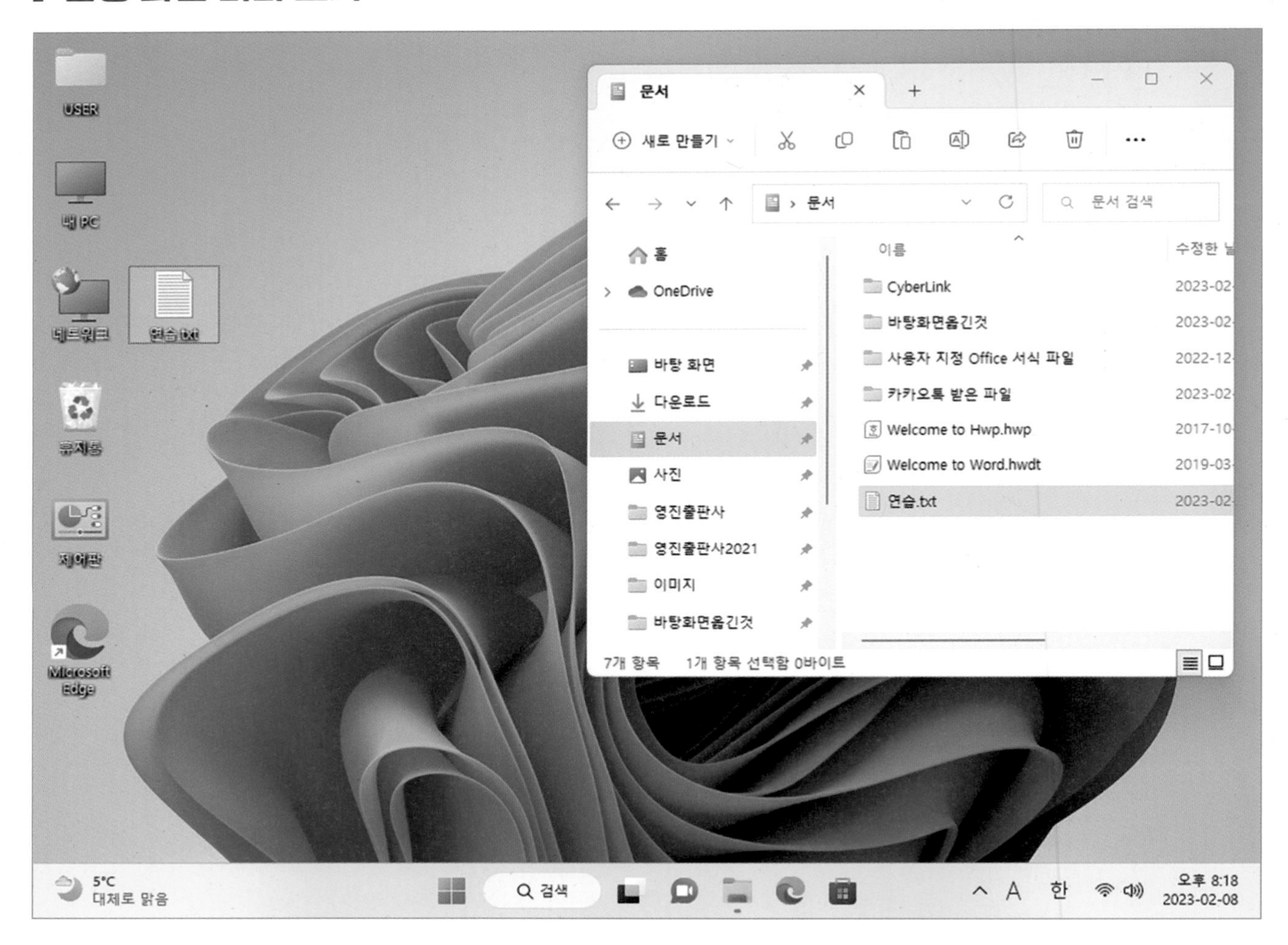

여기서 배워요!

파일 복사하기, 파일 이동하기

STEP 01 파일 복사하기

01 작업표시줄에 있는 [파일 탐색기]를 클릭합니다.

02 '탐색' 창에서 [문서]를 클릭합니다. '연습'이라는 텍스트 파일을 만들기 위해 문서의 빈 공간에 마우스 오른쪽 버튼을 누른 후 [새로 만들기]-[텍스트 문서]를 차례대로 클릭합니다.

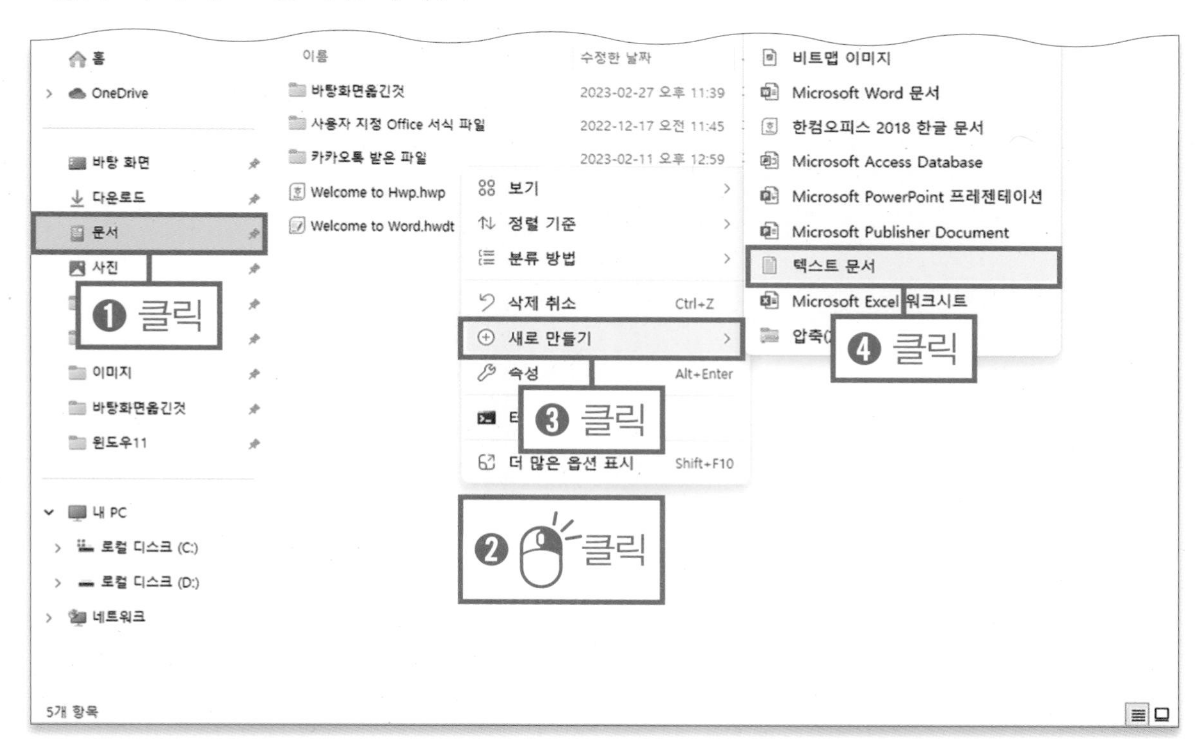

03 7장에서 배운 폴더 이름을 바꾸는 방법과 동일하게 '연습'이라고 입력한 후 Enter↵를 누릅니다. '연습.txt' 파일이 삽입된 것을 확인할 수 있습니다.

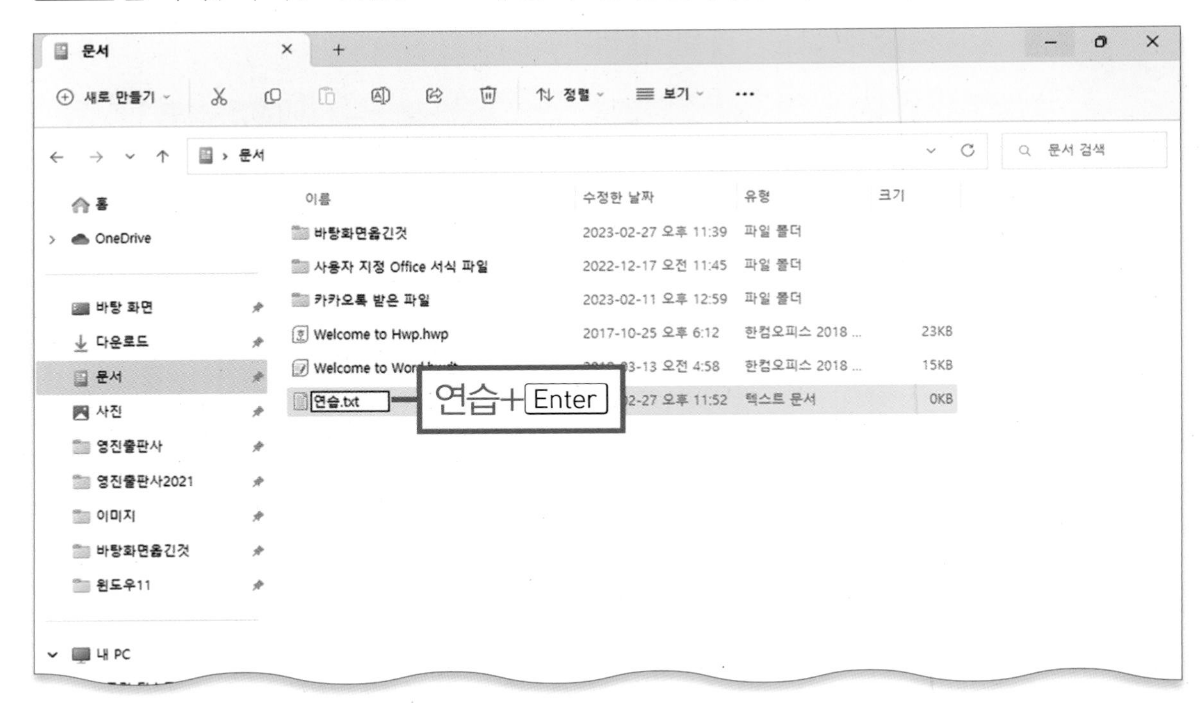

조금 더 배우기

파일 확장명이란?

파일 확장명은 파일을 열어 보지 않아도 그 파일이 무슨 파일인지 알아볼 수 있는 표시를 말합니다. 파일 확장명은 파일 이름 바로 뒤에 '파일명.확장명'으로 표시되며 예를 들어 연습이라는 한글 파일일 경우는 '연습.hwp'로 표시됩니다. 파일의 확장명이 표시되지 않을 때는 파일이 있는 위치에서 리본 메뉴의 [보기]-[표시]-[파일 확장명]을 차례대로 클릭합니다.

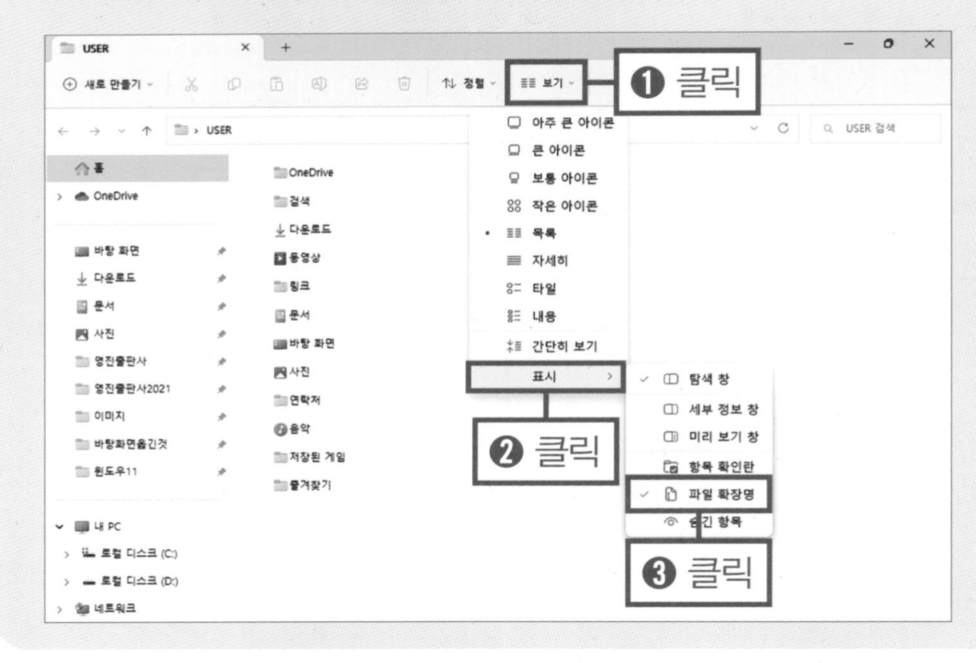

04 '연습.txt' 파일을 바탕화면에 복사하기 위해 파일을 선택한 다음 마우스 오른쪽 버튼을 누른 후 [더 많은 옵션 표시]-[복사]를 차례대로 클릭합니다.

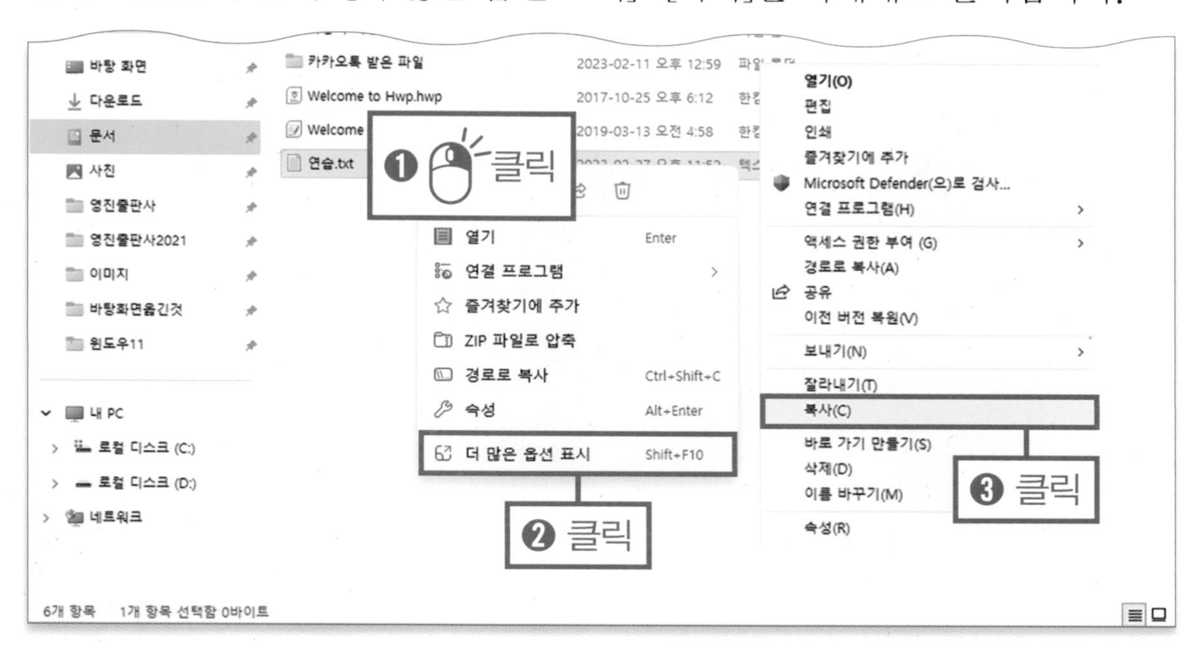

조금 더 배우기

리본 메뉴의 [리본 메뉴에 복사]( ) 버튼을 사용해도 되지만 바탕화면처럼 리본 메뉴가 없는 공간에서는 마우스 오른쪽 버튼을 눌러 나오는 메뉴를 쓰는 것을 외워두면 조금 더 편리합니다.

05 복사되었는지 비교하여 확인하기 위해 '문서' 창의 상단 오른쪽에 있는 [최소화]( ) 버튼을 눌러 창을 축소한 뒤 창의 왼쪽이나 오른쪽 모서리에서 마우스로 크기를 조절합니다.

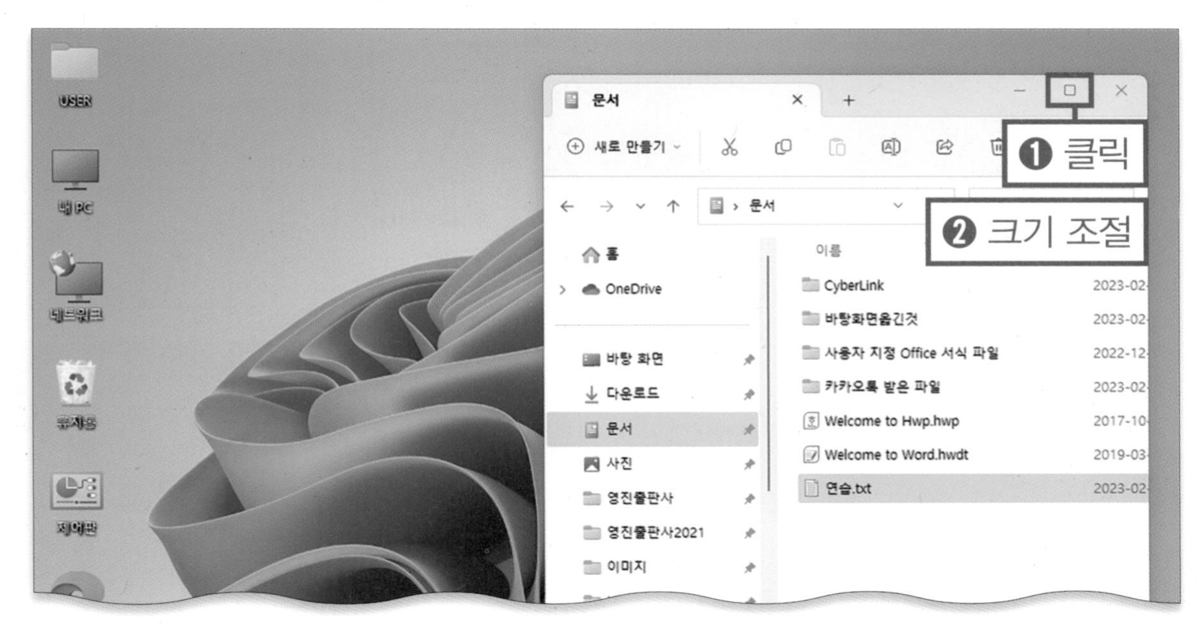

06 바탕화면 빈 공간에서 마우스 오른쪽 버튼을 눌러 [더 많은 옵션 표시]-[붙여넣기]를 차례대로 클릭합니다.

07 문서에 '연습.txt' 파일과 바탕화면에 '연습.txt' 파일이 동일하게 복사된 것을 확인할 수 있습니다.

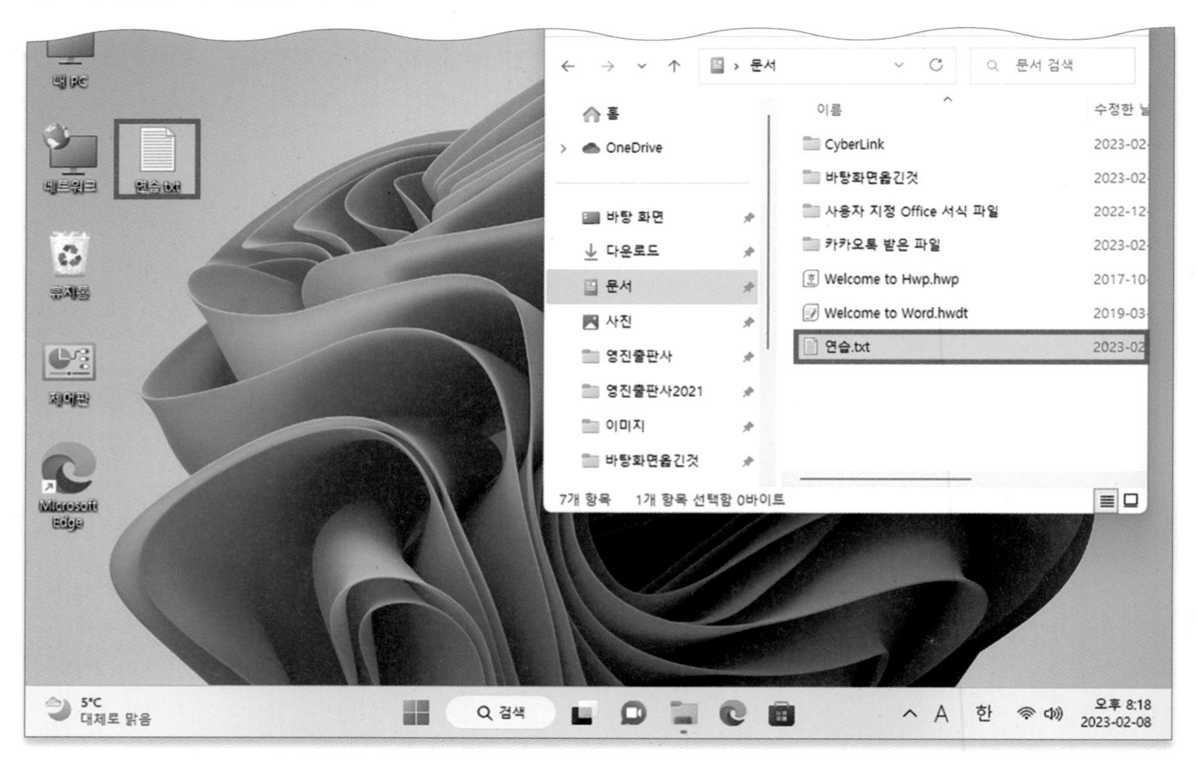

STEP 02 파일 이동하기

01 문서에 있는 '연습.txt' 파일을 바탕화면으로 이동하기 위해 바탕화면에 '연습.txt' 파일을 선택한 다음 Delete를 눌러 삭제합니다.

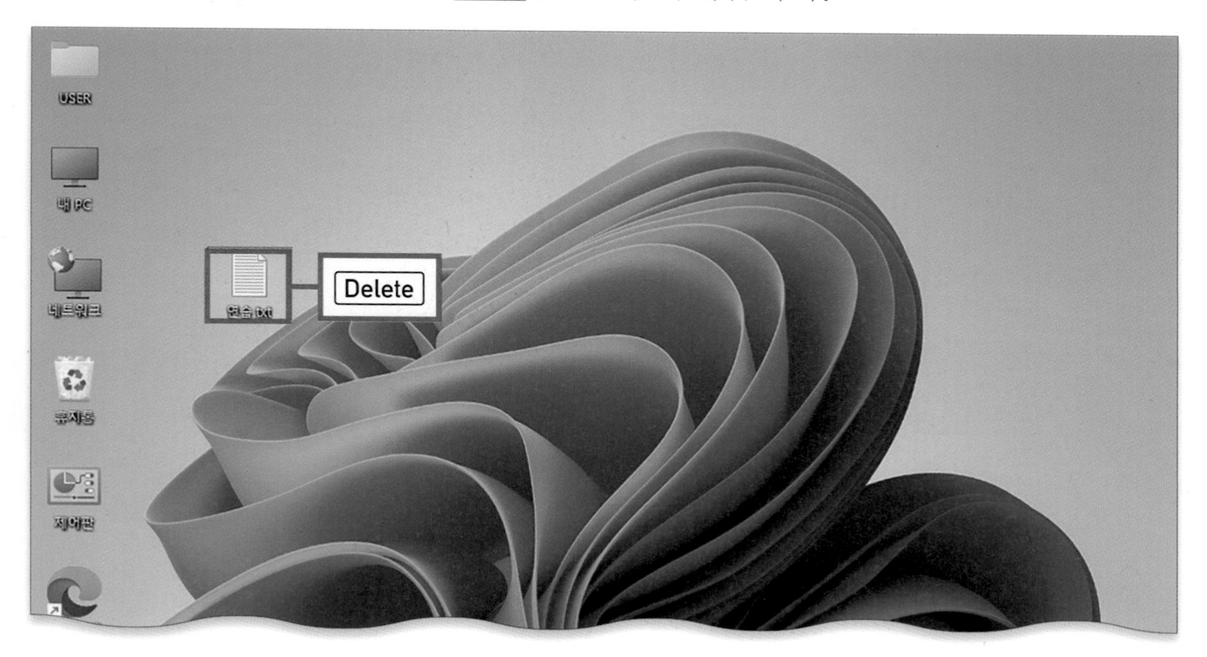

02 문서 창에서 '연습.txt' 파일을 선택한 다음 마우스 오른쪽 버튼을 눌러 [더 많은 옵션 표시]-[잘라내기]를 차례대로 클릭합니다.

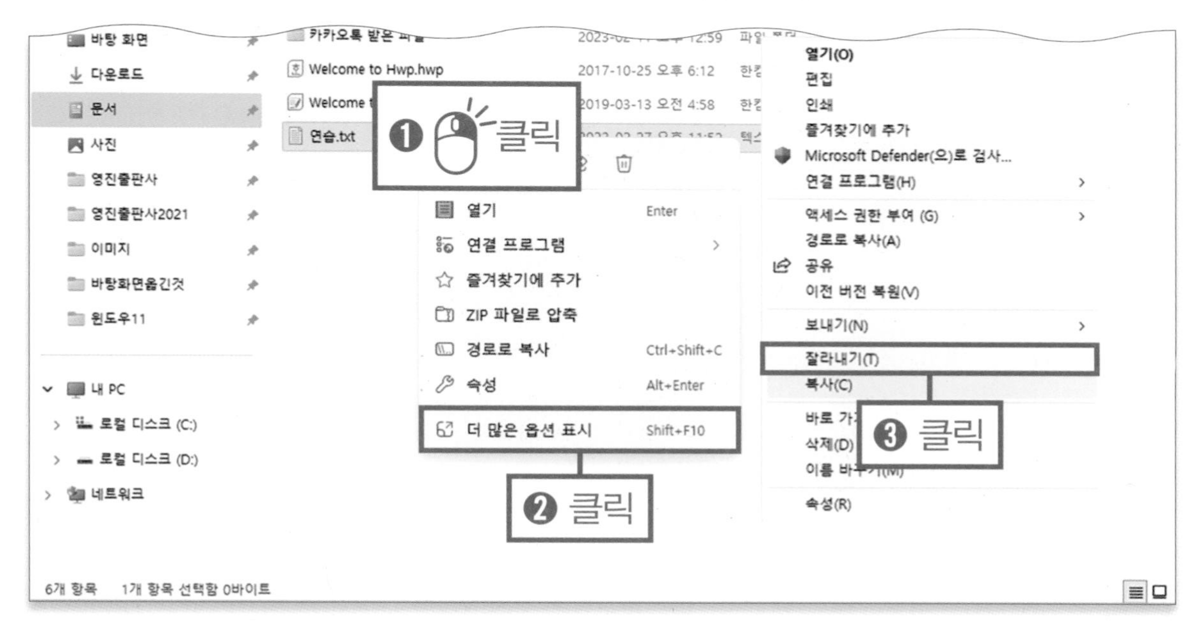

조금 더 배우기

리본 메뉴에서 [리본 메뉴에 잘라내기](✂) 버튼을 클릭해도 됩니다.

03 바탕화면 빈 공간에서 마우스 오른쪽 버튼을 눌러 [더 많은 옵션 표시]-[붙여넣기]를 차례대로 클릭합니다.

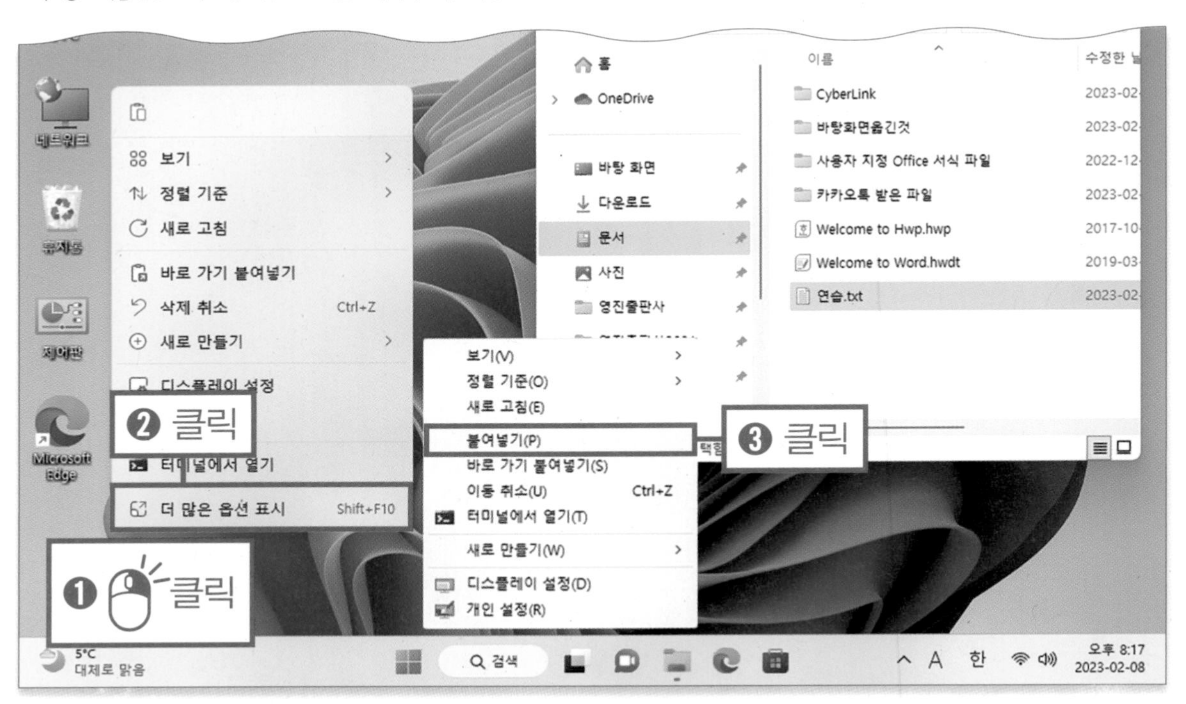

04 문서에 있는 '연습.txt' 파일이 바탕화면으로 이동된 것을 확인할 수 있습니다.

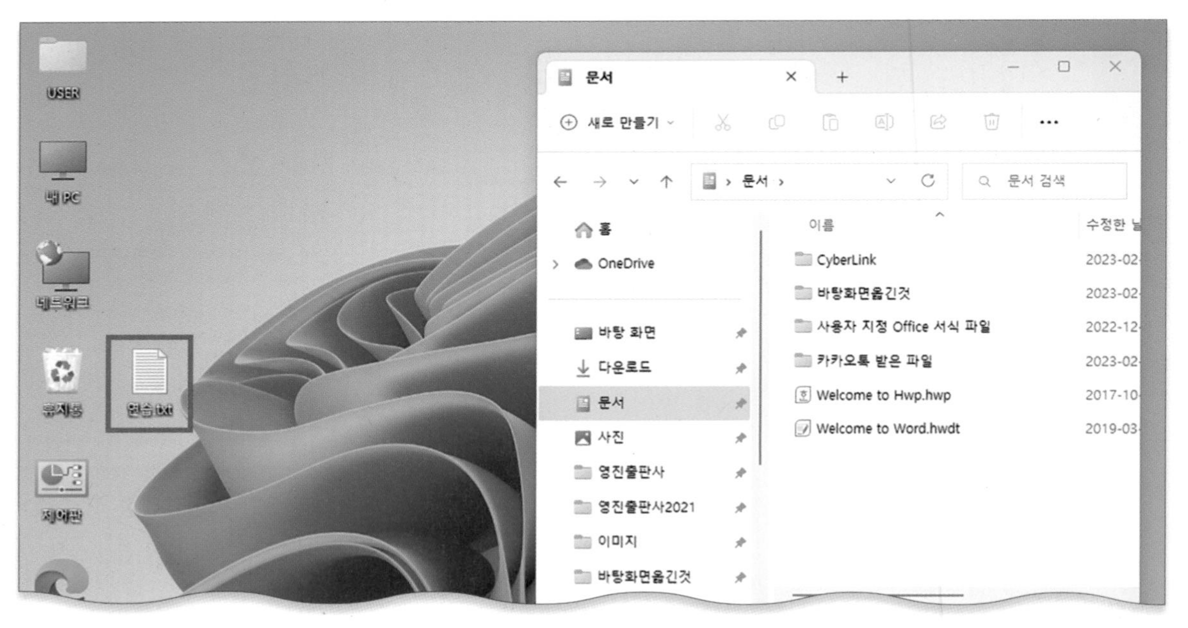

조금 더 배우기

복사와 이동은 단축키를 사용하면 더욱더 빠르게 할 수 있습니다.

- **복사** : Ctrl+C
- **잘라내기** : Ctrl+X
- **붙여넣기** : Ctrl+V

화면 캡처 사용하기

POINT

윈도우는 일반 캡처 프로그램 못지않은 화면 캡처 기능이 제공됩니다. 이번 장은 윈도우11의 화면 캡처 기능을 익혀 봅니다.

완성 화면 미리 보기

여기서 배워요!

캡처 도구로 바탕화면 캡처하기, 캡처된 이미지 저장하기

STEP 01 캡처 도구로 바탕화면 캡처하기

01 작업표시줄에서 [검색]을 클릭합니다.

02 상단 검색 창에서 '캡처 도구'라고 입력한 다음 오른쪽의 [캡처 도구] 앱을 클릭합니다.

조금 더 배우기

'캡처 도구'를 입력할 때 간혹 '캡처도구'와 같이 붙여 입력하면 앱이 검색되지 않습니다. 철자법과 띄어쓰기에 유의하세요.

03 '캡처 도구' 대화상자가 나타나면 [새 캡처]를 클릭합니다.

04 캡처하고자 하는 부분을 드래그합니다.

05 '캡처 도구' 창에 캡처한 이미지가 나타나는 것을 확인할 수 있습니다. [최대화]( ) 버튼을 클릭합니다.

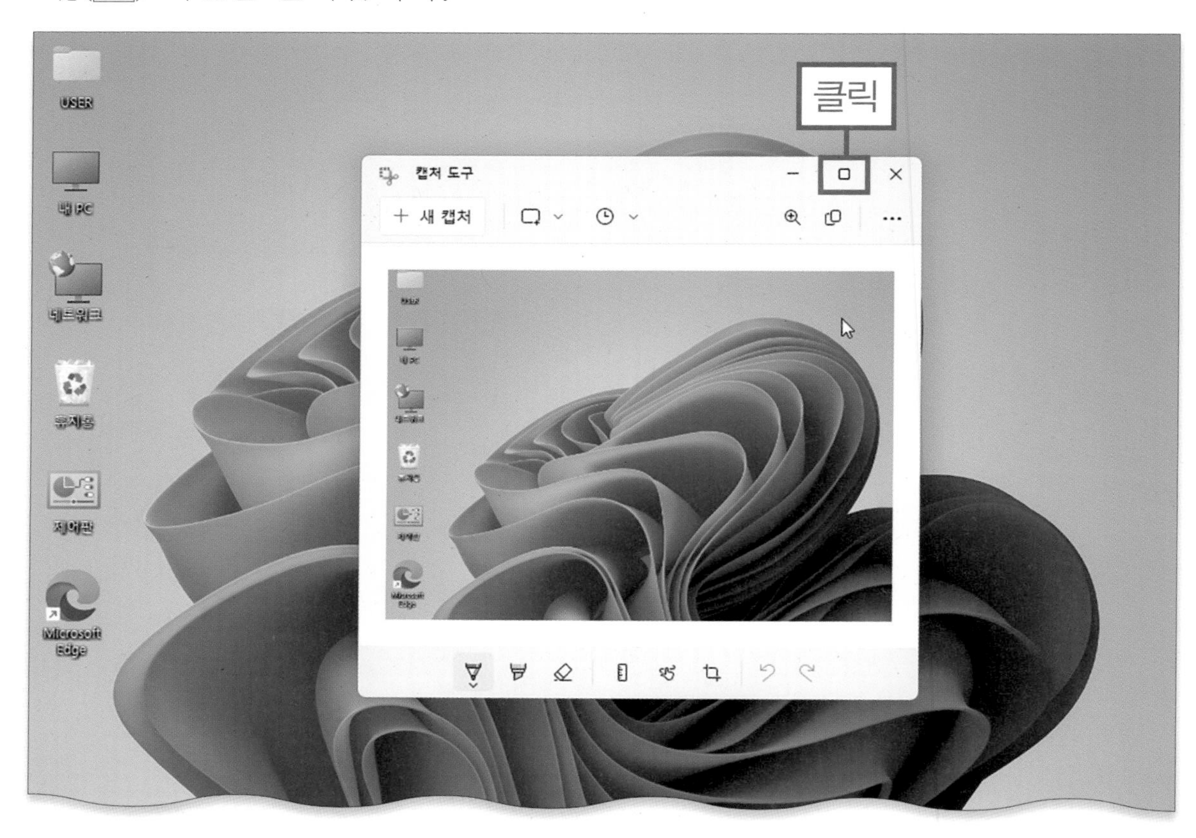

06 다른 부분을 다시 캡처할 때는 상단 도구 모음에서 [새 캡처]를 클릭합니다.

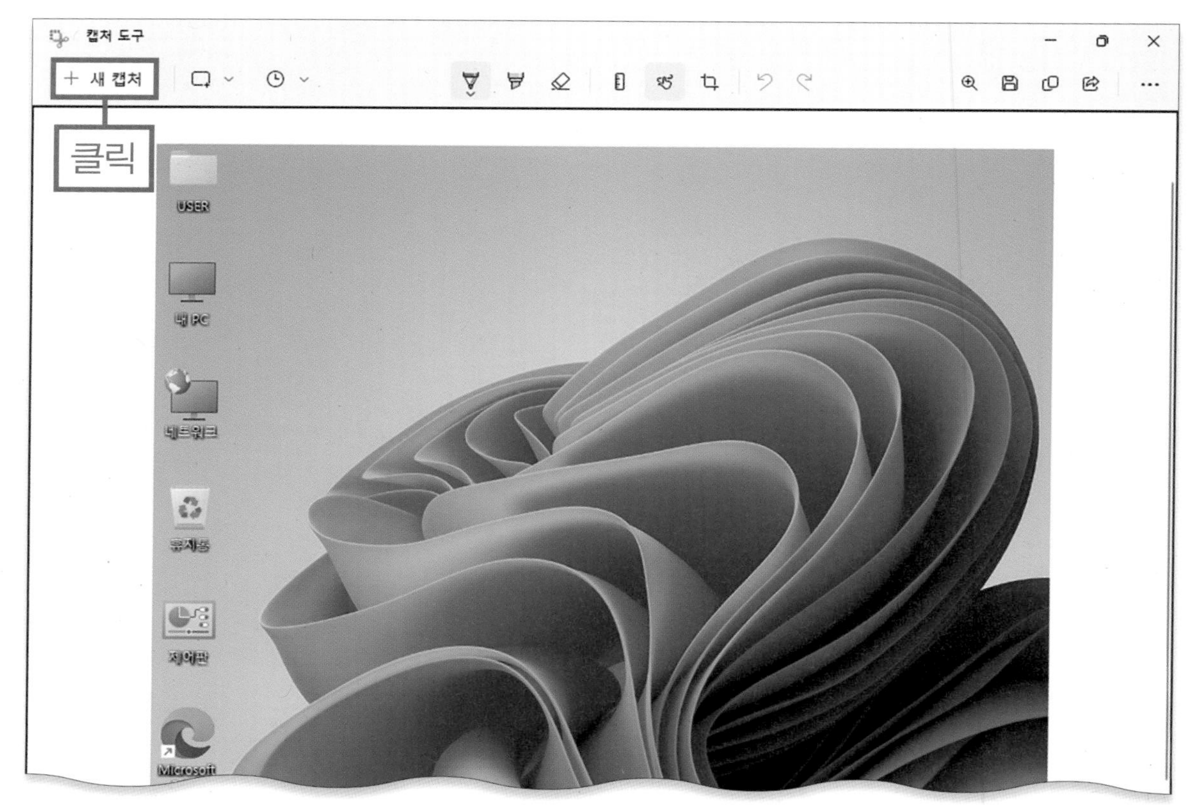

07 단축키로 캡처할 때는 캡처할 위치에서 ⊞+Shift+S를 눌러 원하는 부분을 드래그합니다.

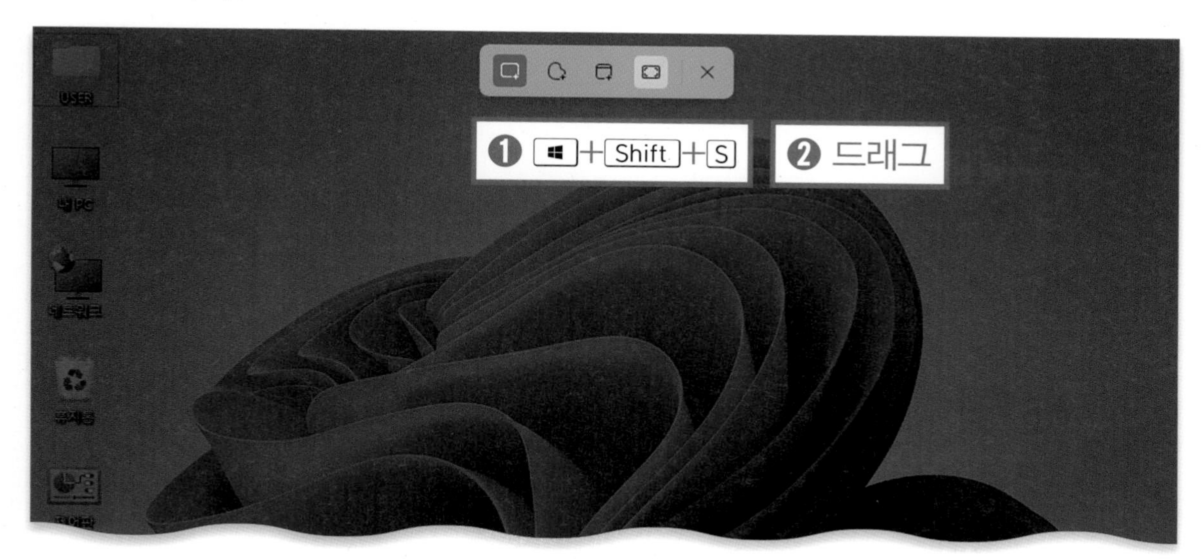

조금 더 배우기

❶❷❸❹

① **사각형 모드** : 마우스로 드래그하여 사각형으로 캡처합니다.
② **자유 형식 모드** : 자유롭게 모양을 잡으면서 캡처합니다.
③ **창 모드** : 창에 여러 개 열려 있을 때 원하는 창에 마우스를 올리고 클릭하면 그 창만 캡처됩니다.
④ **전체 화면 모드** : 화면 전체를 캡처합니다.

08 하단 오른쪽에 저장된 스크린샷 창이 나타나면 [캡처 도구]를 클릭합니다.

09 '캡처 도구' 창에서 캡처된 이미지를 확인합니다.

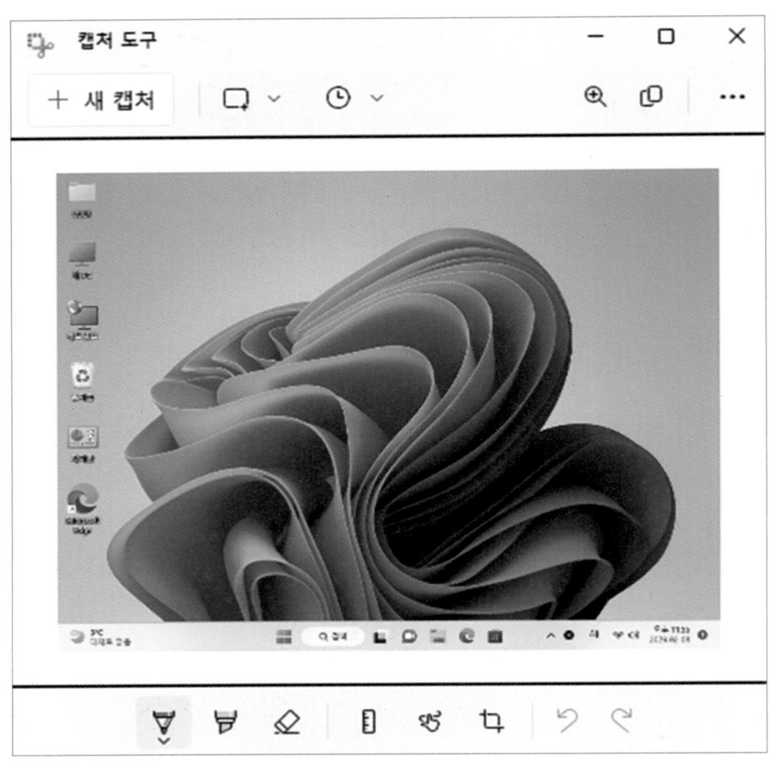

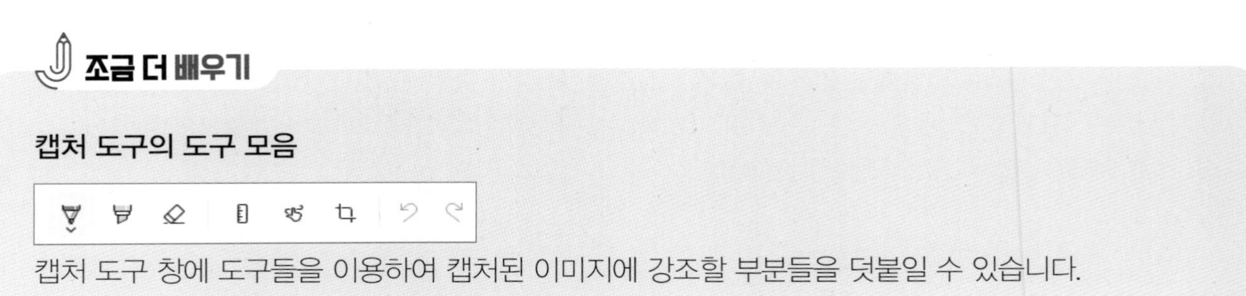

조금 더 배우기

캡처 도구의 도구 모음

캡처 도구 창에 도구들을 이용하여 캡처된 이미지에 강조할 부분들을 덧붙일 수 있습니다.

STEP 02 캡처된 이미지 저장하기

01 상단 오른쪽의 [저장]( ) 버튼을 클릭합니다.

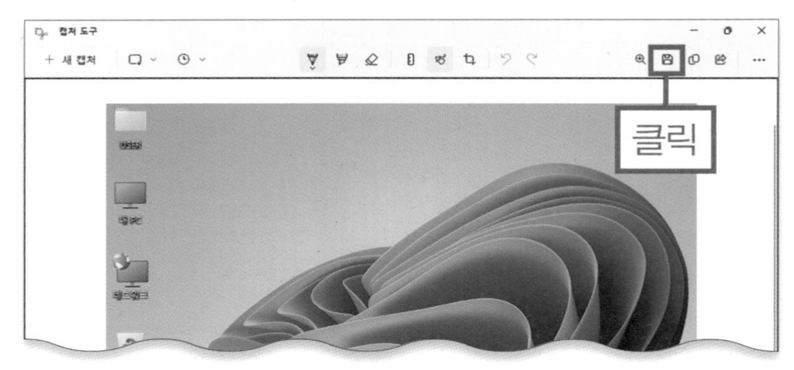

02 '다른 이름으로 저장' 대화상자가 나타나면 '탐색' 창에서 [사진]을 클릭한 다음 '파일 이름'란에 'win11'을 입력한 후 [저장] 버튼을 클릭합니다. '캡처 도구' 창에서 [닫기](✕) 버튼을 클릭합니다.

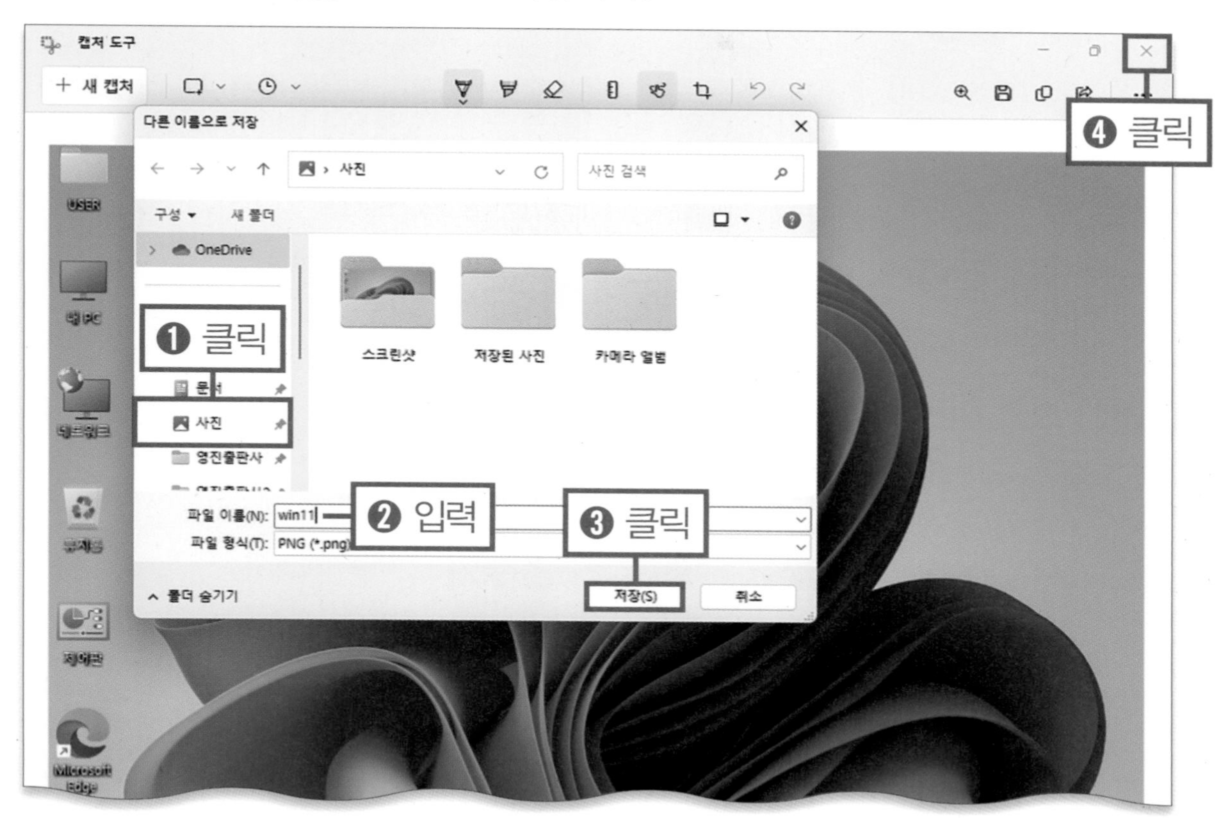

03 작업표시줄에서 [파일 탐색기]를 클릭한 다음 '탐색' 창에서 [사진]을 클릭하여 'win11' 이미지 파일이 있는 것을 확인합니다.

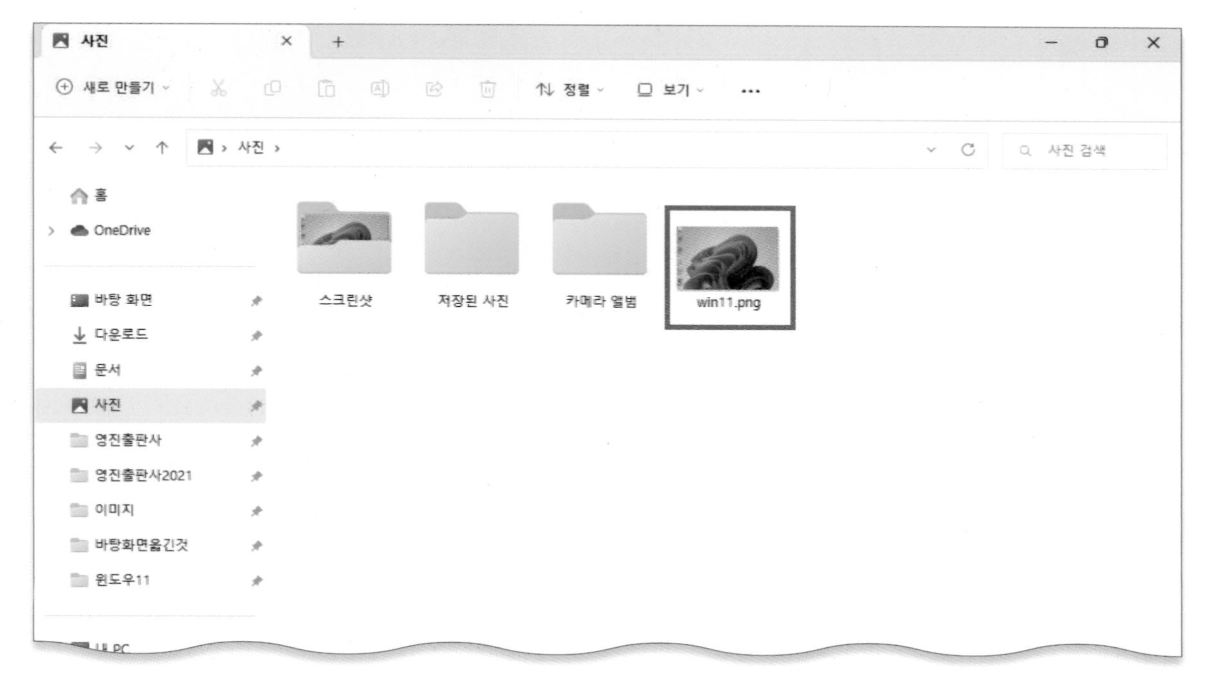

CHAPTER 10

말로 텍스트 입력하기

POINT

윈도우11에는 손으로 타이핑이 어렵거나 내레이션을 텍스트로 입력하기 위해 음성으로 텍스트를 작성할 수 있습니다. 이번 장에서는 음성으로 텍스트를 입력하는 방법을 알아봅니다.

완성 화면 미리 보기

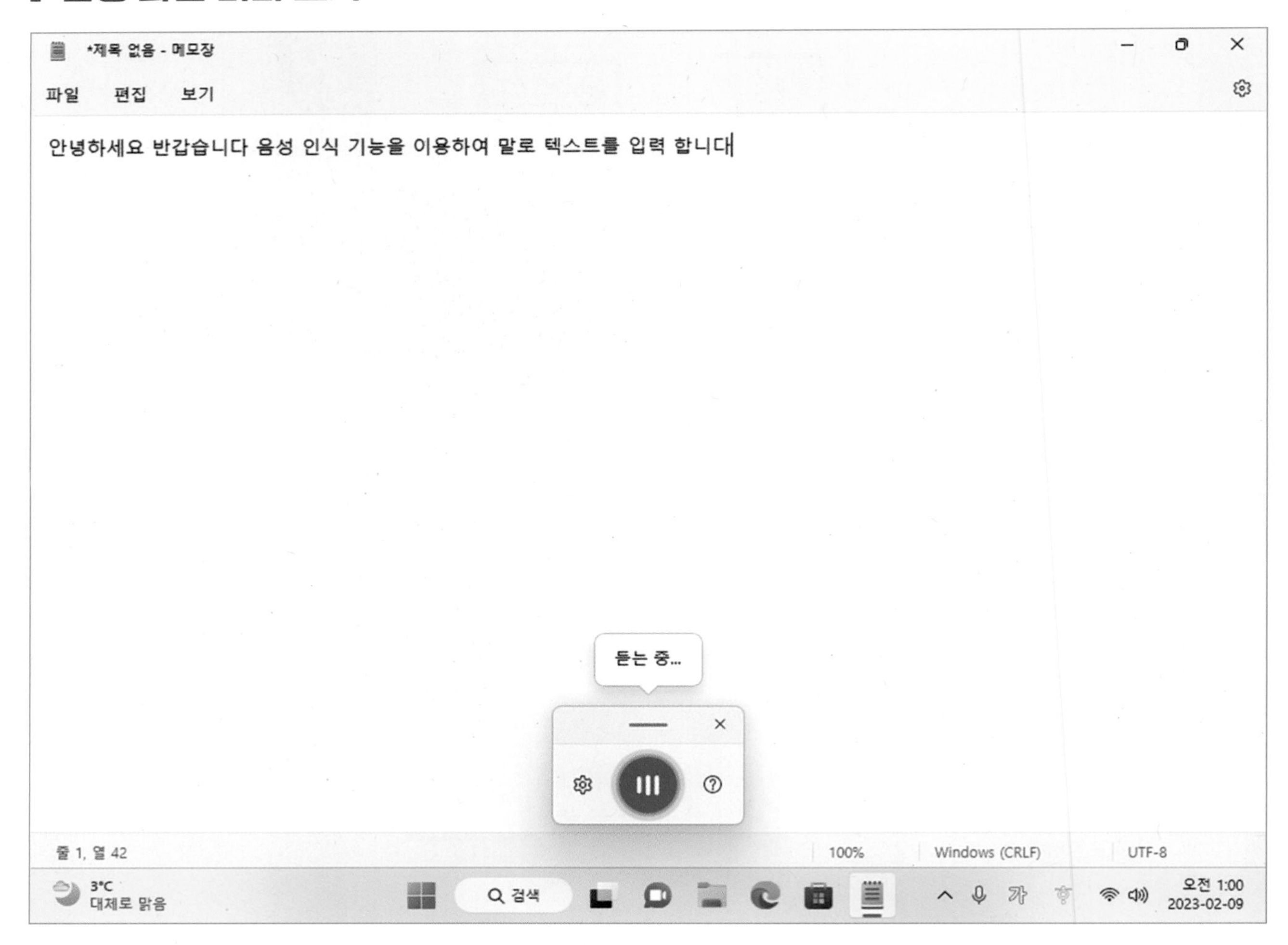

여기서 배워요!

메모장에 음성으로 텍스트 입력하기, 카카오톡에 음성으로 텍스트 입력하기

STEP 01 메모장에 음성으로 텍스트 입력하기

01 작업표시줄에서 [검색] 버튼을 누른 후 상단 검색란에 '메모장'이라고 입력합니다. 오른쪽의 [메모장] 앱을 클릭합니다.

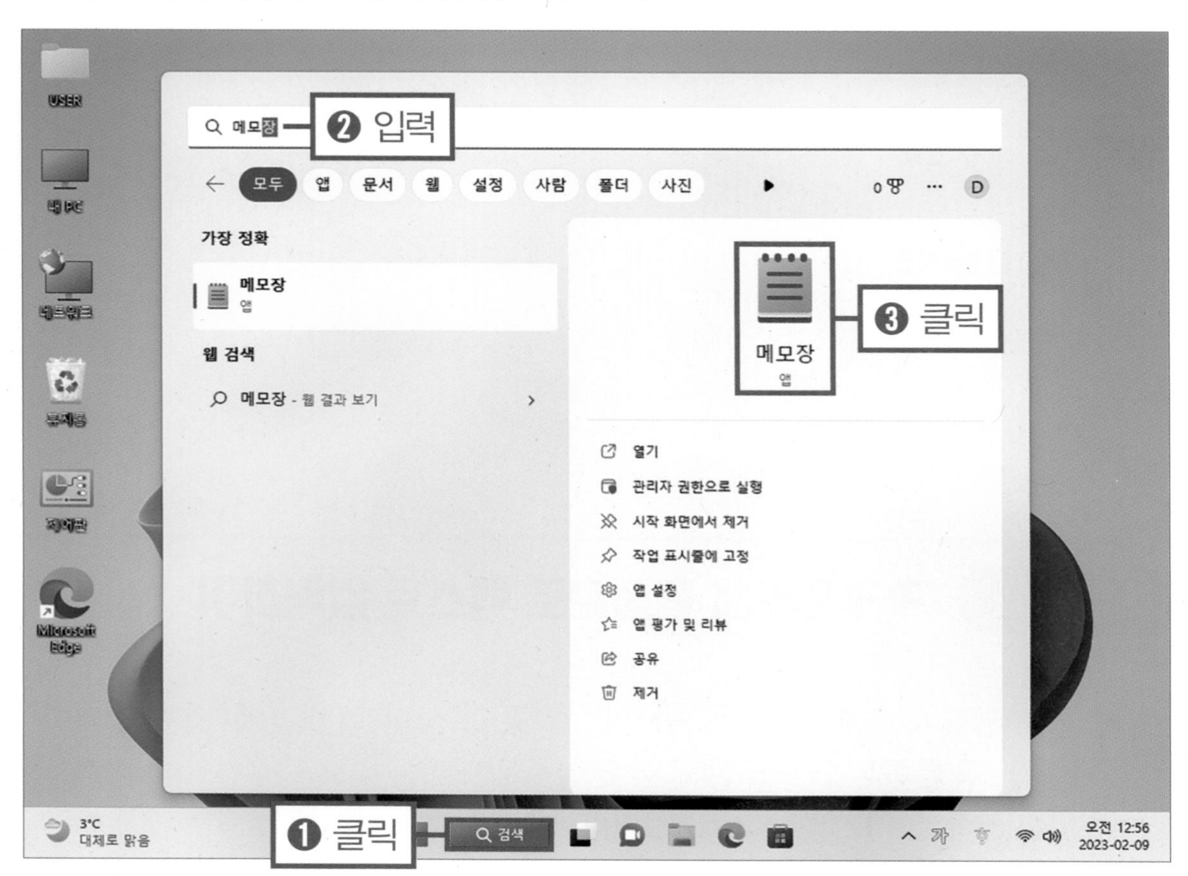

02 메모장이 실행되면 ⊞+H를 눌러 음성인식기를 불러옵니다.

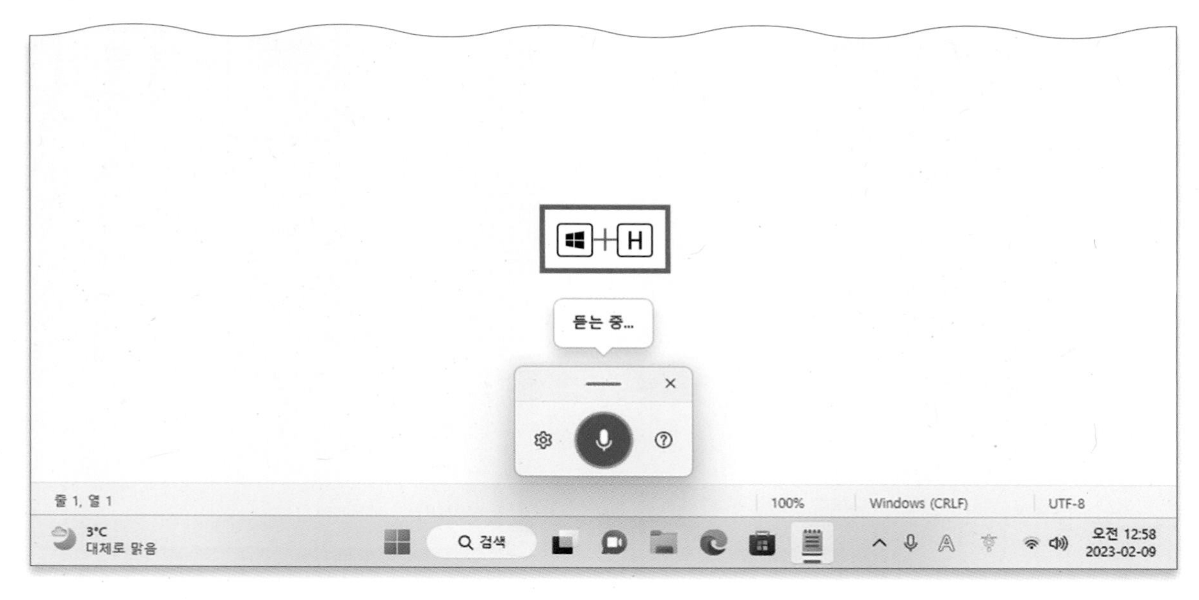

03 아래 이미지처럼 말을 하면 입력되는 것을 확인합니다.

조금 더 배우기

노트북에는 기본 마이크가 장착이 되어 있어 사용 가능하지만 일반 데스크톱 PC는 마이크가 장착 및 설정돼 있어야 합니다.

STEP 02 카카오톡에 음성으로 텍스트 입력하기

01 작업표시줄에서 [검색] 버튼을 누른 후 상단 검색란에 '카카오'라고 입력합니다. 오른쪽의 [카카오톡] 앱을 클릭합니다.

02 대화를 나눌 상대방을 더블 클릭한 다음 ⊞+H를 눌러 음성인식기를 불러온 후 대화 내용을 말로 입력합니다.

조금 더 배우기

음성인식기는 텍스트를 입력할 수 있는 모든 앱에서 실행 가능합니다.

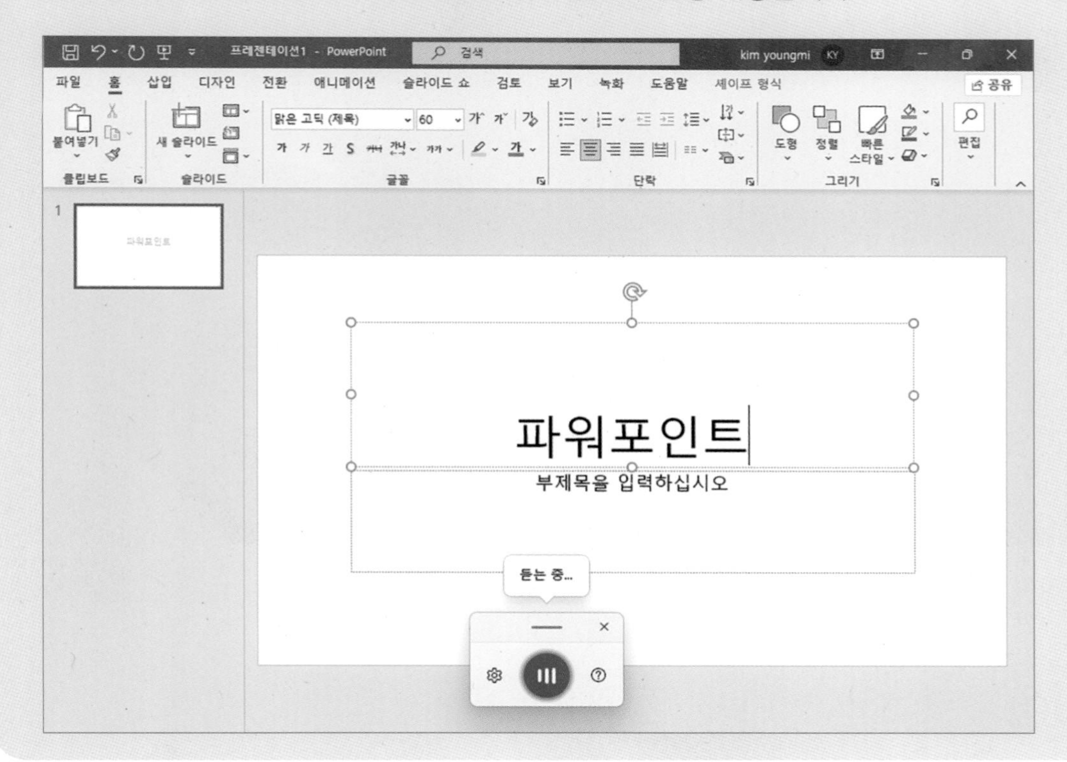

CHAPTER 11

한 번 클릭으로 컴퓨터 종료하기

POINT

컴퓨터를 종료할 때 일일이 순서를 지켜가며 종료하는 방법은 조금 불편하죠. 그래서 간혹 전원 버튼을 눌러 강제로 끄는 경우가 있는데요. 이럴 경우, 컴퓨터 부품에 영향을 줄 뿐만 아니라 하드디스크 같은 저장 장치에 심각한 불량이 생기게 됩니다. 이번 장에서는 간단히 한 번 클릭으로 컴퓨터를 종료하는 아이콘을 만들어 봅니다.

완성 화면 미리 보기

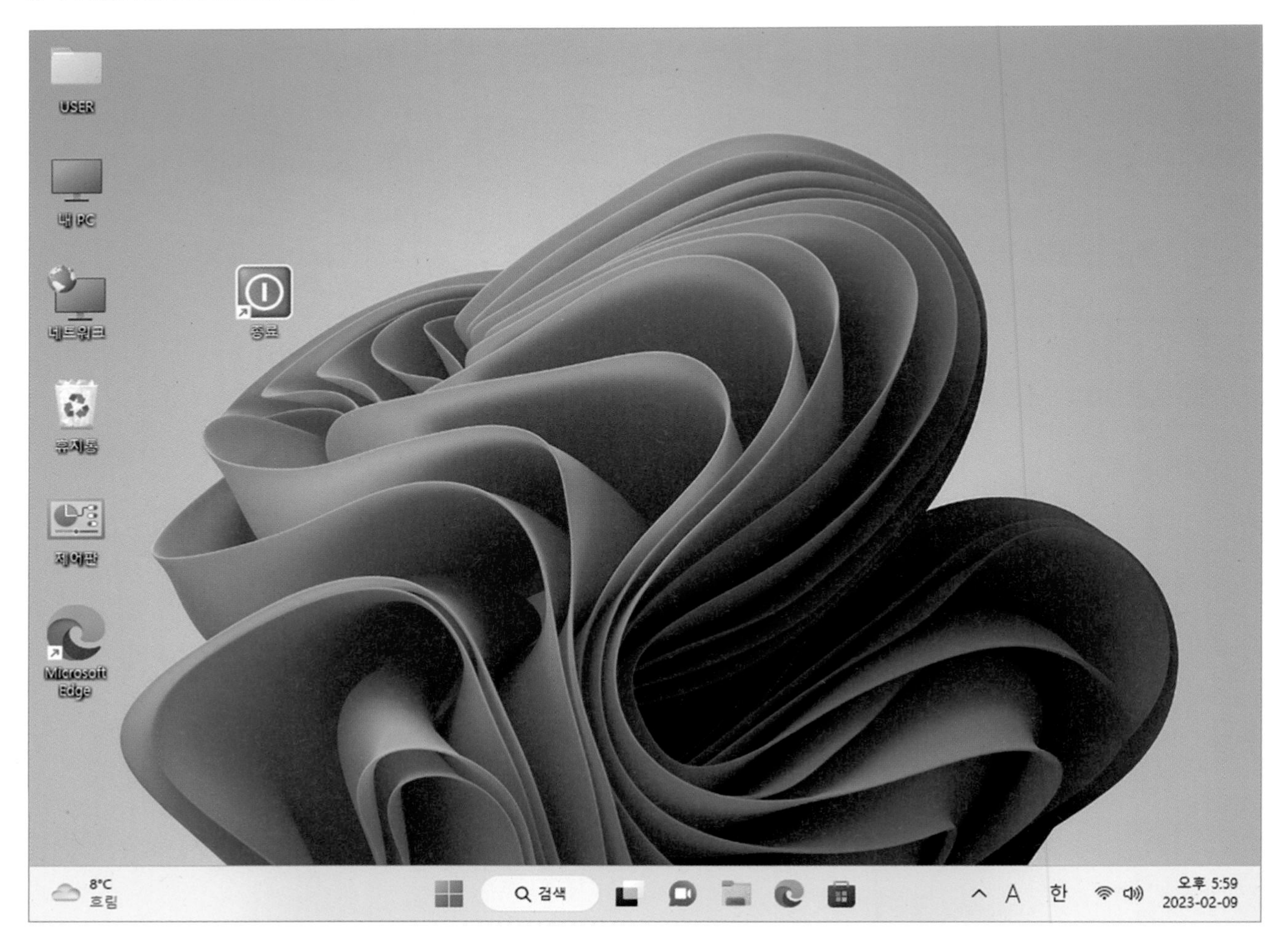

여기서 배워요!

전원 기능 설정하기, 전원 아이콘 변경 및 위치 이동하기

STEP 01 전원 기능 설정하기

01 바탕화면에서 마우스 오른쪽 버튼을 누른 후 [새로 만들기]-[바로 가기]를 차례대로 클릭합니다.

02 '바로 가기 만들기' 대화상자가 나타나면 '항목 위치 입력'란에 'shutdown -s -t 0'을 입력한 후 [다음] 버튼을 클릭합니다.

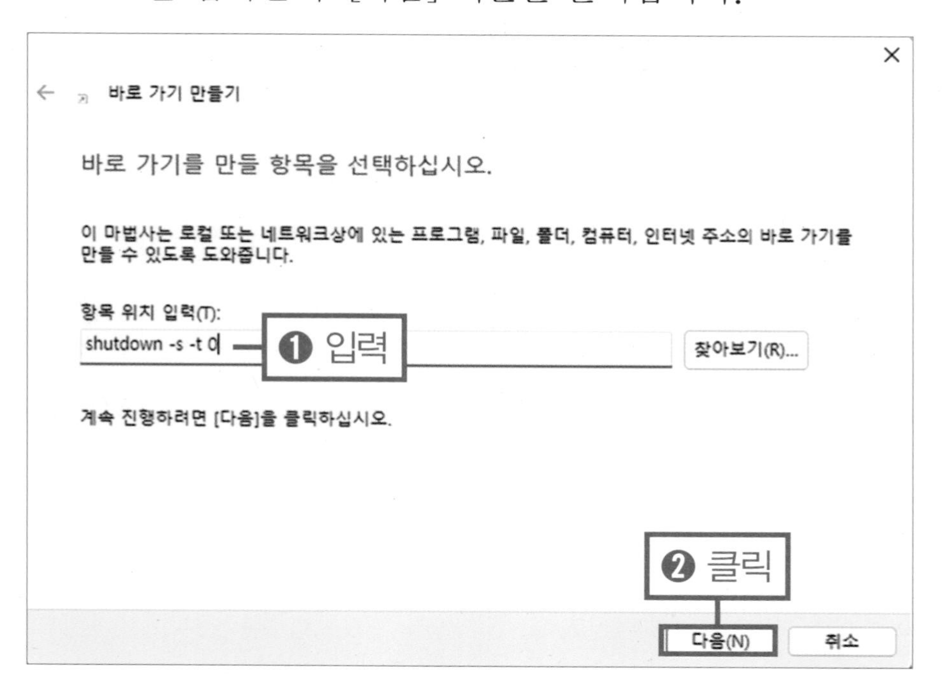

03 '바로 가기에 사용할 이름을 입력하십시오'란에 '종료'라고 입력한 다음 [마침] 버튼을 클릭합니다.

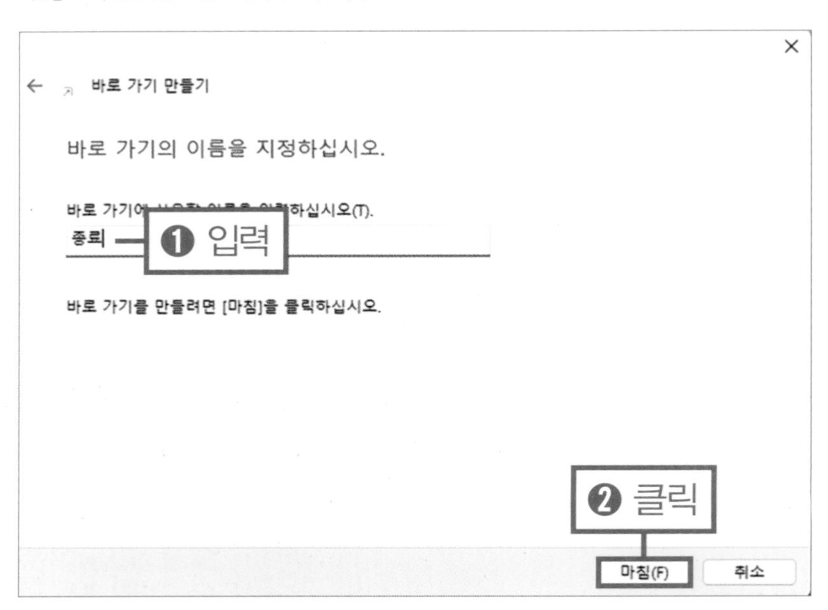

04 바탕화면에 '종료' 아이콘이 만들어진 것을 확인할 수 있습니다.

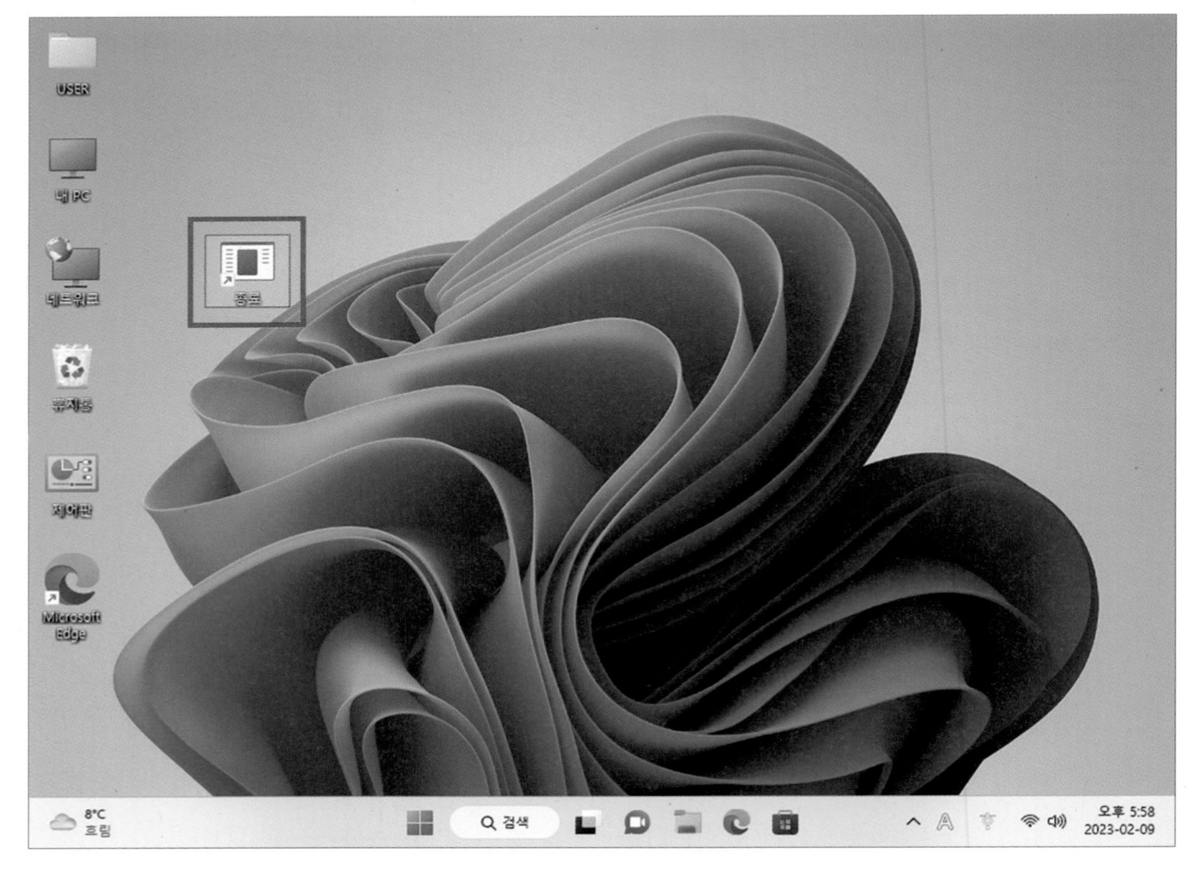

STEP 02 전원 아이콘 변경 및 위치 이동하기

01 아이콘 모양을 변경하기 위해 [종료] 아이콘에 마우스 오른쪽 버튼을 누른 후 [속성]을 클릭합니다.

02 '종료 속성' 대화상자가 나타나면 '바로가기' 탭에서 [아이콘 변경] 버튼을 클릭합니다.

03 '아이콘 변경' 대화상자가 나타나면 [확인]을 클릭합니다.

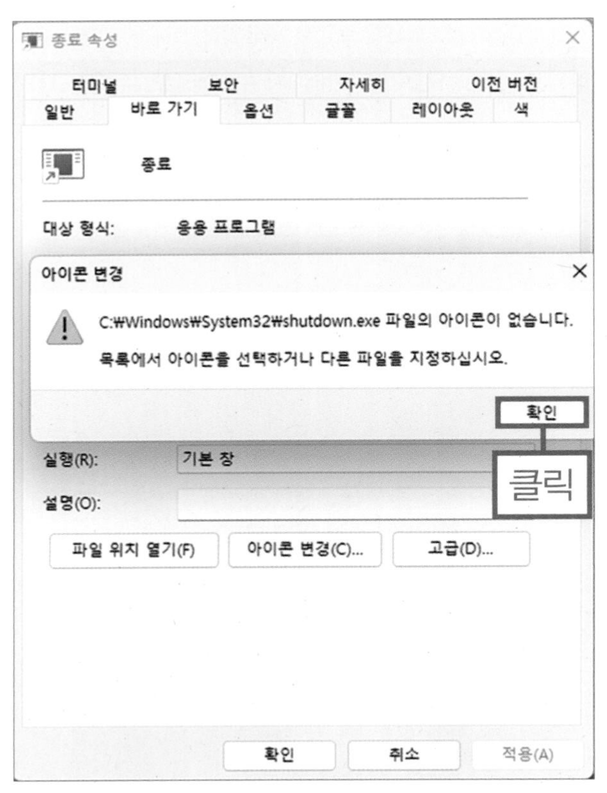

04 '아이콘 변경' 대화상자가 나타나면 그림과 같이 아이콘을 선택한 후 [확인] 버튼을 클릭합니다.

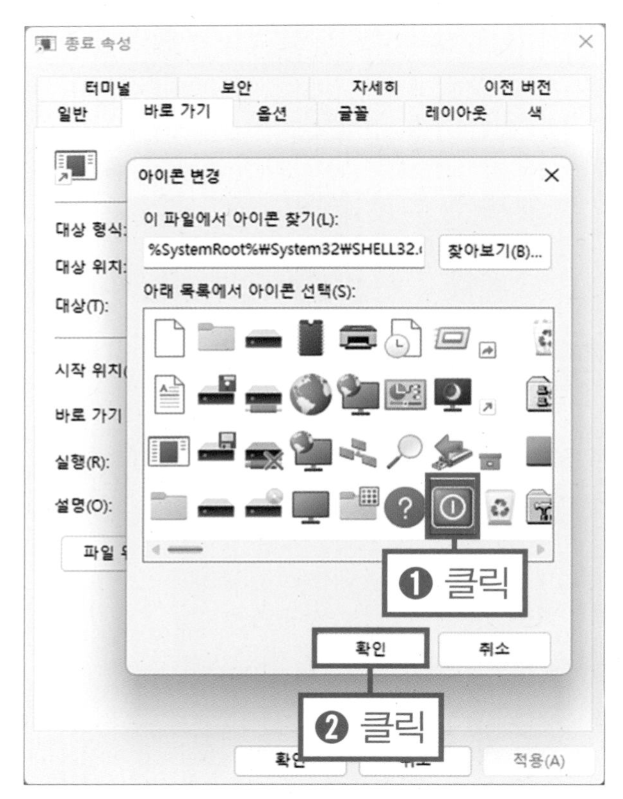

05 다시 [확인] 버튼을 클릭합니다.

06 바탕화면에 아이콘이 변경된 것을 확인할 수 있습니다. 바탕화면의 아이콘은 더블 클릭해야 실행되므로 한 번 클릭으로 실행하기 위해 '종료' 아이콘에 마우스 포인터를 올리고 작업표시줄 가운데 구성 요소 부분으로 드래그하여 배치합니다. 바탕화면의 '종료' 버튼은 Delete를 눌러 삭제합니다.

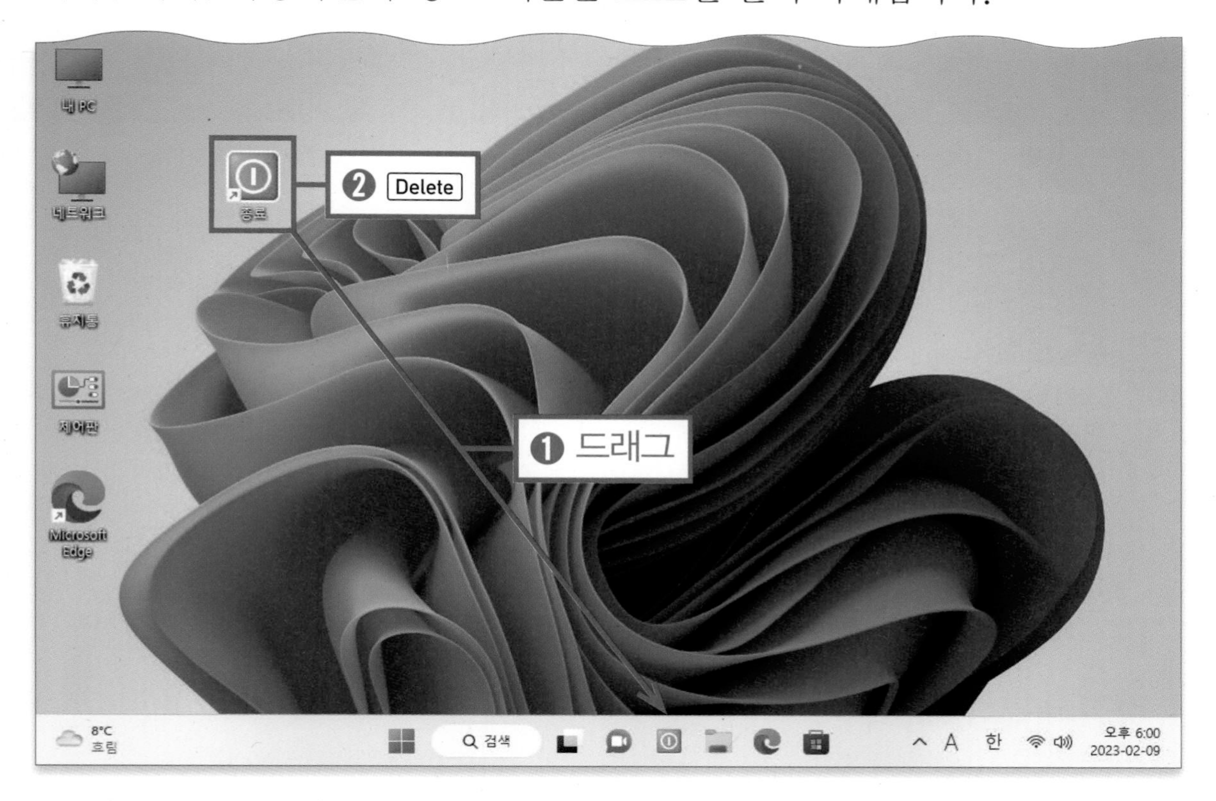

CHAPTER 12

II. 웹 콘텐츠 활용

엣지 브라우저 알아보기

POINT

윈도우의 기본 브라우저였던 인터넷 익스플로러의 서비스가 중지되면서 윈도우11에서는 마이크로소프트에서 엣지 브라우저가 기본으로 제공됩니다. 구글 크롬 브라우저와 동일한 크로미움(Chromium) 기반으로, 성능이 상당히 유사합니다. 이번 장은 엣지 브라우저에 대해 알아봅니다.

완성 화면 미리 보기

여기서 배워요!

엣지 브라우저 기본 화면 살펴보기, 엣지 브라우저 숨은 기능 알아보기, 사이트 글 읽어주기

STEP 01 엣지 브라우저 기본 화면 살펴보기

01 작업표시줄에서 [Microsoft Edge]( )를 클릭합니다.

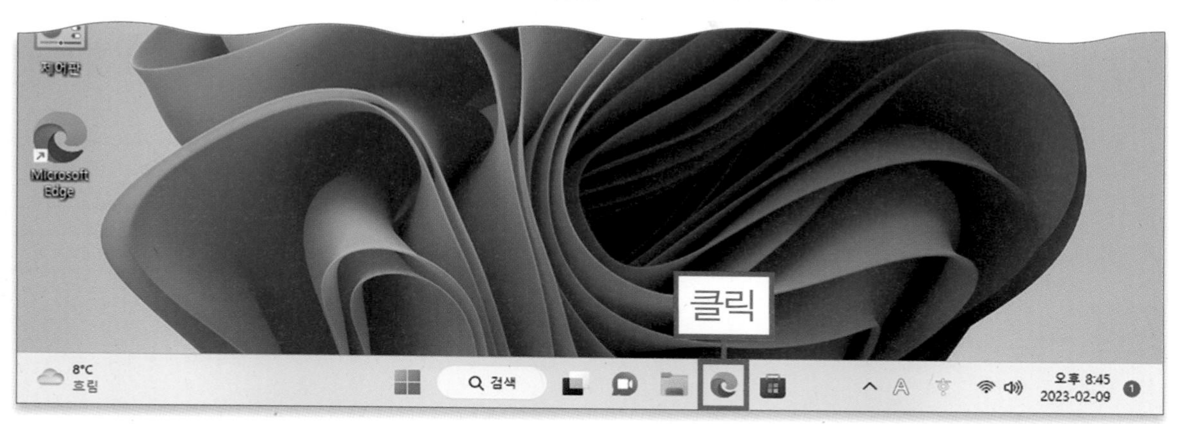

조금 더 배우기

엣지 브라우저 화면

① **주소표시줄** : 사이트 주소를 입력합니다.
② **즐겨찾기줄** : 자주 접속하는 사이트를 등록하여 빠르게 접속할 수 있습니다.
③ **웹 검색창** : Bing 기반의 검색 박스와 빠른 연결 사이트들이 아이콘 형태로 구성되어 있습니다.
④ **콘텐츠 창** : msn 사이트의 뉴스들이 표시됩니다.

02 레이아웃을 변경하기 위해 웹 검색 창 오른쪽의 [페이지 설정]( )을 클릭한 후 '페이지 설정' 대화상자가 나타나면 '레이아웃'에서 [심플]을 선택합니다.

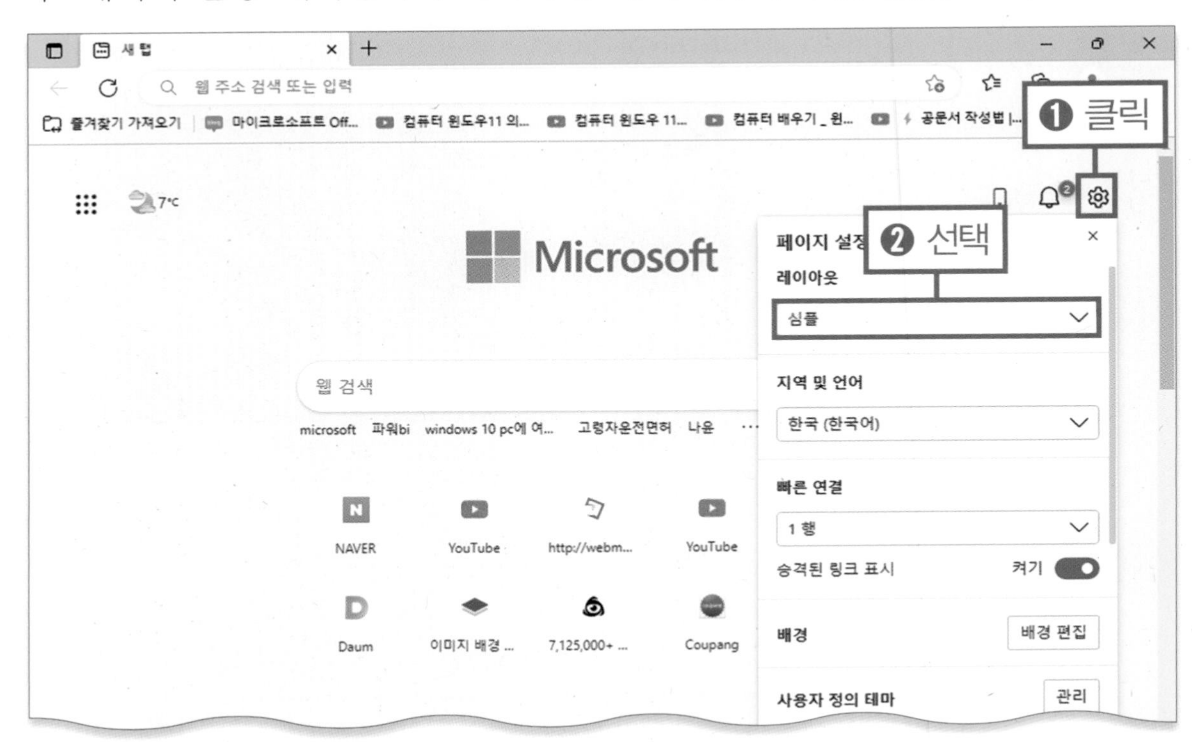

03 이번에는 '레이아웃'을 [콘텐츠형]으로 변경한 후 빠른 연결 아이콘을 두 줄로 변경하기 위해 '빠른 연결'에서 [2행]을 클릭합니다.

04 아래 뉴스들을 표시하지 않기 위해 '콘텐츠'에서 [콘텐츠 끄기]를 클릭합니다.

STEP 02 엣지 브라우저 숨은 기능 알아보기

01 주소 표시줄 오른쪽의 [설정 및 기타](…)를 클릭한 후 [웹 캡처]를 클릭합니다.

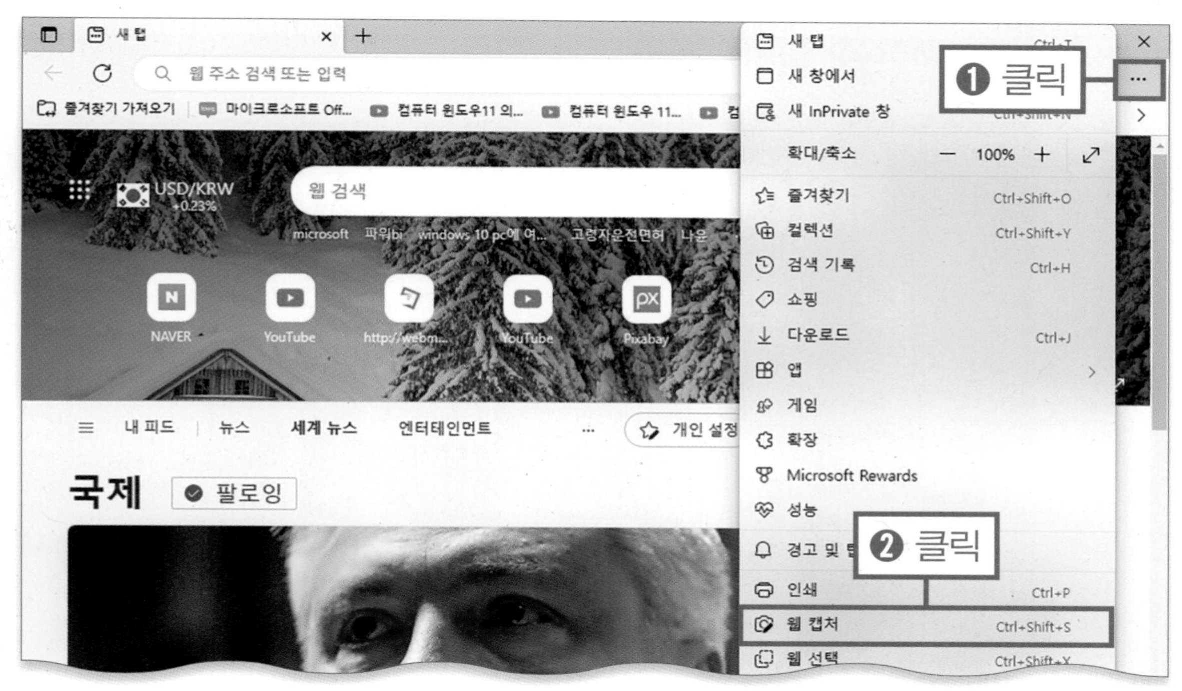

02 캡처 화면으로 변경되면 상단의 캡처 방법을 [캡처 영역]으로 선택합니다.

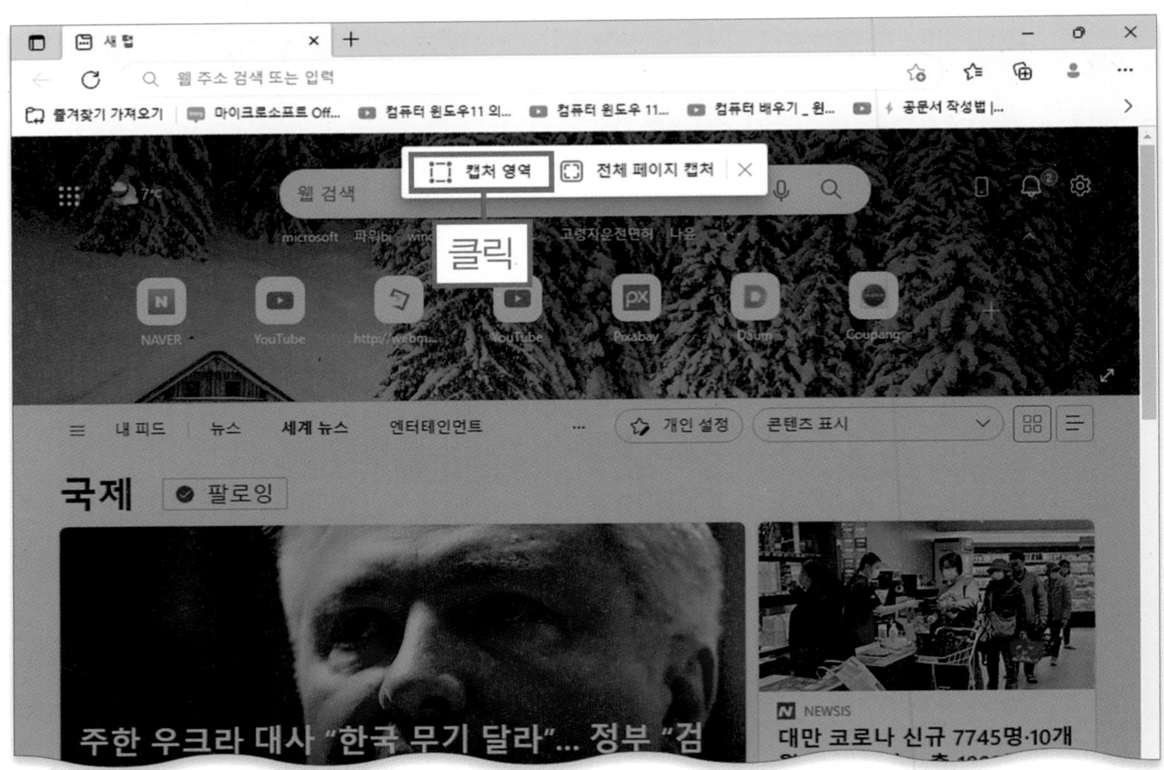

03 원하는 부분을 드래그하여 화면을 지정하여 캡처합니다. 메뉴에서 [복사]를 클릭한 후 원하는 문서 위치에 붙여넣습니다.

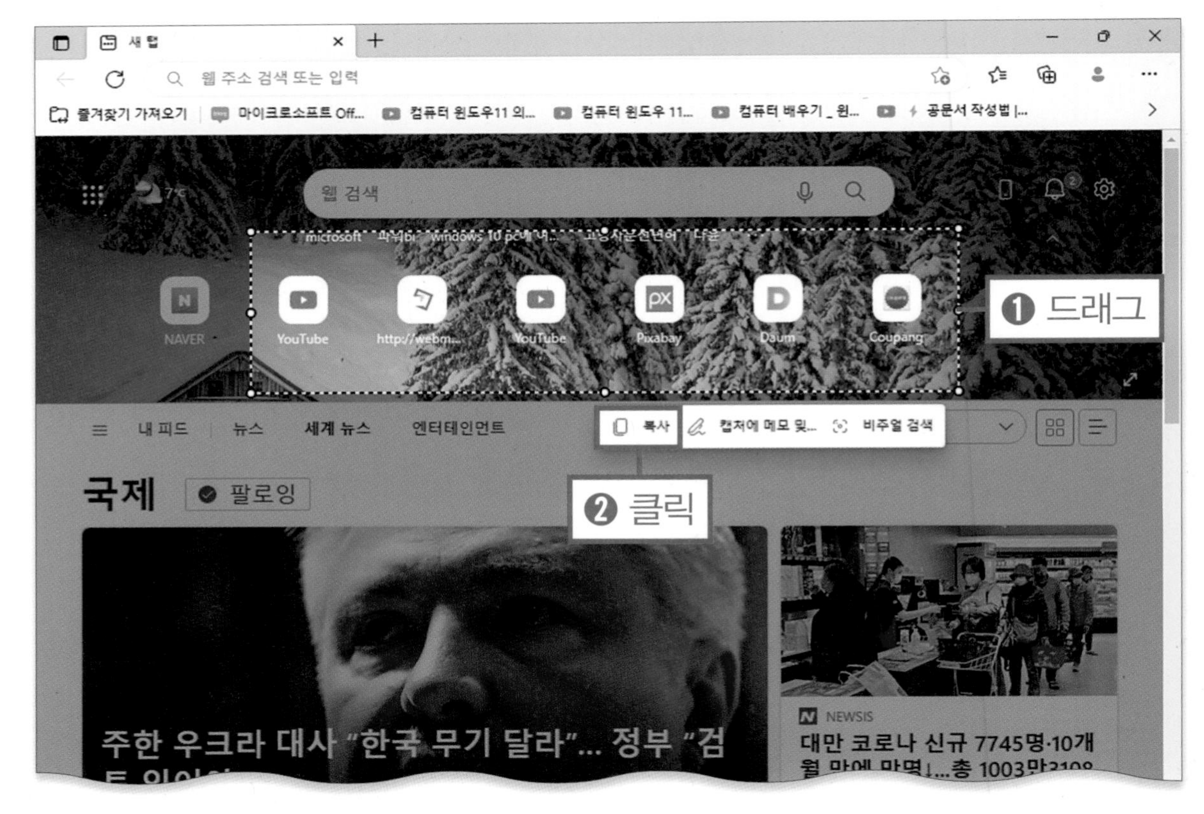

STEP 03 사이트 글 읽어 주기

01 읽기 원하는 기사 사이트나 블로그 사이트에 접속합니다. 주소표시줄 오른쪽의 [설정 및 기타](…)를 클릭한 후 [소리내어 읽기]를 클릭합니다.

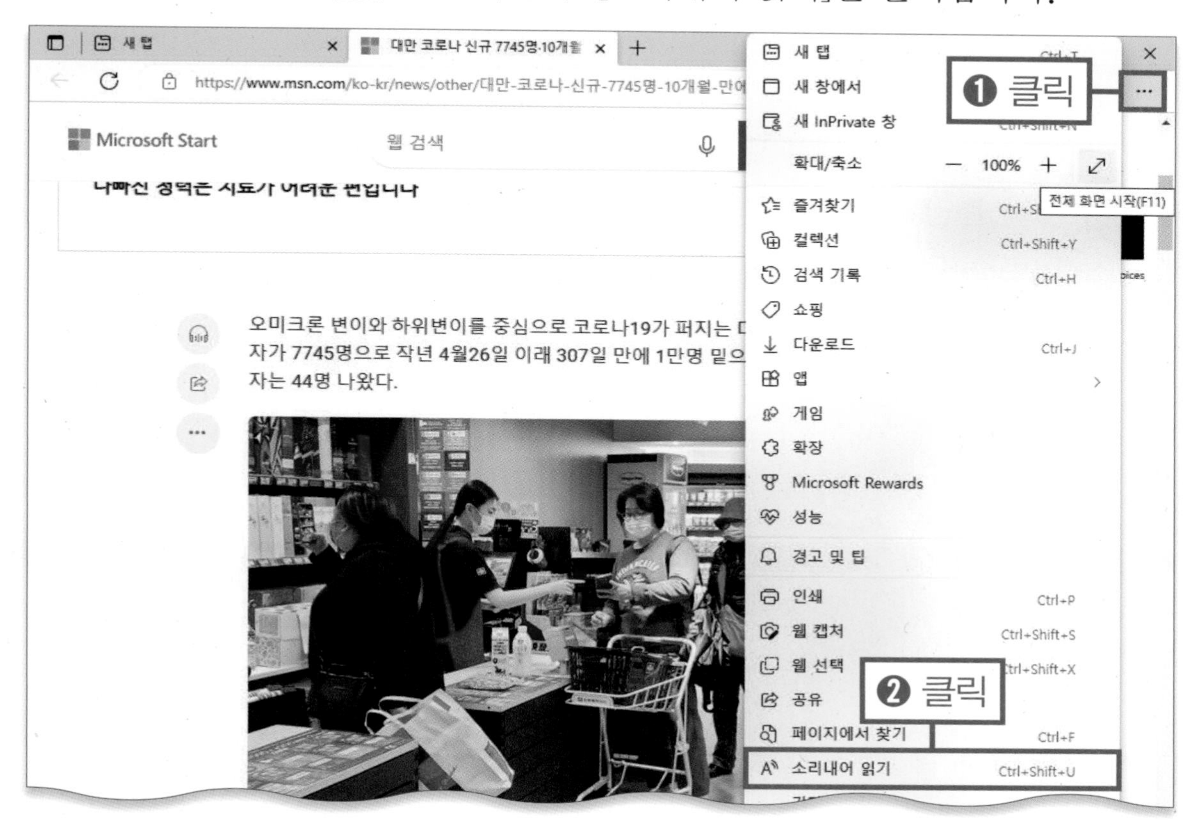

02 상단에 '소리내어 읽기' 도구 상자가 실행되면 읽고자 하는 부분을 드래그합니다.

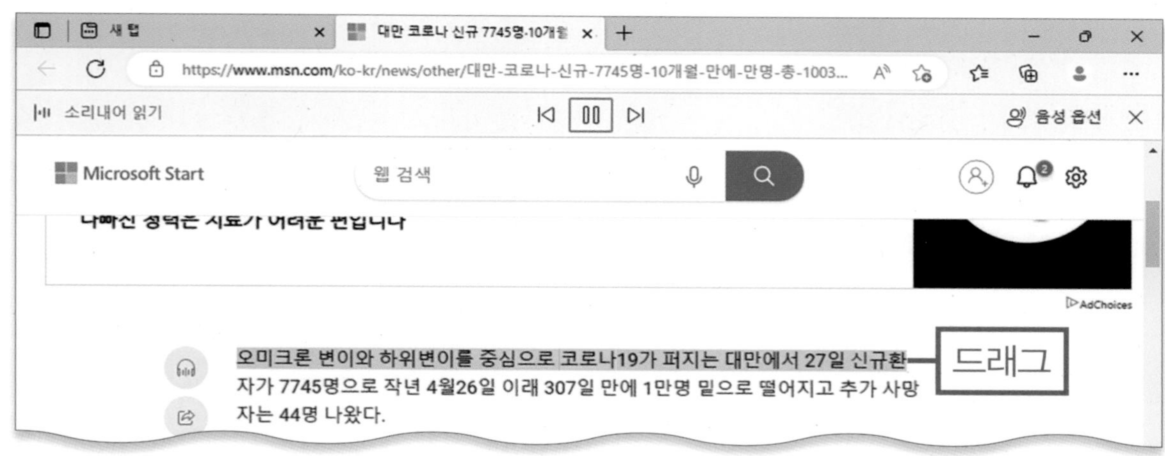

조금 더 배우기

드래그로 내용을 지정하지 않으면 상단 메뉴부터 자동으로 읽어 줍니다.

CHAPTER 13 인터넷으로 설문 조사하기

POINT

비대면으로 설문을 작성해야 할 때 네이버 오피스의 폼을 이용하면 온라인상에서 설문을 작성할 수 있을 뿐만 아니라 설문의 분석 및 통계도 확인할 수 있습니다. 이번 장에서는 네이버 오피스를 이용하여 온라인 설문을 작성해 봅니다.

완성 화면 미리 보기

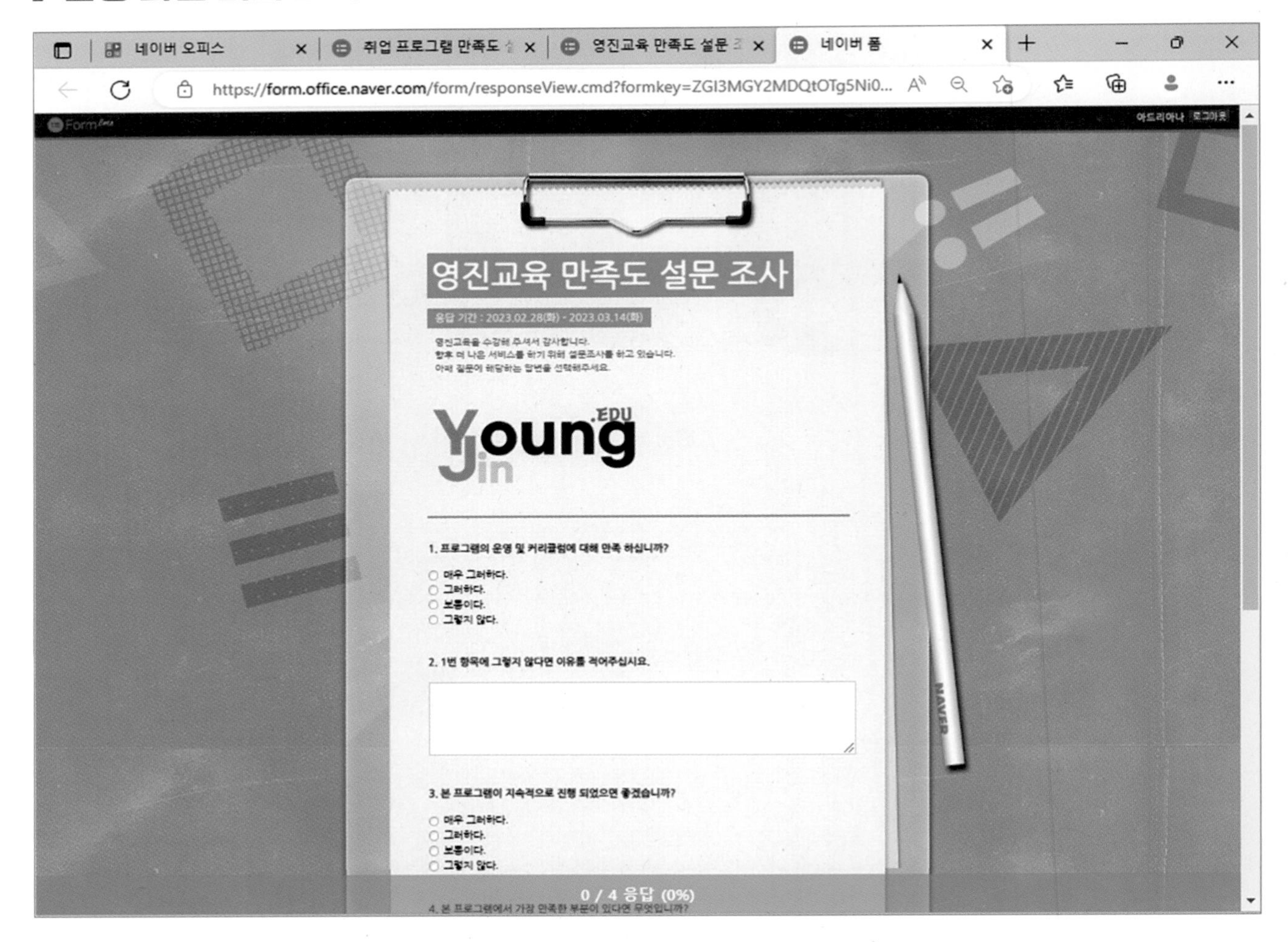

여기서 배워요!

네이버 오피스를 이용한 설문 내용 작성하기, 응답 설정 및 폼 보내기, 응답 결과 확인하기

STEP 01 네이버 오피스를 이용한 설문 내용 작성하기

01 네이버(www.naver.com)에 접속하여 로그인한 다음 [더보기](···)를 클릭합니다. [전체서비스]를 클릭합니다.

조금 더 배우기

네이버에 가입되어 있지 않다면 가입 절차에 맞춰 가입을 완료한 후 로그인하도록 합니다.

02 '전체서비스' 항목에서 [오피스]를 클릭합니다.

03 '오피스' 창이 나타나면 [폼]을 클릭합니다.

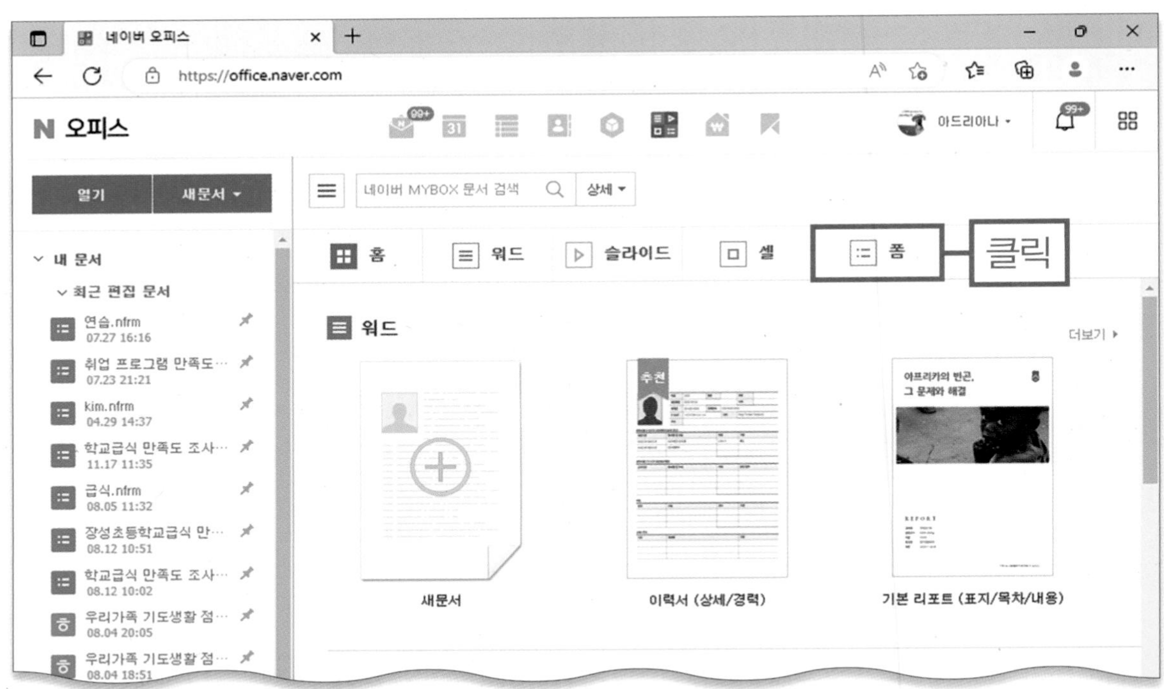

04 '설문조사' 종류 중 [단일 선택형 설문]을 클릭합니다.

조금 더 배우기

네이버 오피스는 워드, 슬라이드(파워포인트), 셀(엑셀)을 웹상에서 사용할 수 있습니다. 오프라인에 프로그램이 없다면 사용해 보세요.

05 '미리보기' 창이 나타나면 [이 템플릿 사용]을 클릭합니다.

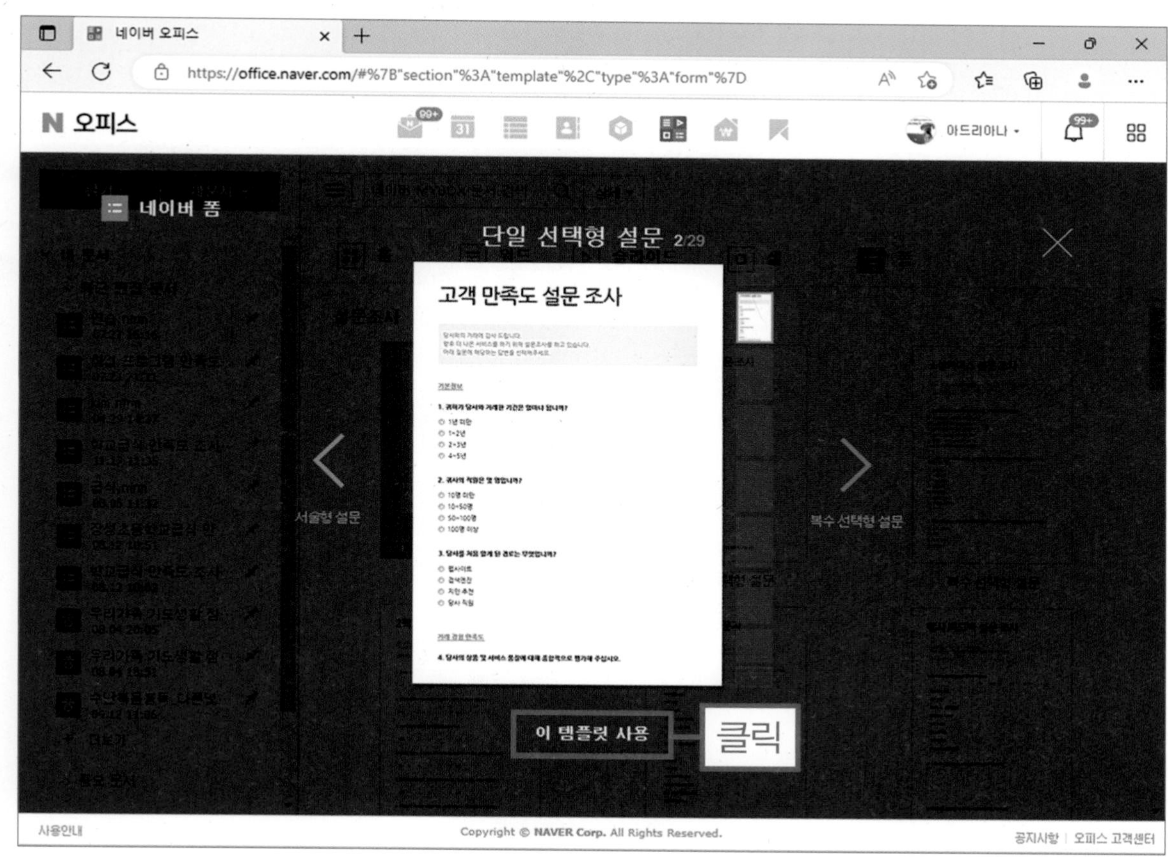

06 '폼 사용 방법' 창이 나타나면 확인한 후 [닫기](×) 버튼을 클릭합니다.

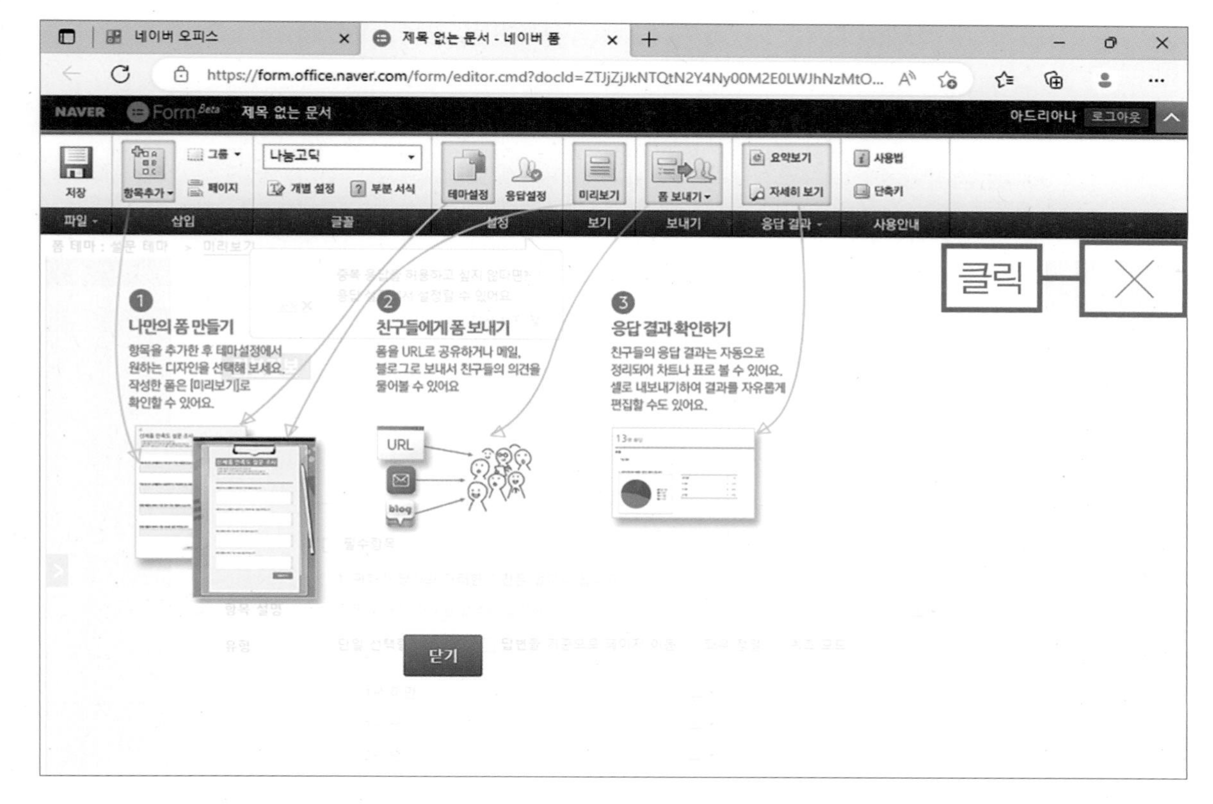

07 '설문 조사' 창이 나타나면 제목을 수정하기 위해 [편집]( ) 버튼을 클릭합니다.

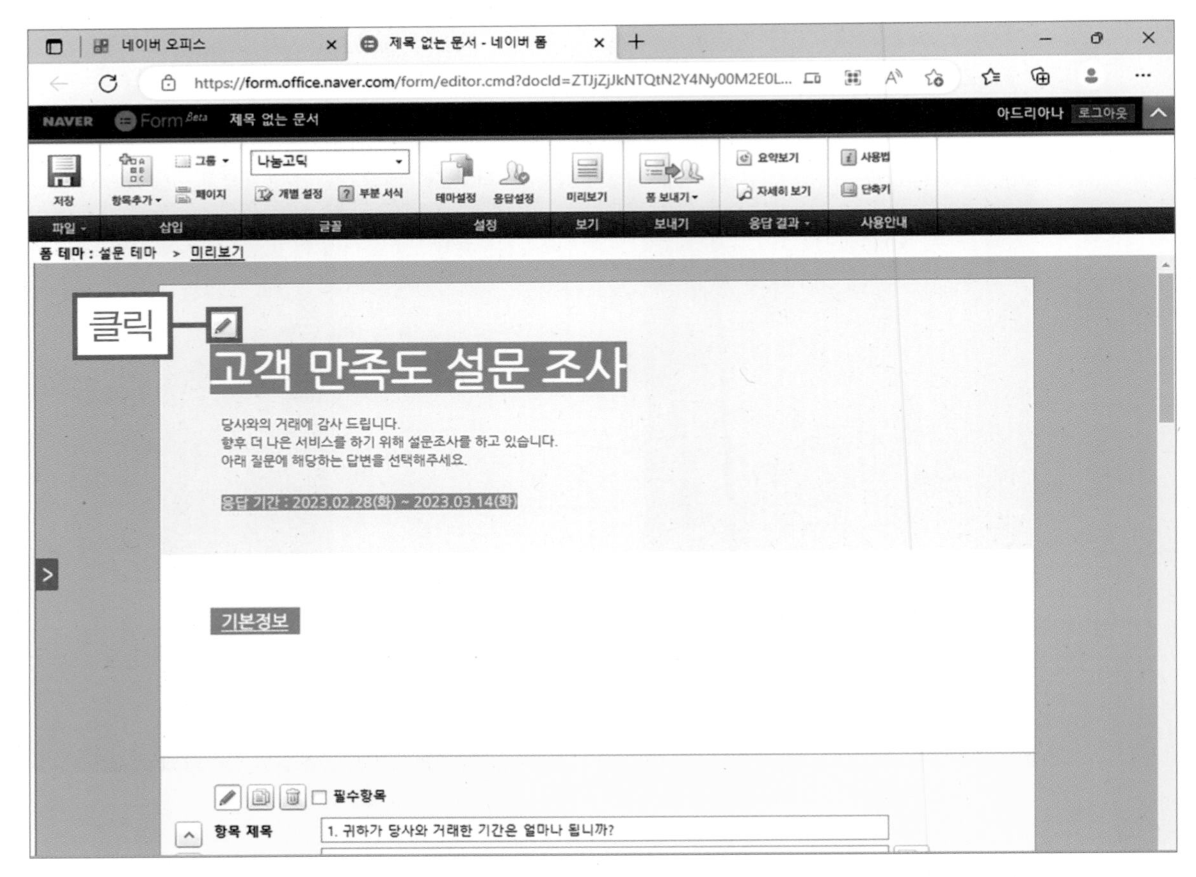

08 아래 이미지와 같이 '제목', '설명', '응답 기간'을 입력합니다.

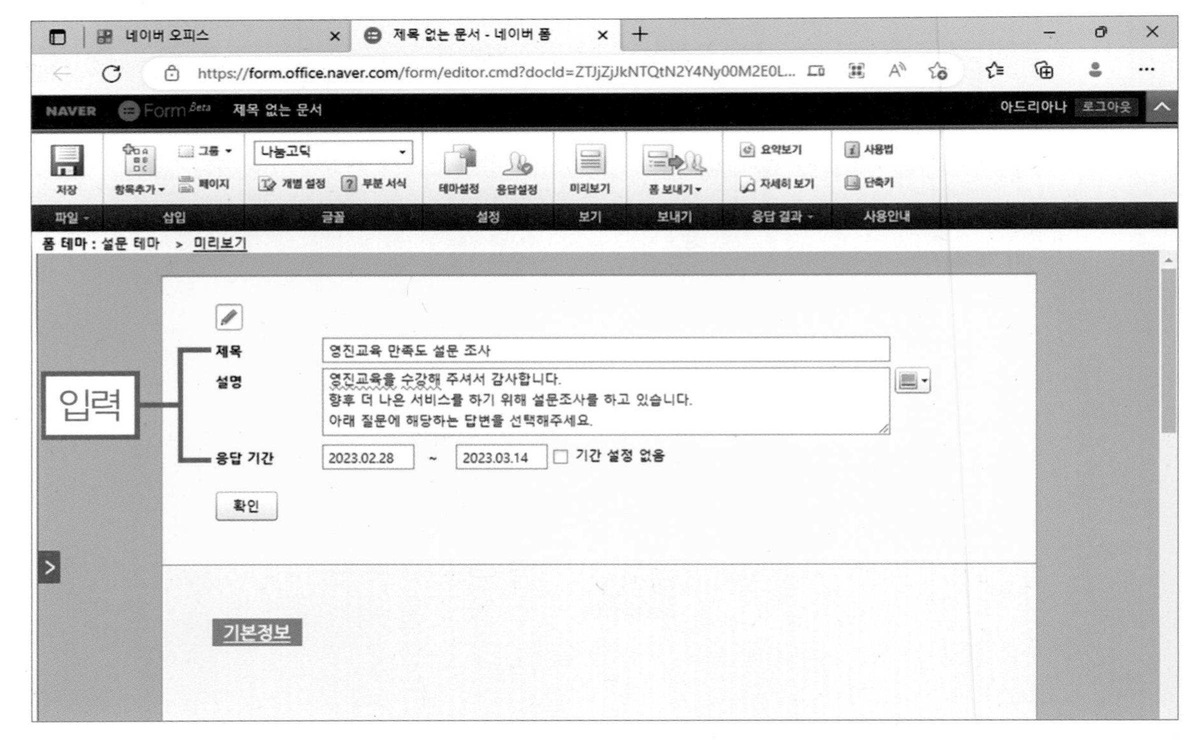

09 로고를 삽입하기 위해 [이미지 삽입](▣) 버튼을 클릭한 다음 [PC 이미지 삽입] 메뉴를 클릭합니다.

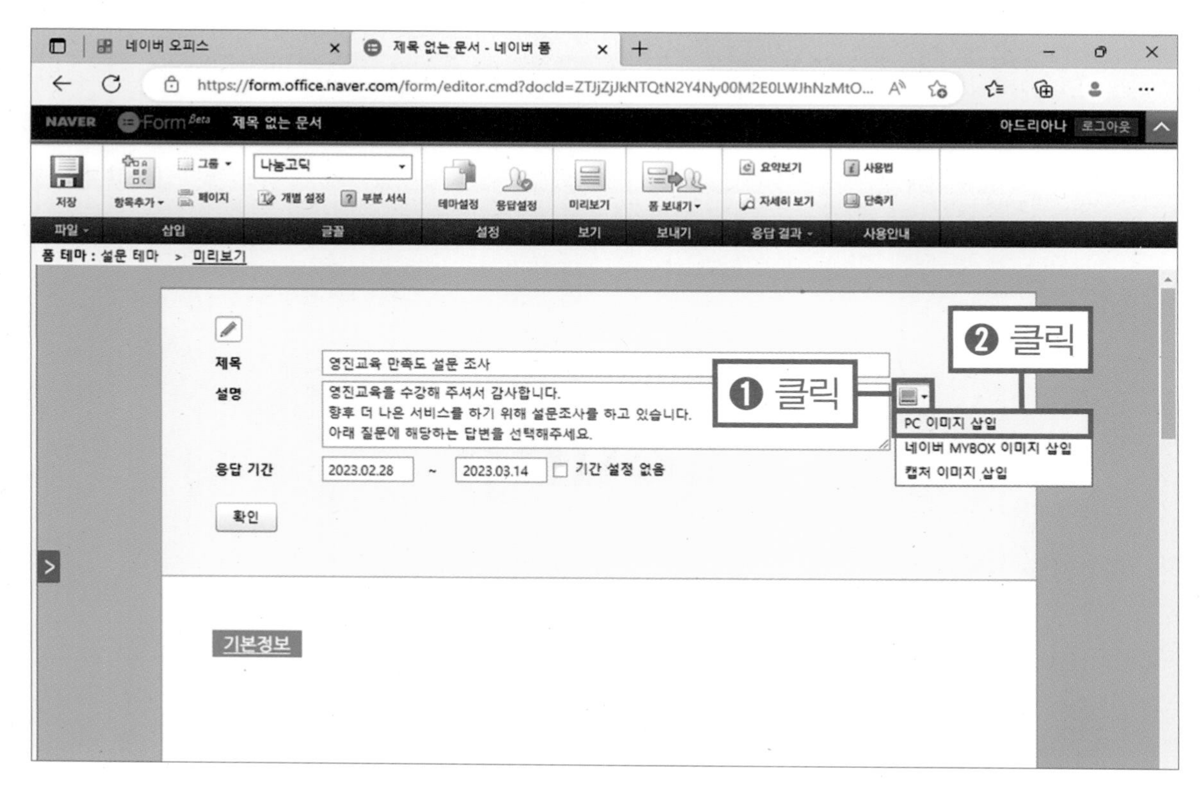

10 [윈도우11]-[교재예제]-[13장] 폴더에서 [로고.png] 파일을 선택한 다음 [열기] 버튼을 클릭합니다.

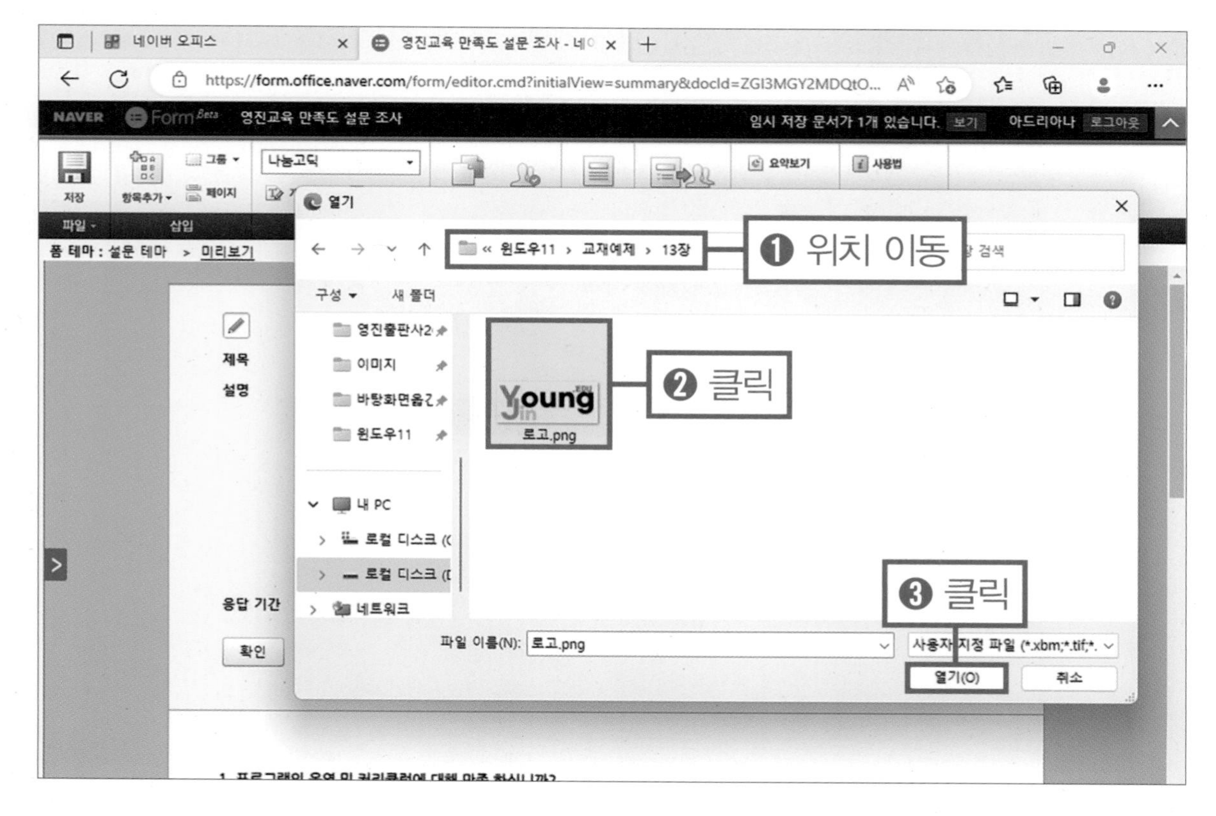

11 로고를 삽입한 다음 [확인] 버튼을 클릭합니다.

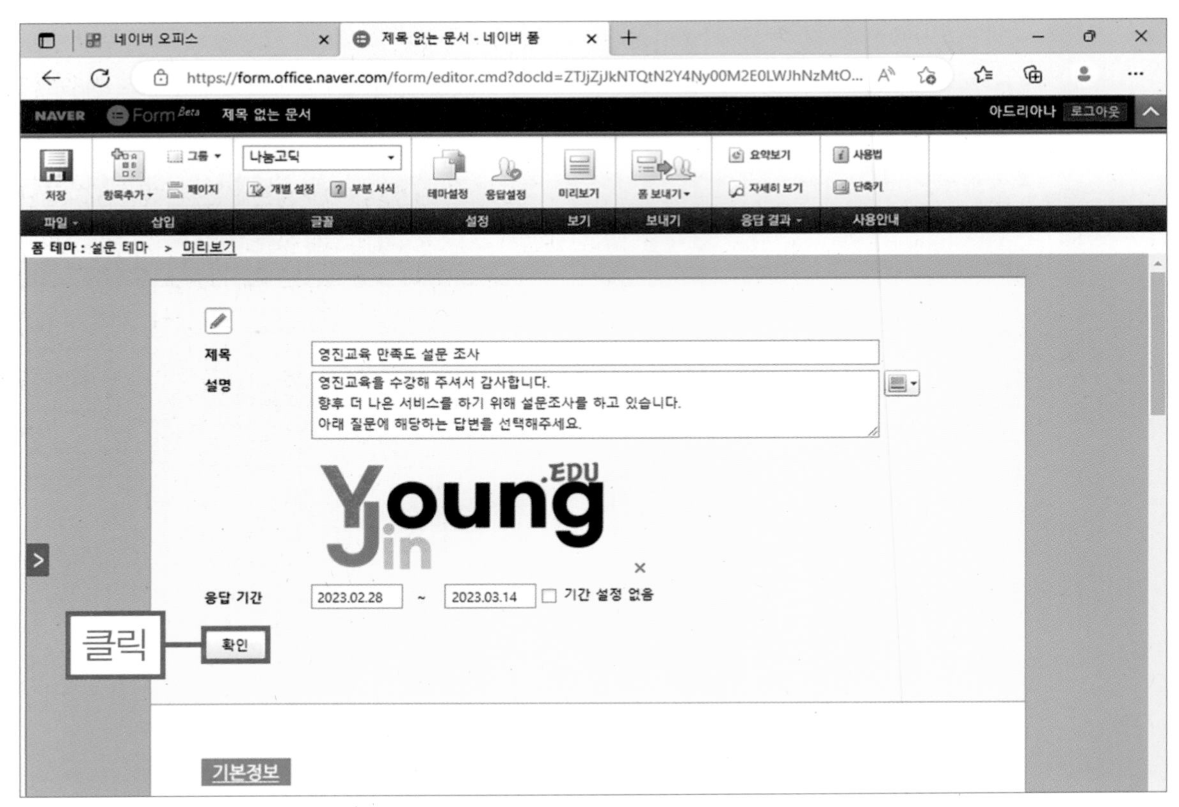

12 필요 없는 '기본정보'는 [삭제](🗑) 버튼을 클릭하여 삭제합니다. '항목 삭제' 창이 나타나면 [확인]을 클릭합니다.

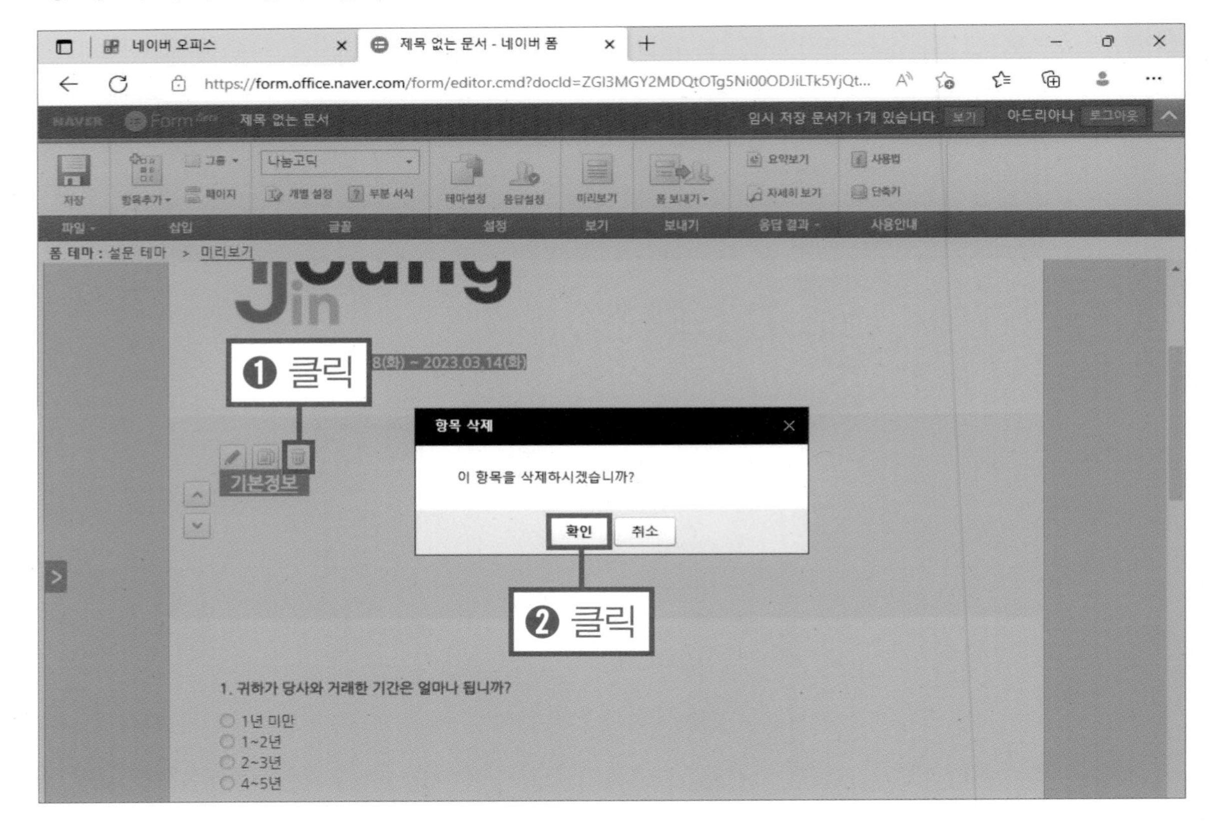

13 그림과 같이 항목을 입력한 다음 [확인] 버튼을 클릭합니다.

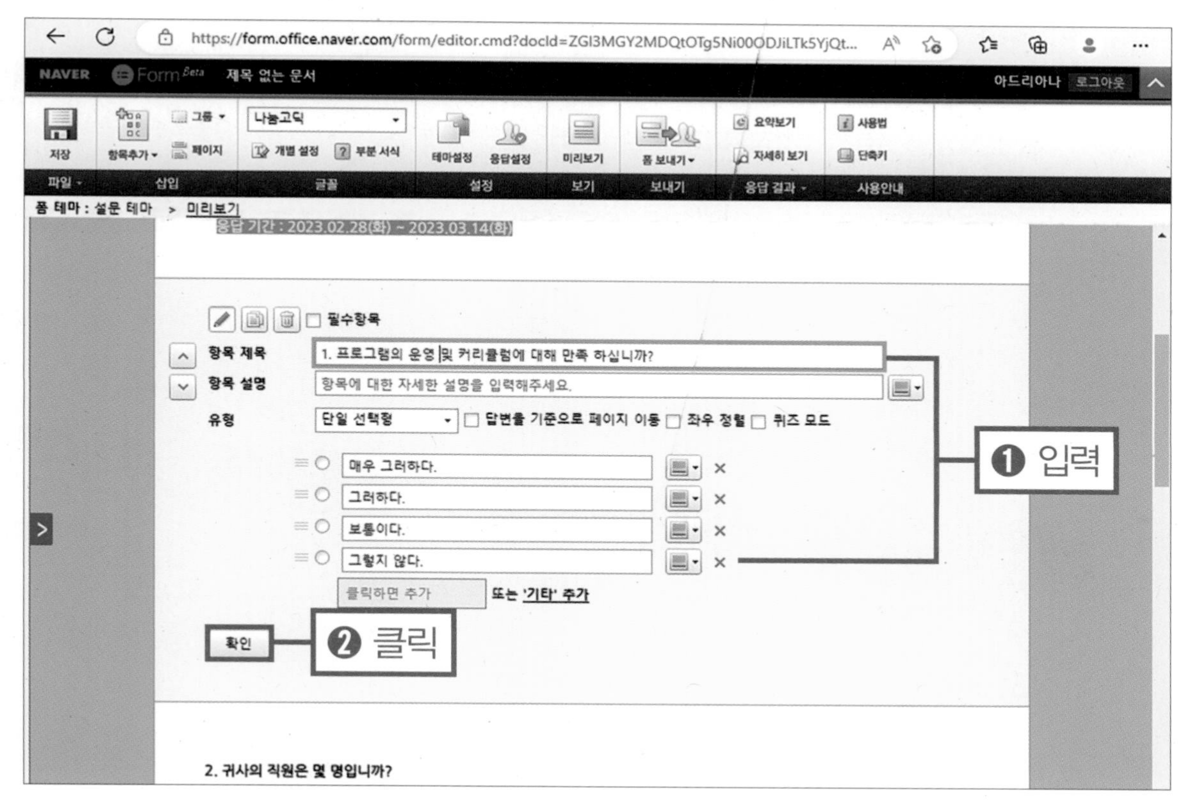

14 그림과 같이 2번 항목을 작성한 후 서술형으로 변경하기 위해 '유형'에서 [주관식 서술형]을 클릭한 다음 [확인] 버튼을 클릭합니다.

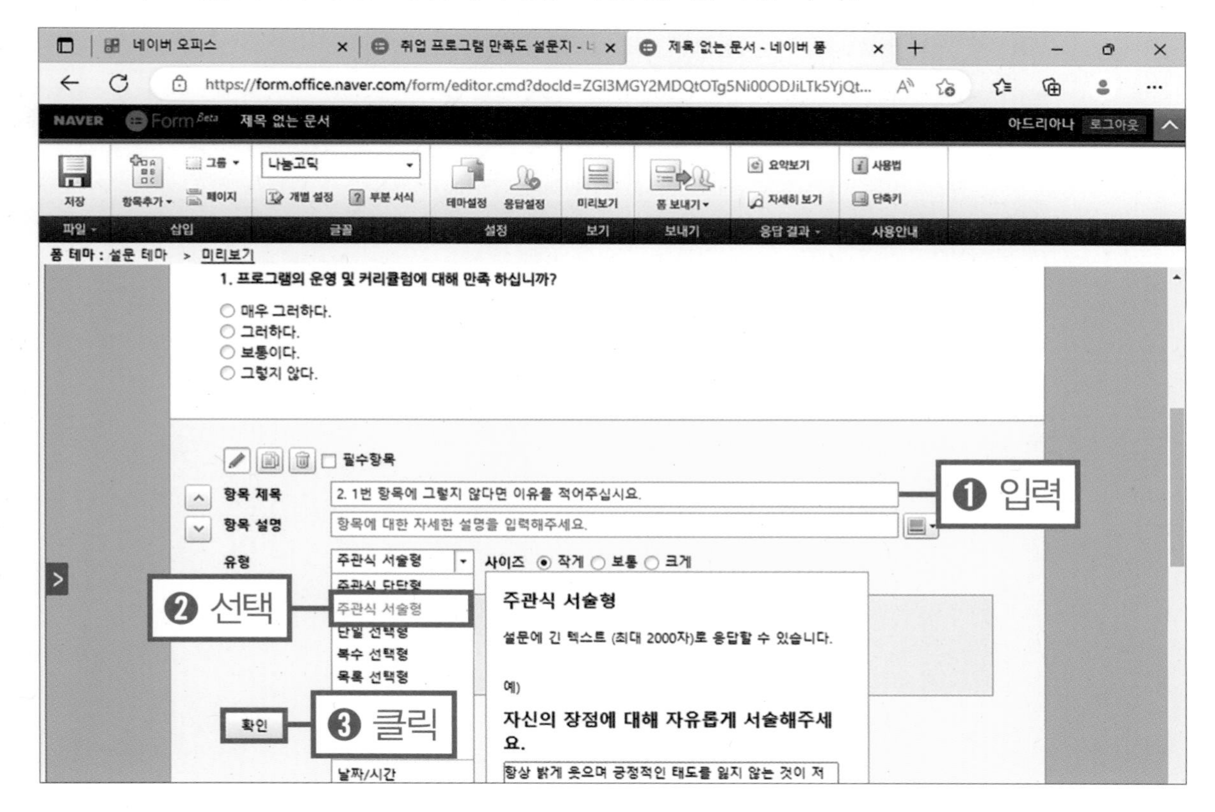

15 그림과 같이 3번 항목을 작성한 후 [확인] 버튼을 클릭합니다.

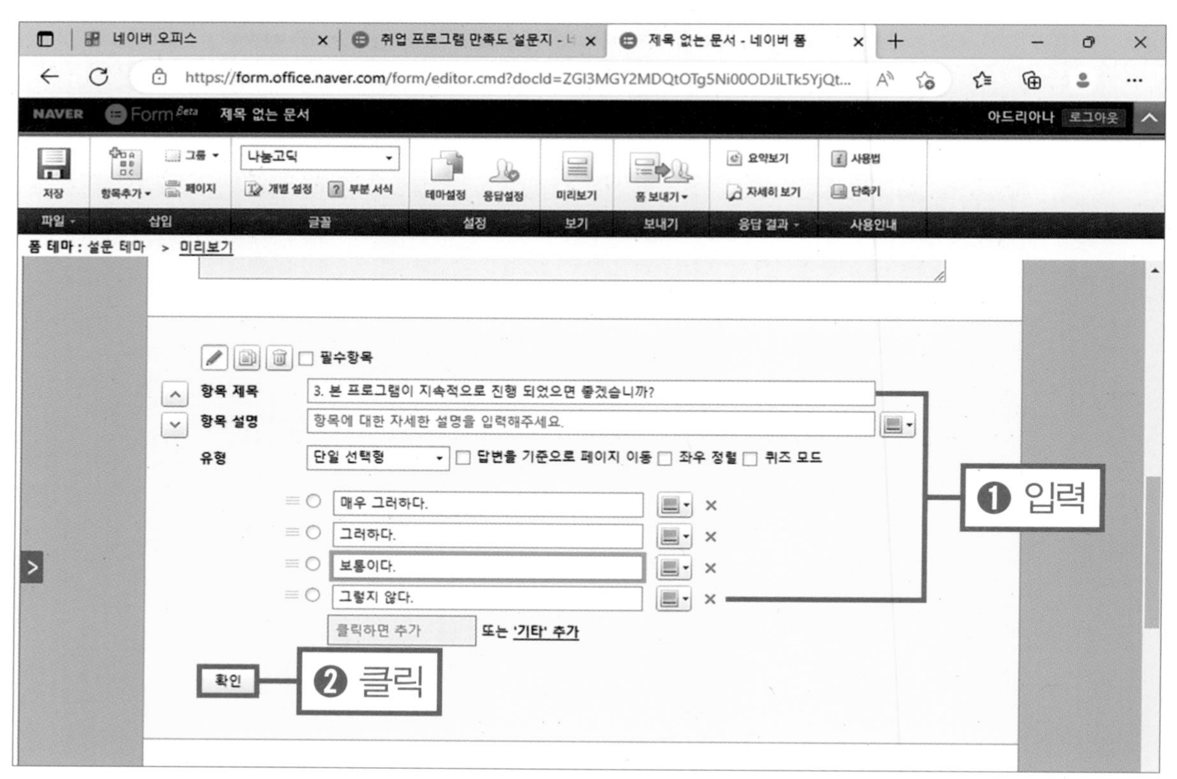

16 4번 항목을 그림과 같이 작성한 다음 [확인] 버튼을 클릭합니다. 나머지 항목들은 [삭제]( ) 버튼을 클릭하여 삭제합니다.

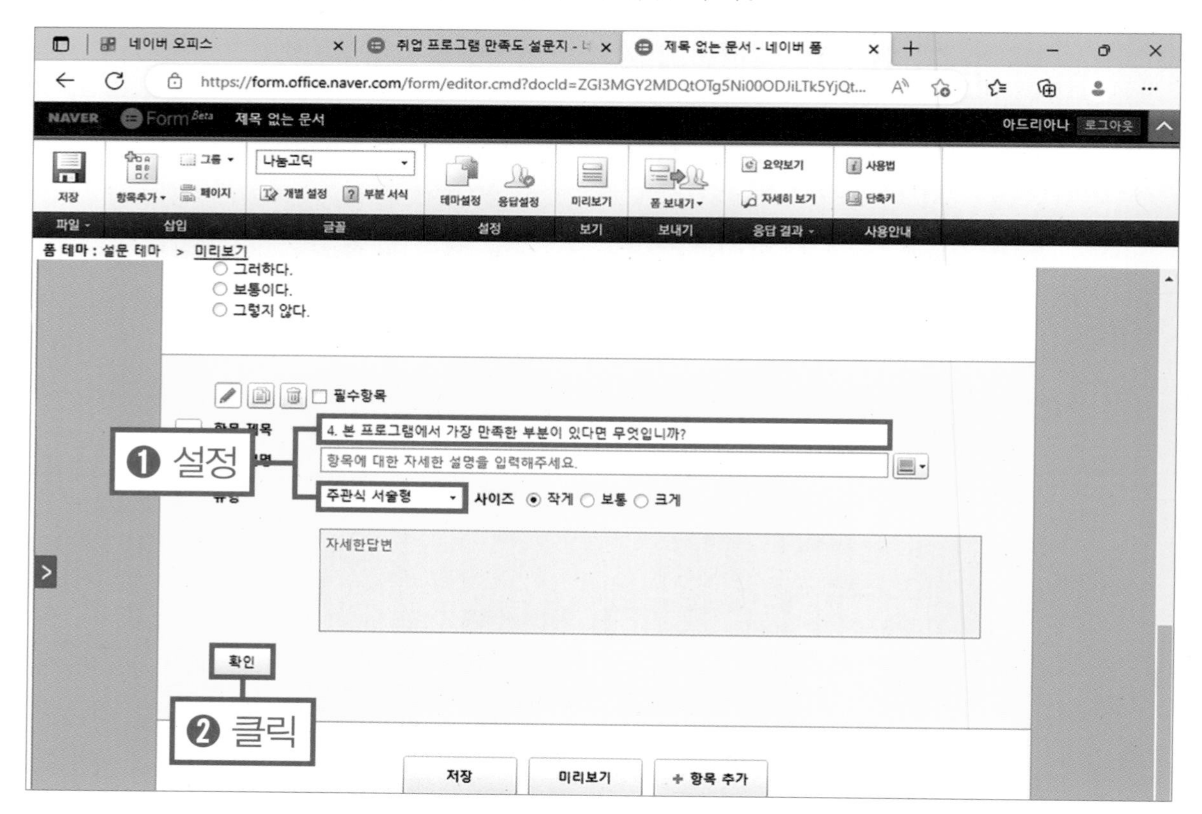

17 작성이 완료되면 [저장] 버튼을 클릭합니다.

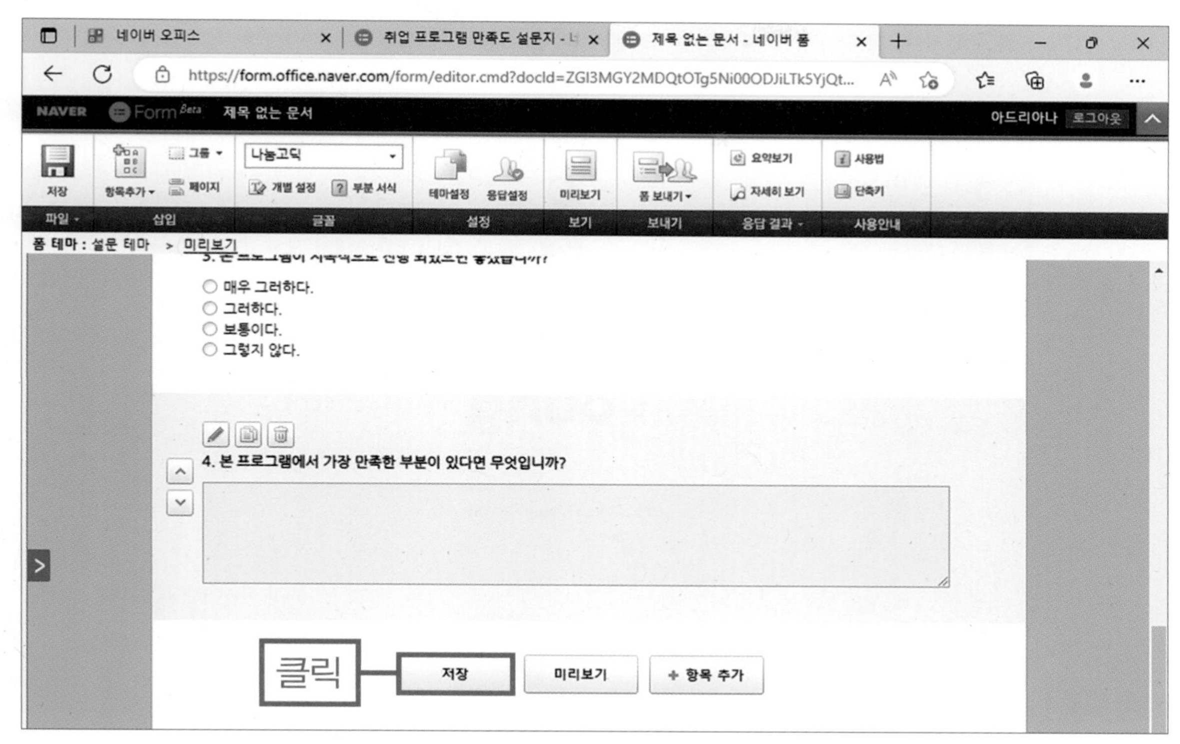

18 그림과 같이 '네이버 MYBOX'에 '영진교육 만족도 설문 조사'라고 입력한 후 [저장] 버튼을 클릭합니다.

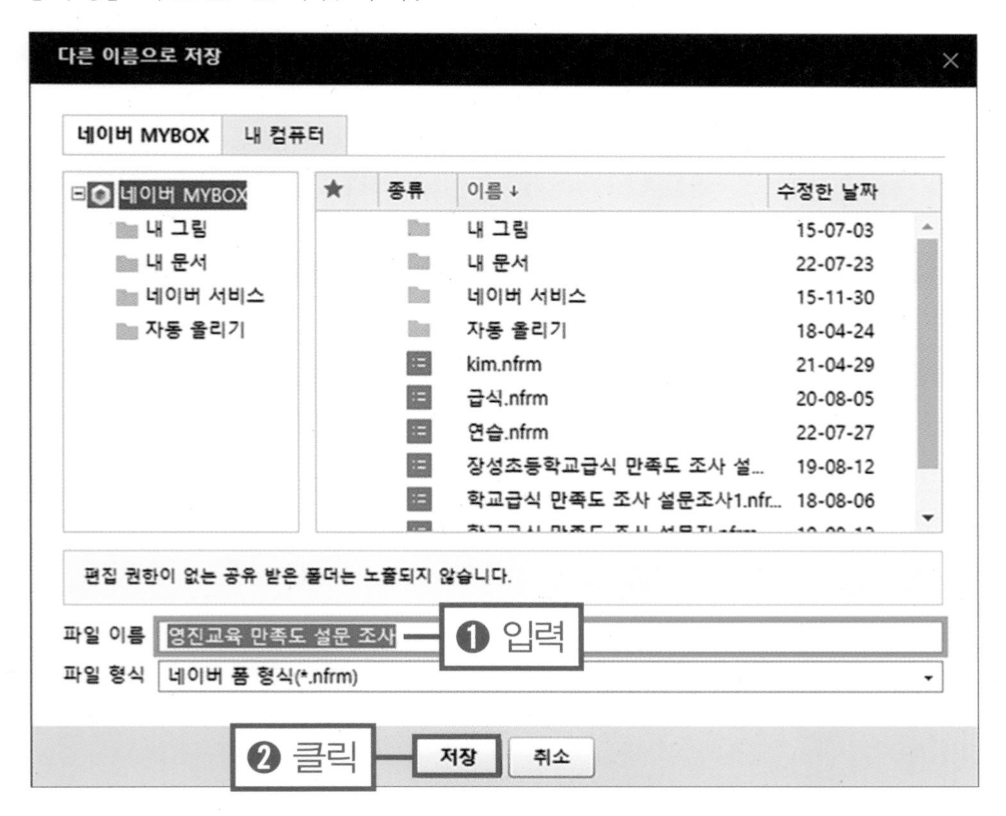

19 [미리보기] 버튼을 클릭하여 설문 조사를 확인합니다.

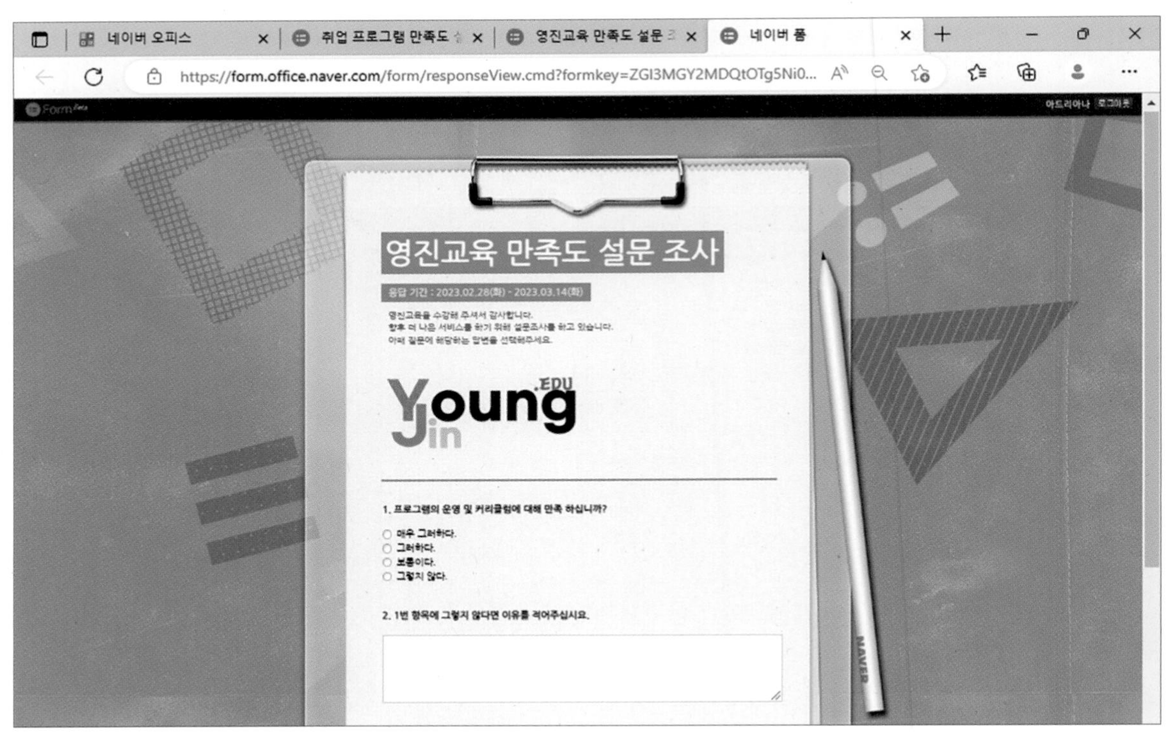

STEP 02 응답 설정 및 폼 보내기

01 '설정' 그룹에서 [응답설정]을 클릭합니다.

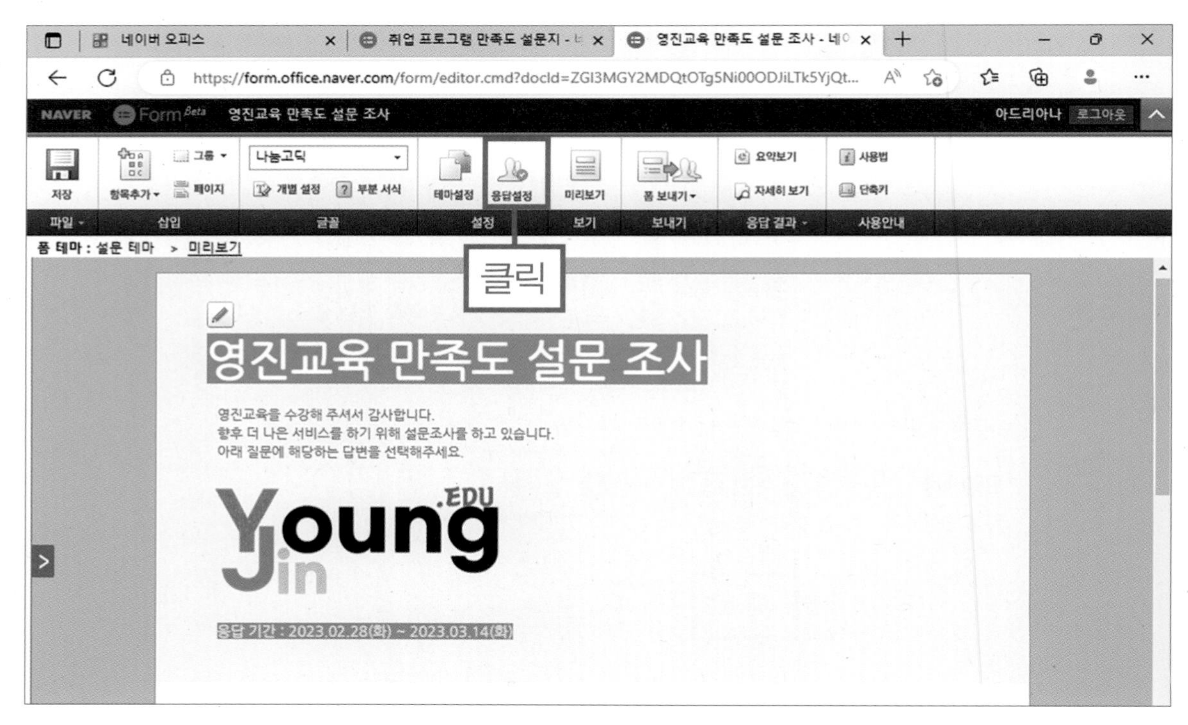

02 그림과 같이 설정한 다음 [확인] 버튼을 클릭합니다.

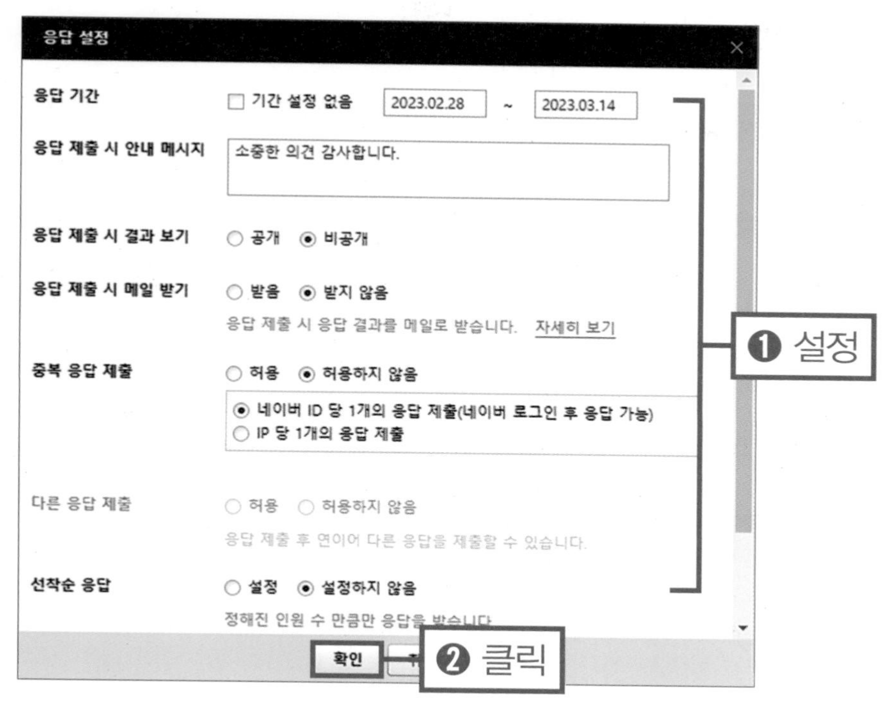

조금 더 배우기

중복 응답 제출에서 'IP 당 1개의 응답 제출'을 선택하면 교육장처럼 하나의 IP에 여러 대의 컴퓨터를 쓰고 있는 상황에서는 설문조사를 한 명밖에 할 수 없습니다. 그러므로 '네이버 ID'로 응답 설정을 권장합니다.

03 설문 조사를 보내기 위해 '보내기' 그룹의 [폼 보내기]를 클릭한 후 [공유하기]를 클릭합니다.

04 여러 SNS 서비스 중 하나를 선택한 다음 폼을 보냅니다.

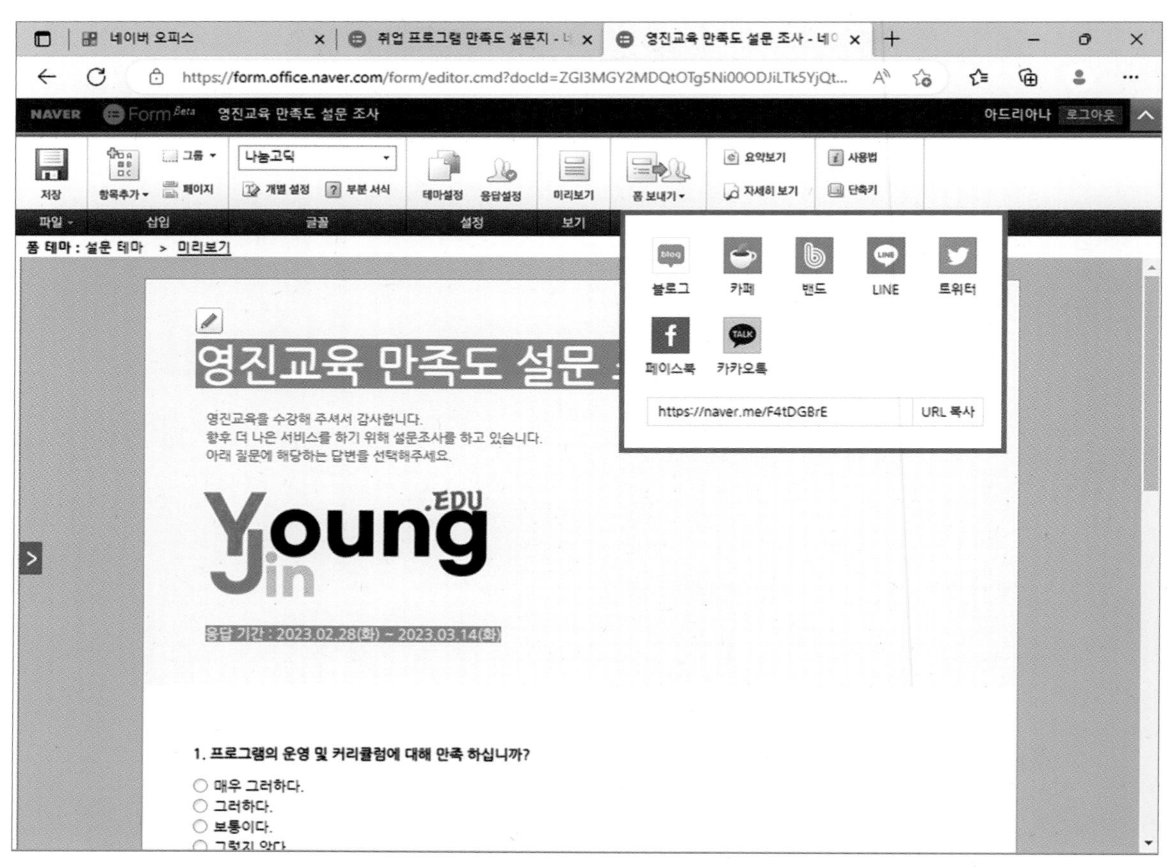

조금 더 배우기

카카오톡으로 보내고 싶을 땐 카카오톡을 클릭합니다. [URL 복사]를 클릭한 다음 톡 창에 붙여넣기 하면 됩니다.

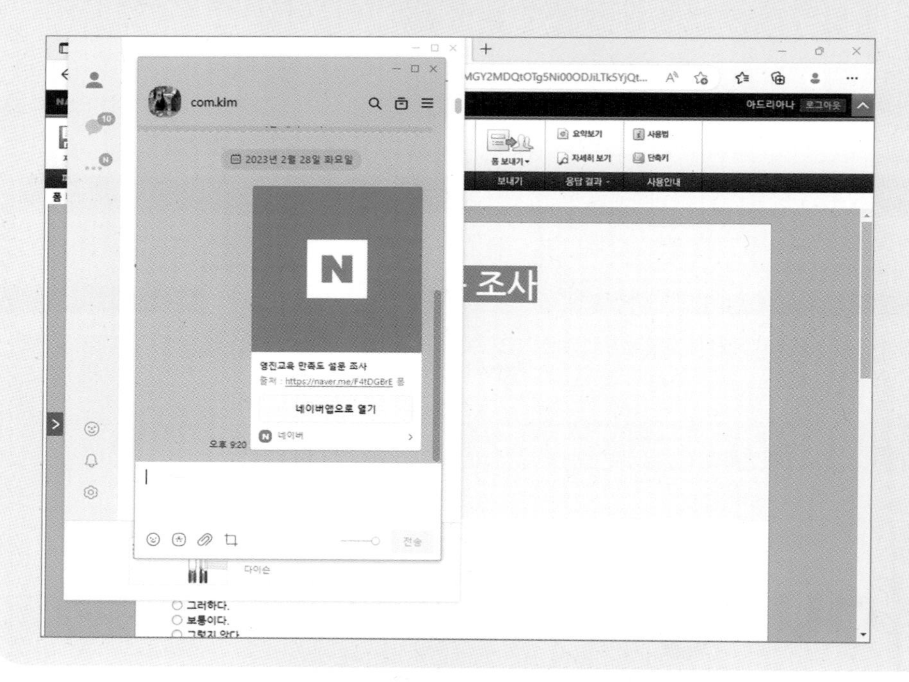

STEP 03 응답 결과 확인하기

01 응답 결과를 확인하기 위해 오피스로 접속한 다음 '최근 편집 문서'에서 [영진교육 만족도 설문]을 클릭합니다.

02 응답 확인 창이 나타나면 응답을 확인하고 상단에 메뉴를 이용하여 원하는 설정을 지정합니다.

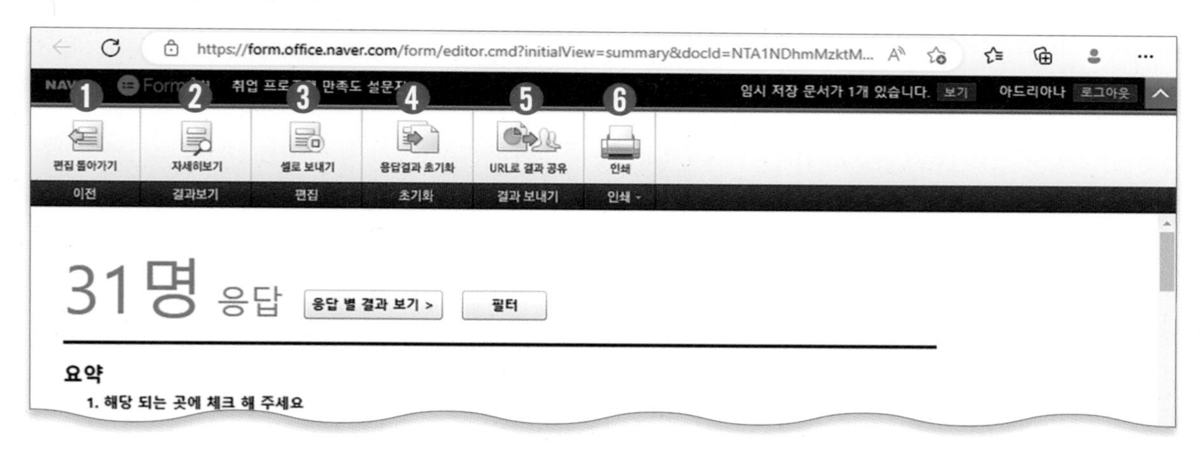

조금 더 배우기

① **편집 돌아가기** : 다시 편집 창으로 돌아갑니다.
② **자세히보기** : 세부 항목을 자세히 보여줍니다.
③ **셀로 보내기** : 응답 결과를 엑셀로 저장합니다.
④ **응답결과 초기화** : 응답 결과를 다시 초기화합니다.
⑤ **URL로 결과 공유** : 다른 사람에게 응답 결과를 공유합니다.
⑥ **인쇄** : 응답 결과를 인쇄합니다.

CHAPTER 14

구글 드라이브를 이용한 이미지 글자 입력하기

POINT

책이나 이미지에 적힌 글자를 문서에 타이핑하려면 시간을 많이 투자해야 하고 불편하기도 합니다. 이번 장에서는 구글 드라이브를 이용하여 이미지에 적힌 글자를 문서에 타이핑 없이 편리하게 입력하는 방법을 알아봅니다.

완성 화면 미리 보기

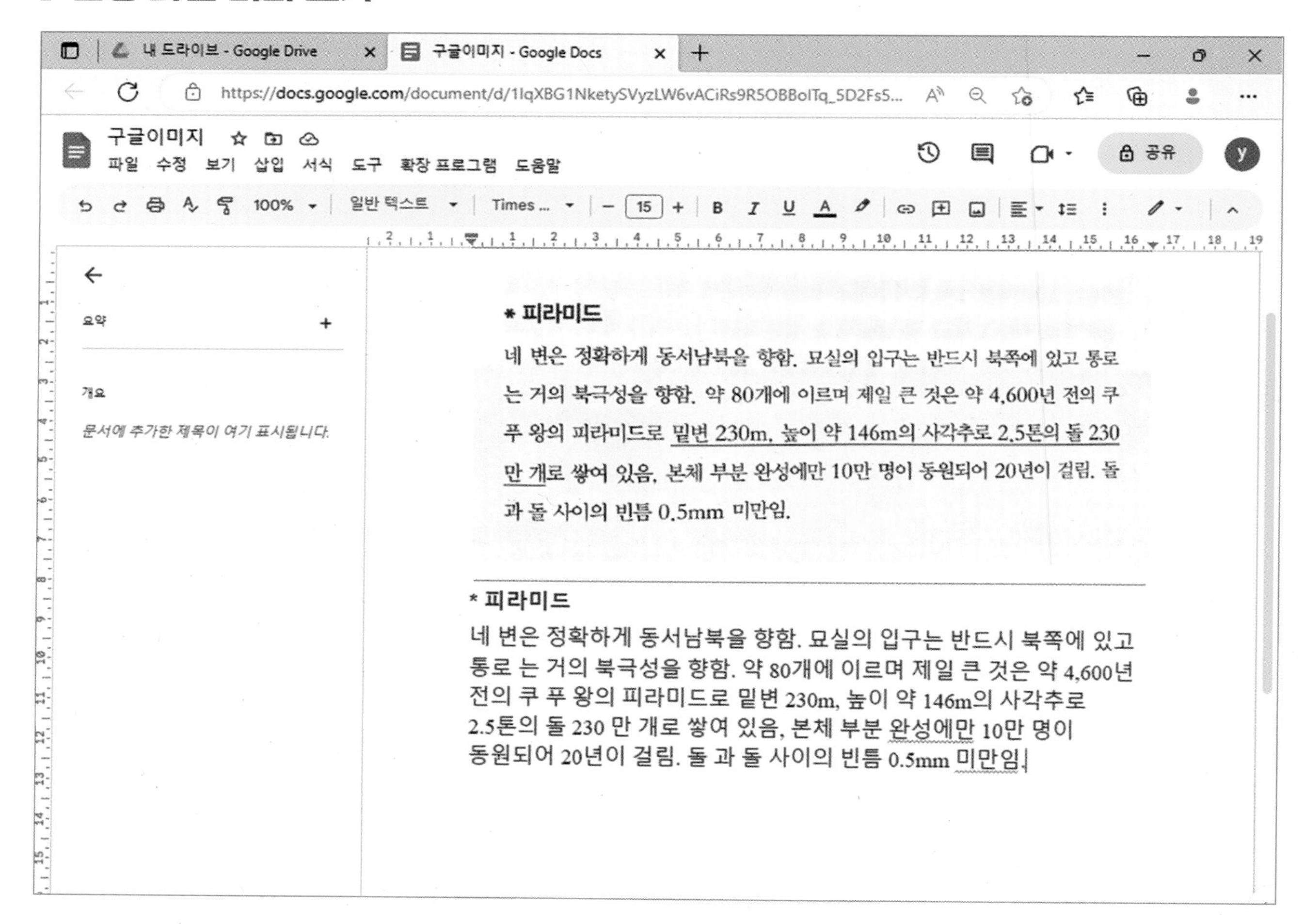

여기서 배워요!

구글에 접속 및 구글 드라이브 들어가기, 구글 드라이브에 이미지 글자 업로드하기, 텍스트로 변환 후 한글 문서에 정리하기, 구글 드라이브 업로드 이미지 지우기

STEP 01 구글에 접속 및 구글 드라이브 들어가기

01 구글(www.google.com)에 접속한 다음 오른쪽 상단의 [로그인] 버튼을 클릭합니다.

02 계정 아이디 입력 창이 나타나면 구글 계정 아이디를 입력합니다. [다음]을 클릭합니다.

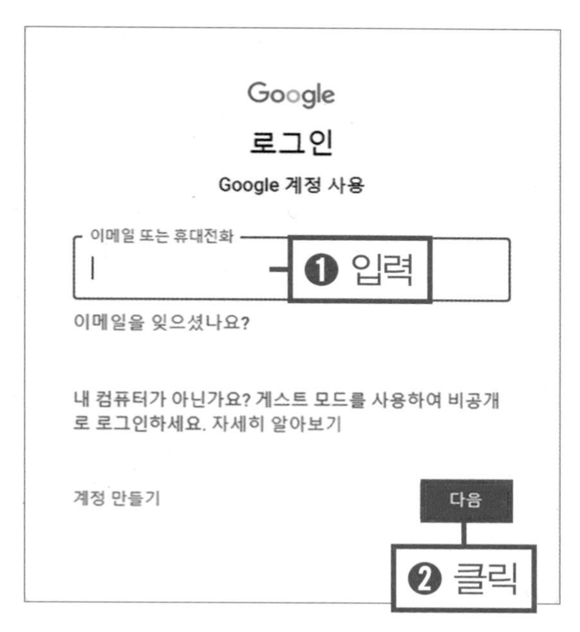

조금 더 배우기

구글 계정은 이메일 주소나 휴대 전화번호로 등록할 수 있습니다. 계정을 혹시 모르거나 계정이 없을 때는 아래 '이메일을 잊으셨나요?' 혹은 '계정 만들기'를 클릭하여 계정을 찾거나 계정을 만들면 됩니다.

03 비밀번호를 입력한 다음 [다음] 버튼을 클릭합니다.

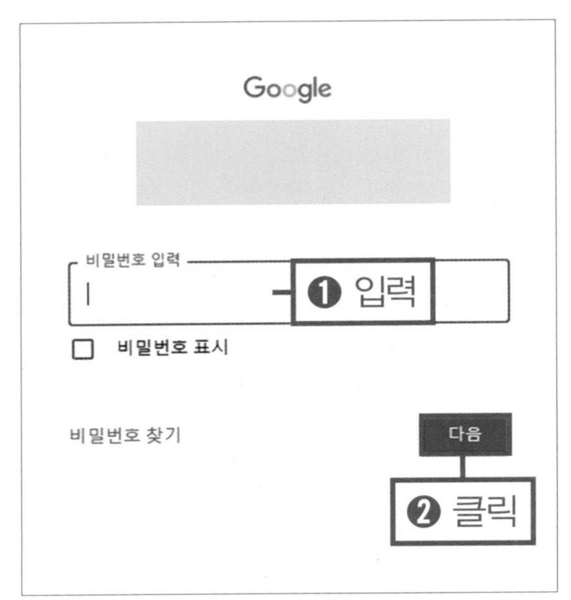

04 오른쪽 상단의 [Google 앱](⋮⋮⋮) 버튼을 클릭한 다음 [드라이브]를 클릭합니다.

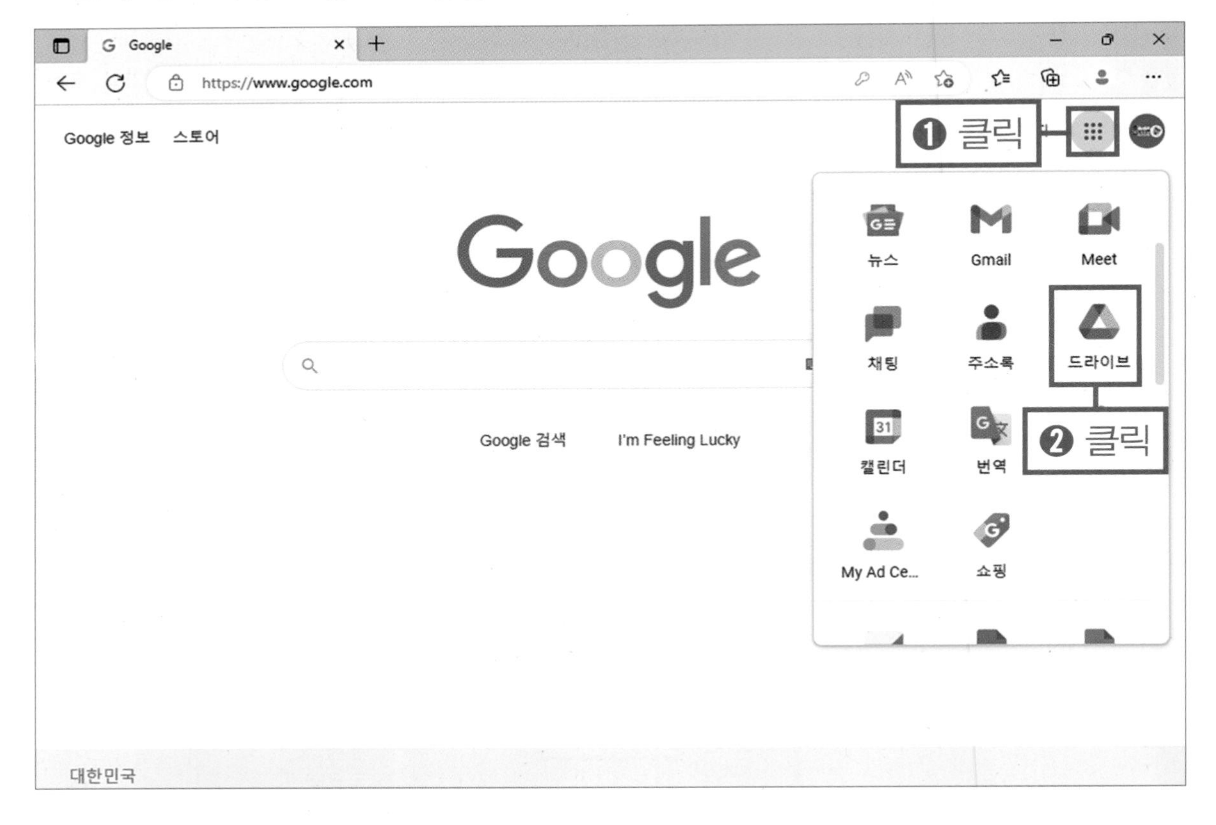

조금 더 배우기

구글 드라이브는 네이버 클라우드와 동일하게 웹상에서 자료를 저장하고 관리하는 공간입니다.

STEP 02 구글 드라이브에 이미지 글자 업로드하기

01 가운데 상단의 [내 드라이브]-[파일 업로드]를 클릭합니다.

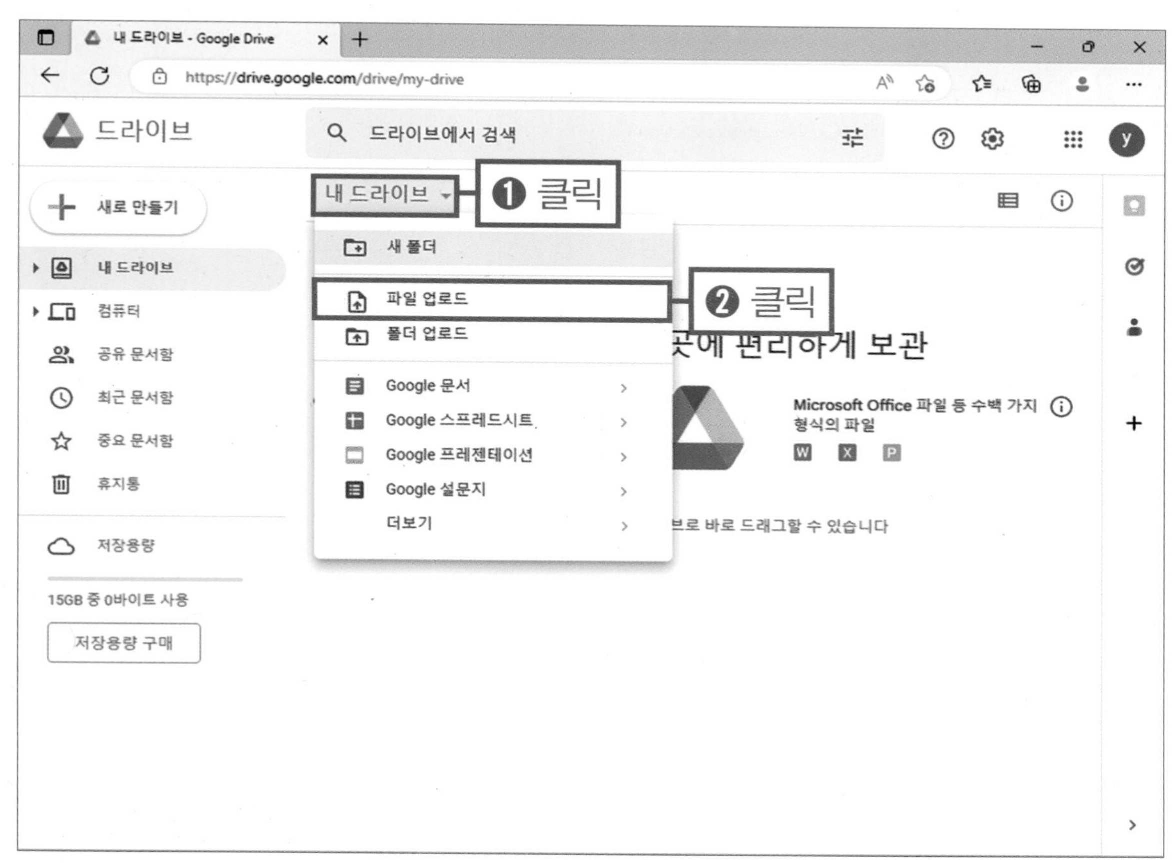

02 [윈도우11]-[교재예제]-[14장] 폴더에서 [구글이미지.jpg] 파일을 선택한 다음 [열기] 버튼을 클릭합니다.

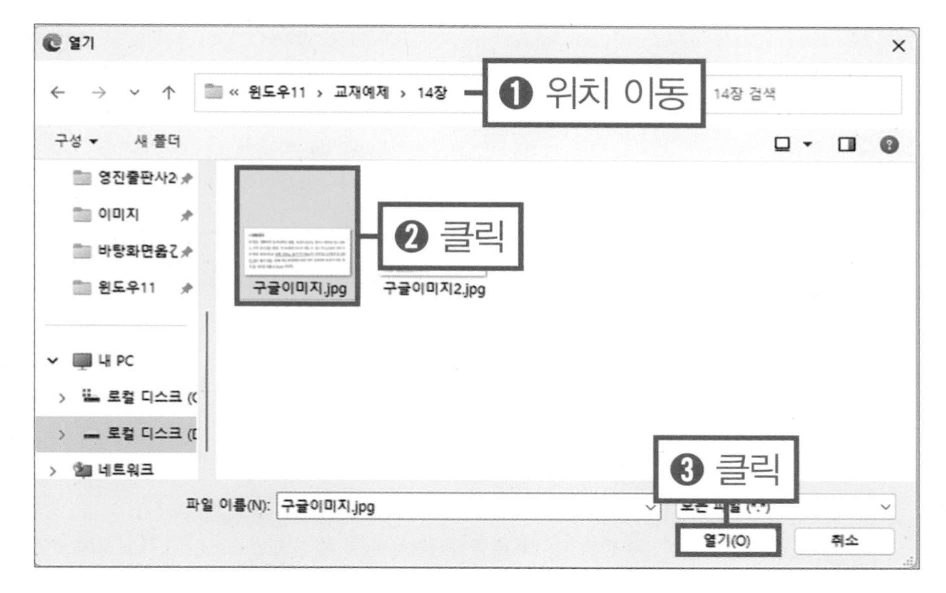

STEP 03 텍스트로 변환 후 한글 문서에 정리하기

01 이미지가 업로드되면 이미지 위에 마우스 오른쪽 버튼을 눌러 [연결 앱]-[Google 문서]를 차례대로 클릭합니다.

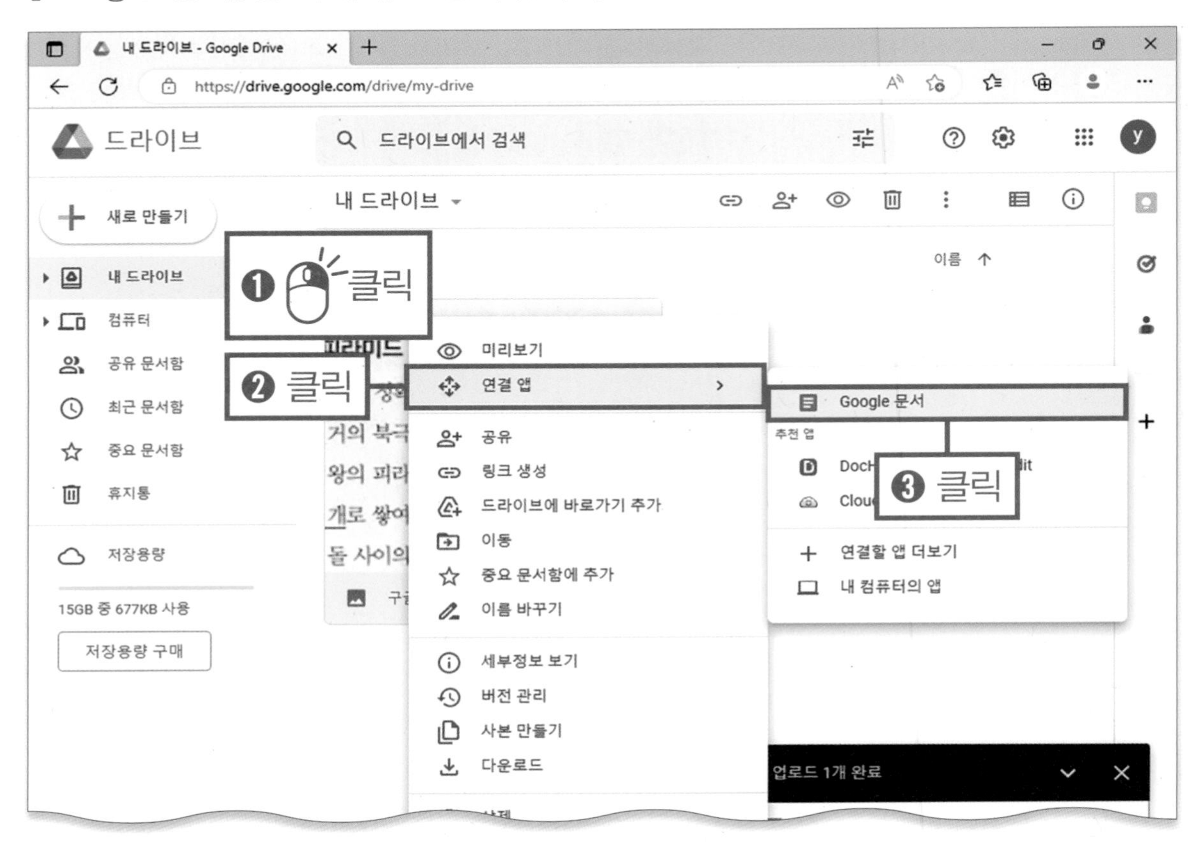

02 이미지와 글자가 동시에 삽입된 것을 확인할 수 있습니다.

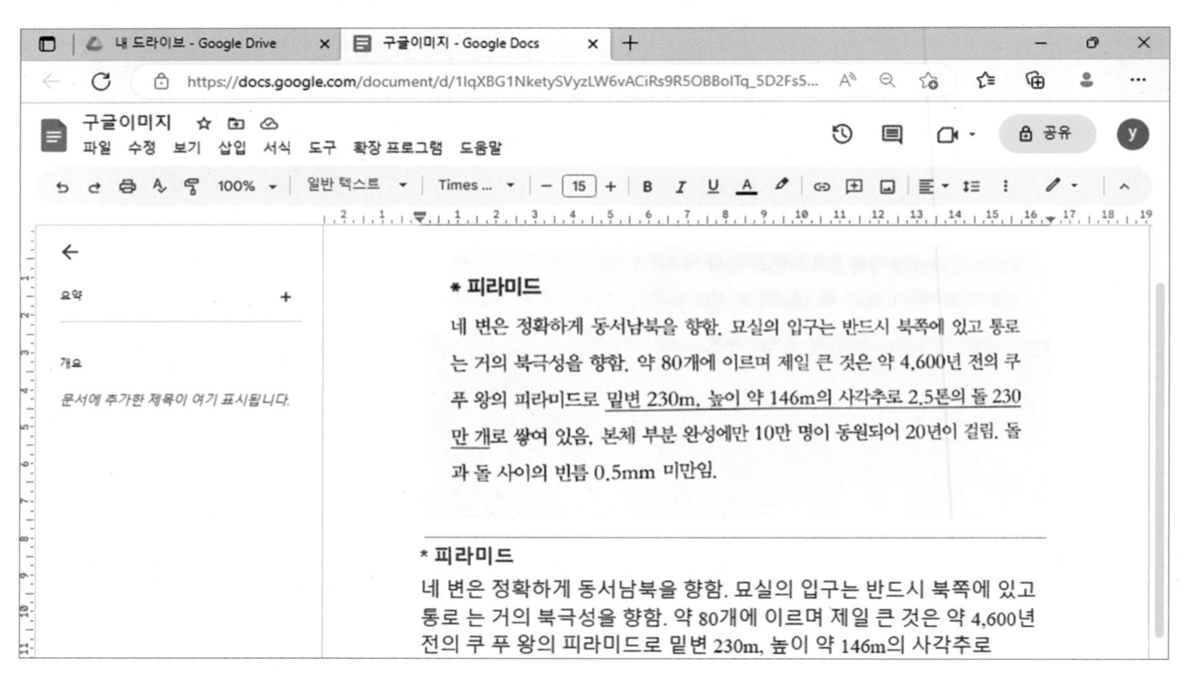

03 삽입된 아래의 글자를 드래그한 다음 마우스 오른쪽 버튼을 눌러 [복사]를 클릭합니다. 이후 [닫기](×) 버튼을 클릭합니다.

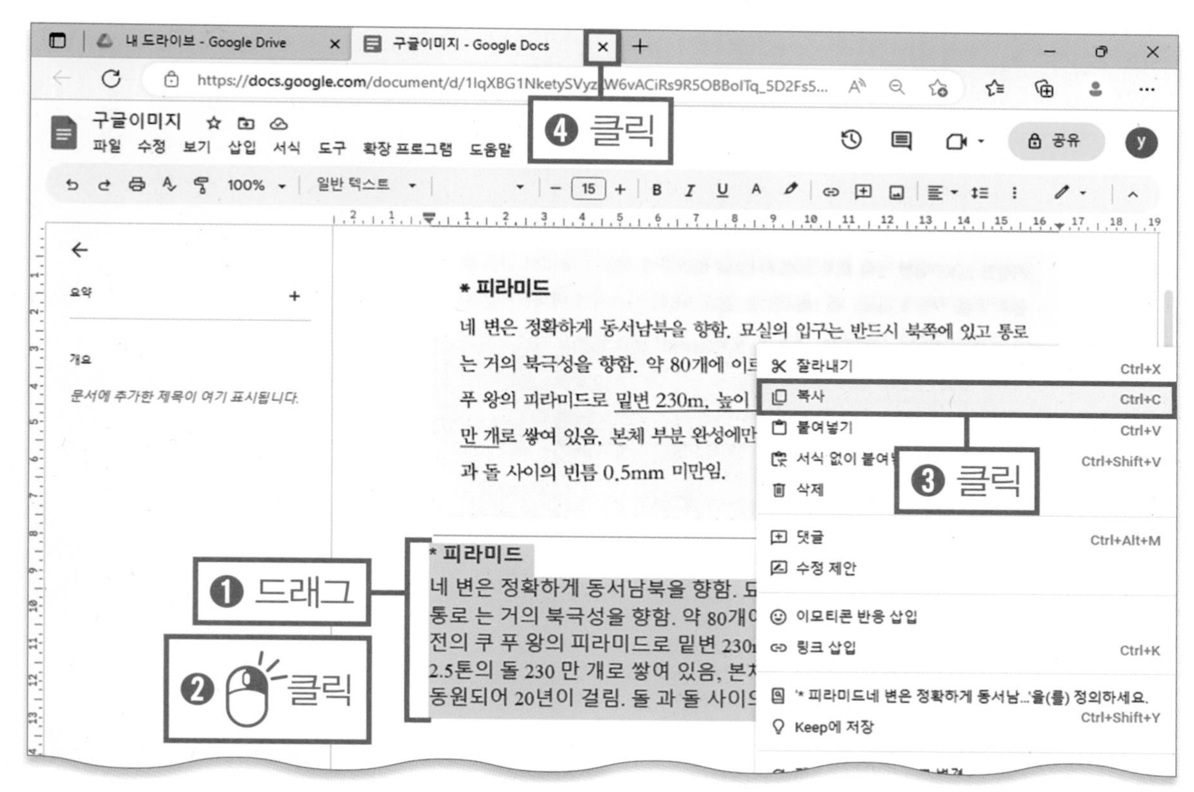

04 한글 문서로 정리하기 위해 바탕화면에서 [한글 2018] 프로그램을 실행합니다.

조금 더 배우기

교재는 한글 2018 프로그램을 사용했지만 다른 버전이나 다른 문서 프로그램을 이용해도 됩니다.

05 한글 프로그램이 실행되면 빈 화면에 마우스 오른쪽 버튼을 눌러 [붙이기]를 클릭합니다.

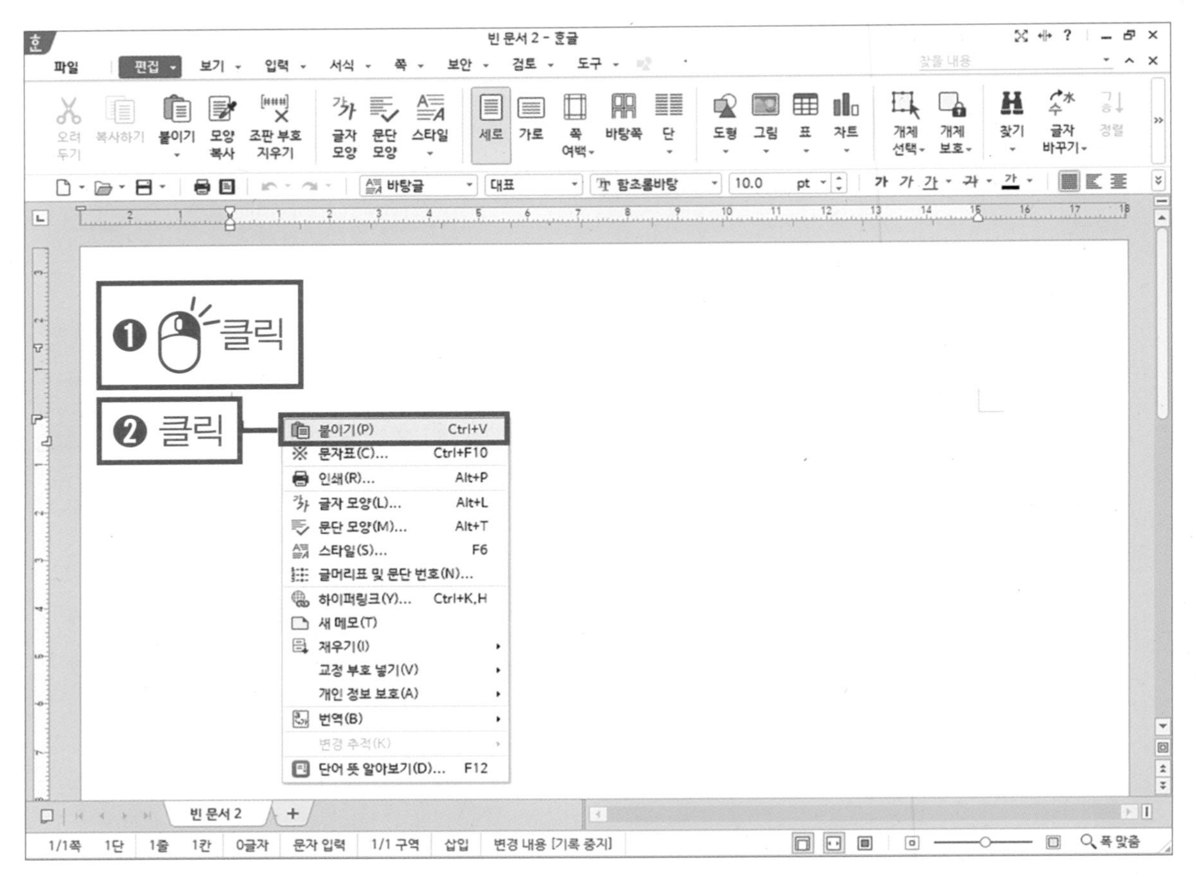

06 'HTML 문서 붙이기' 대화상자가 나타나면 [텍스트 형식으로 붙이기]를 선택한 후 [확인] 버튼을 클릭합니다.

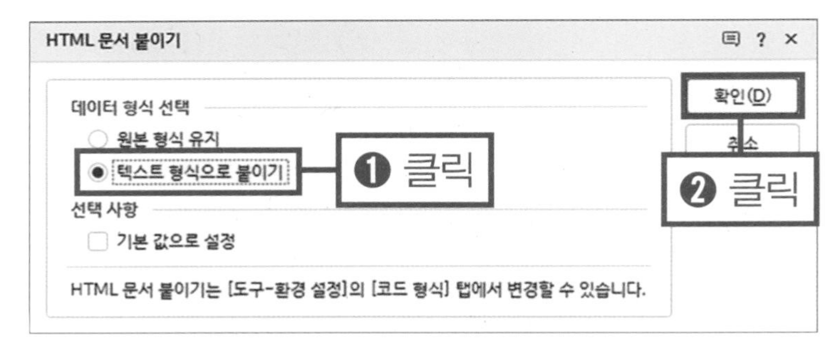

조금 더 배우기

'원본 형식 유지'를 선택하면 웹상에 있는 서식이 그대로 붙여지므로 문서를 편집할 때 서식을 일일이 지워야 하는 경우가 생겨 불편할 수 있습니다.

07 텍스트가 기본 서식으로 붙여진 것을 확인할 수 있습니다.

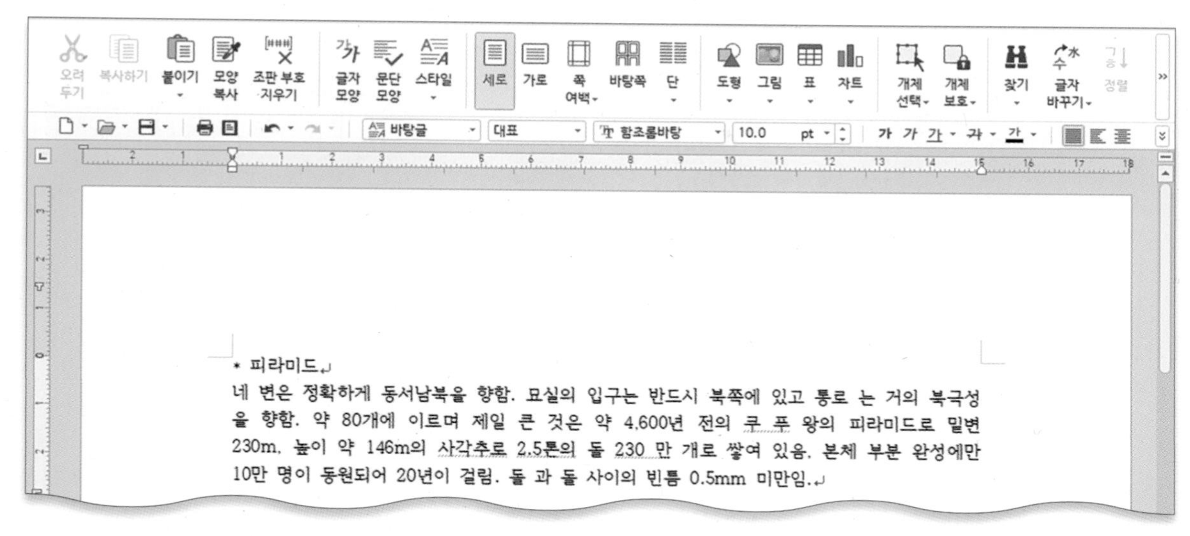

조금 더 배우기

간혹 텍스트를 붙일 때 오타가 있을 수 있습니다. 이는 이미지에 있는 텍스트가 선명하지 않을 때 그런 현상이 나타날 수 있으므로 문서를 정리할 때 한 번 더 확인하도록 하세요.

STEP 04 구글 드라이브 업로드 이미지 지우기

01 Google 문서에서 나오면 이미지 옆에 문서가 생성됩니다. 문서를 지우기 위해 문서 위에 마우스 오른쪽 버튼을 누른 후 목록에서 [삭제] 메뉴를 클릭합니다. 이미지도 동일하게 삭제합니다.

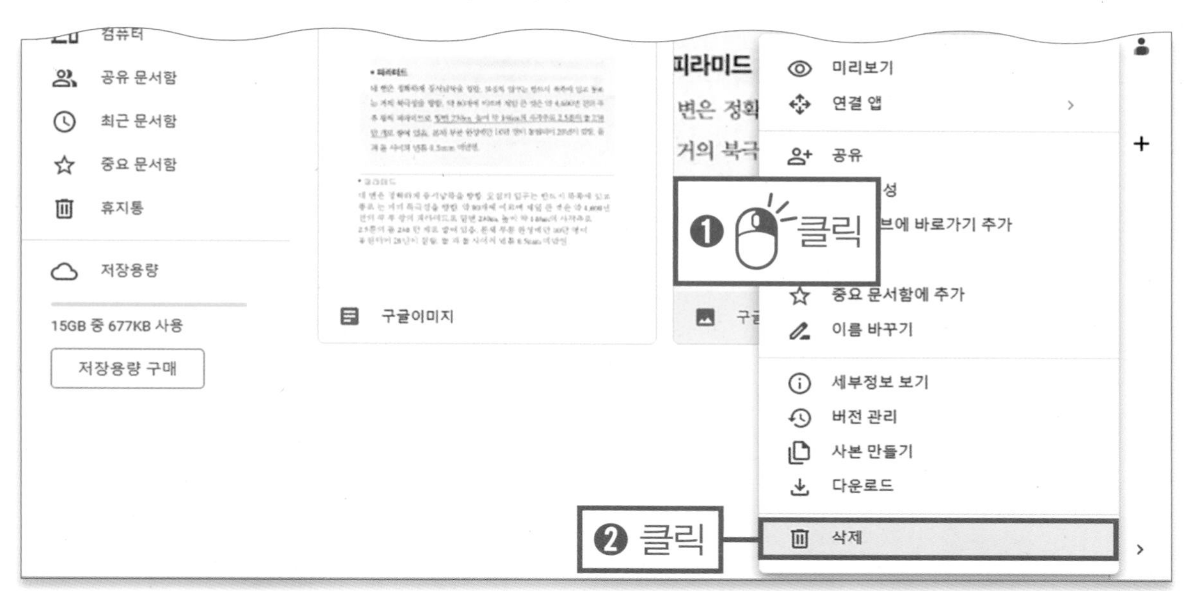

혼자서도 만들 수 있어요!

1 [윈도우11]-[교재예제]-[14장] 폴더의 '구글이미지2.jpg' 파일을 구글 드라이브를 이용하여 그림과 같이 텍스트화해 보세요.

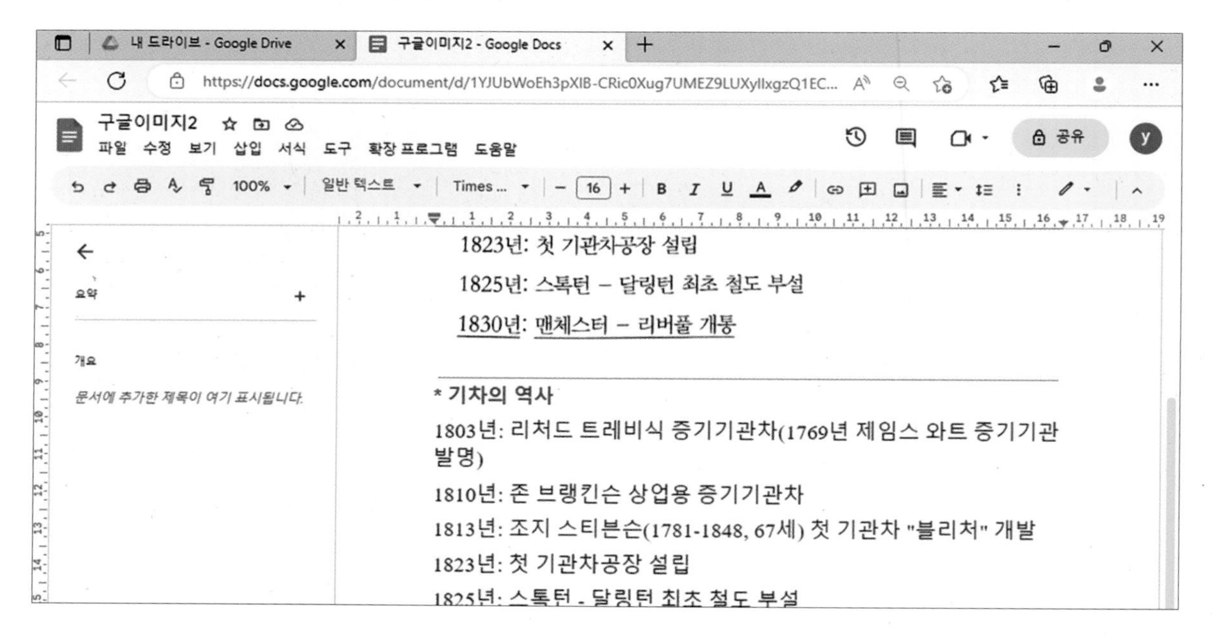

hint 구글 사이트에 접속하여 로그인 → [드라이브]-[내 드라이브]-[파일 업로드]를 차례대로 클릭 → [윈도우11]-[교재예제]-[14장] 폴더의 [구글이미지2.jpg] 파일 선택 → 업로드한 이미지 마우스 오른쪽 버튼 누른 후 [연결 앱]-[Google 문서] 클릭

2 문서화한 텍스트를 복사하여 메모장에 붙여 넣어 보세요.

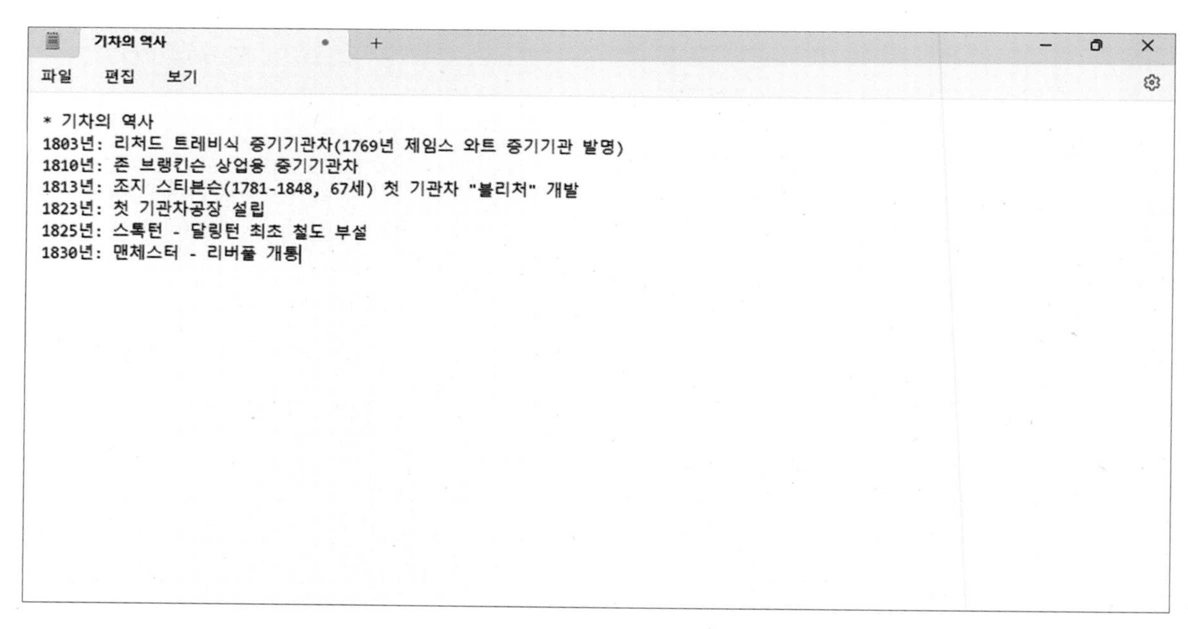

hint 1번 문서 아래 텍스트를 복사 → 작업표시줄 검색란에 '메모장' 입력 후 실행 → 메모장이 실행되면 마우스 오른쪽 버튼을 누른 후 목록에서 [붙여넣기] 클릭

CHAPTER 15

인터넷으로 이미지 간단하게 편집하기

POINT

급하게 이미지를 편집해야 할 때 컴퓨터에 프로그램이 설치되어 있지 않다면 편집을 하기 힘듭니다. 또한 백터 이미지는 일반 문서 파일에 잘 삽입되지 않아 일러스트레이터라는 그래픽 프로그램을 이용해야 하는 번거로움이 있습니다. 이번 장은 편집 프로그램이 없어도 인터넷에서 간단히 이미지를 편집하는 방법을 알아봅니다.

완성 화면 미리 보기

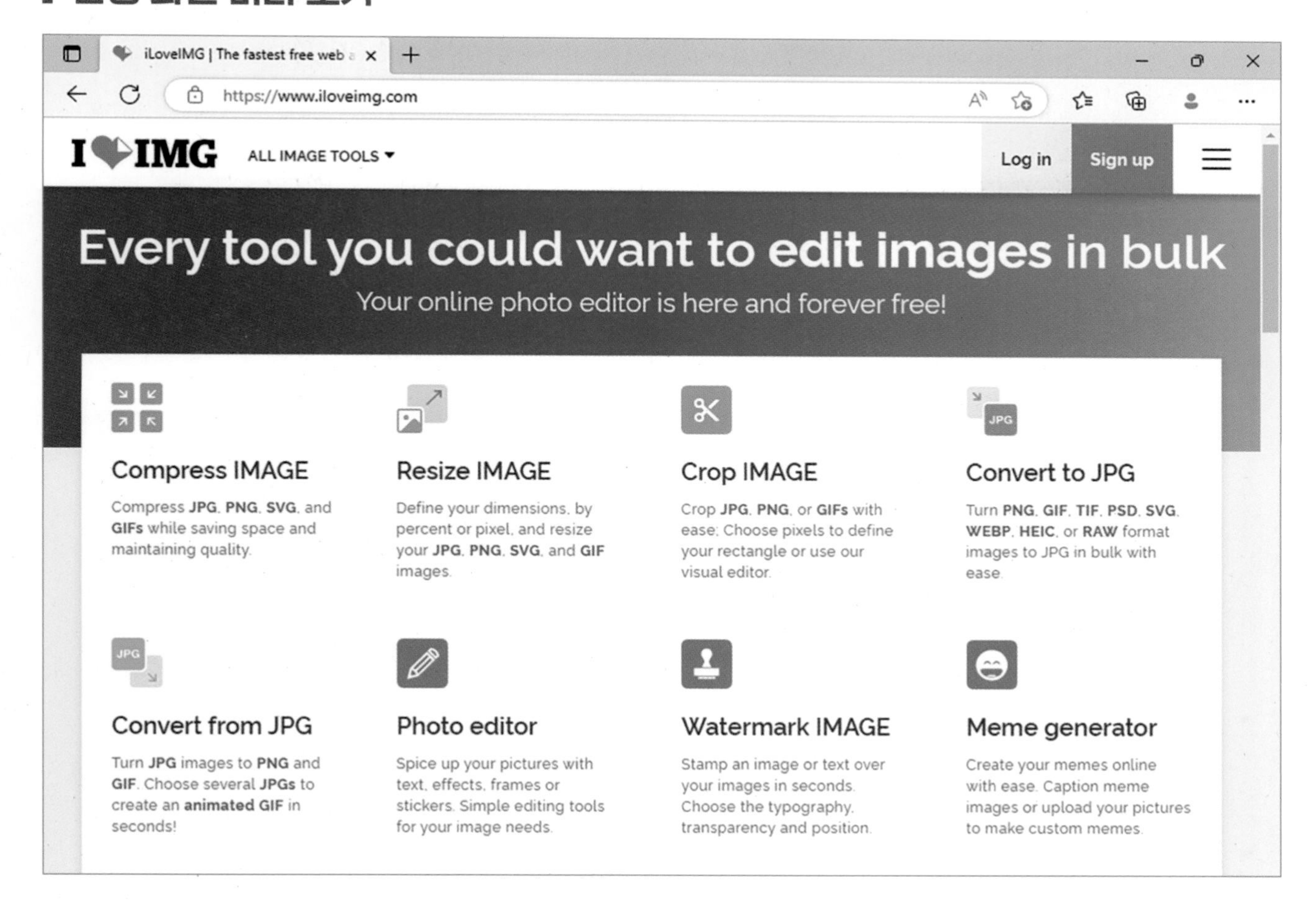

여기서 배워요!

이미지 크기 조절하기, 이미지 잘라내기, 벡터 파일 JPG로 변환하기

STEP 01 이미지 크기 조절하기

01 Iloveimg(www.iloveimg.com) 사이트에 접속합니다. 언어를 바꾸기 위해 [메뉴](☰) 버튼을 클릭한 다음 [Language]-[한국어]를 선택합니다.

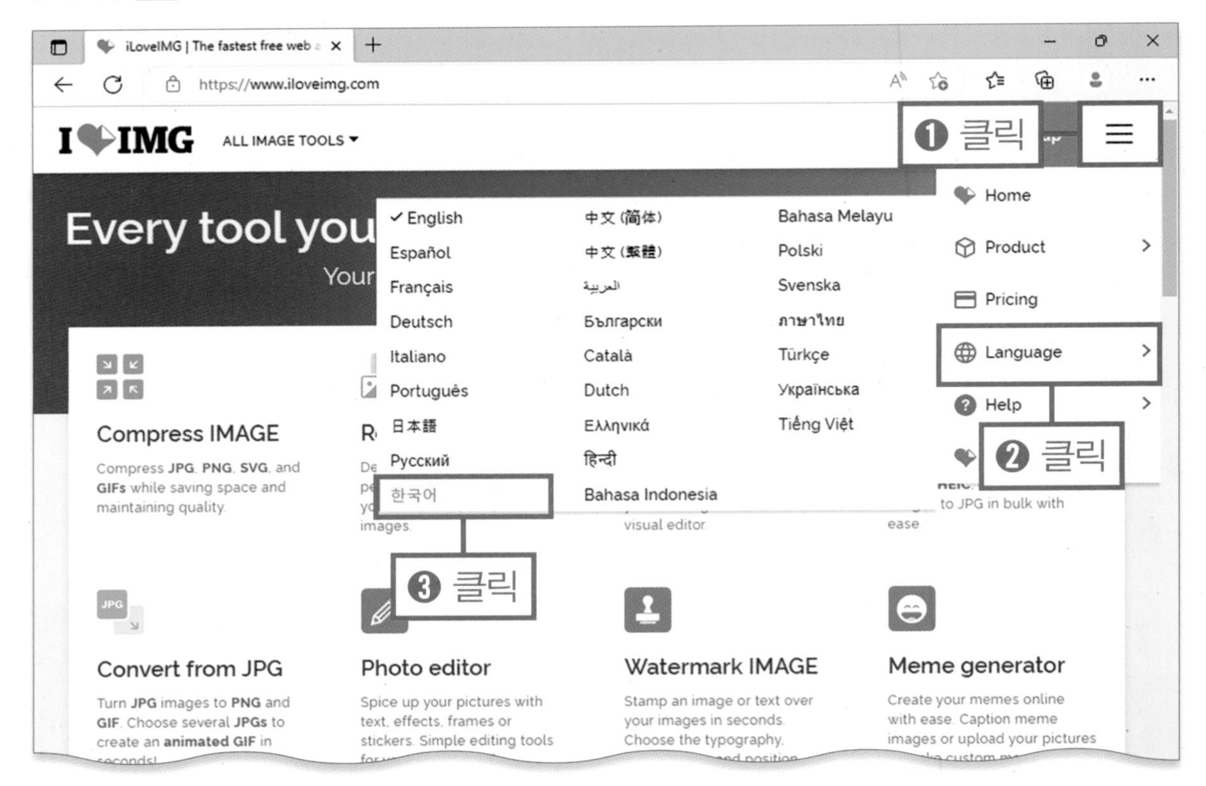

02 한국어로 변경되면 [이미지 크기 조절]을 클릭합니다.

03 이미지 업로드 창이 나타나면 [여러 이미지 선택] 버튼을 클릭합니다.

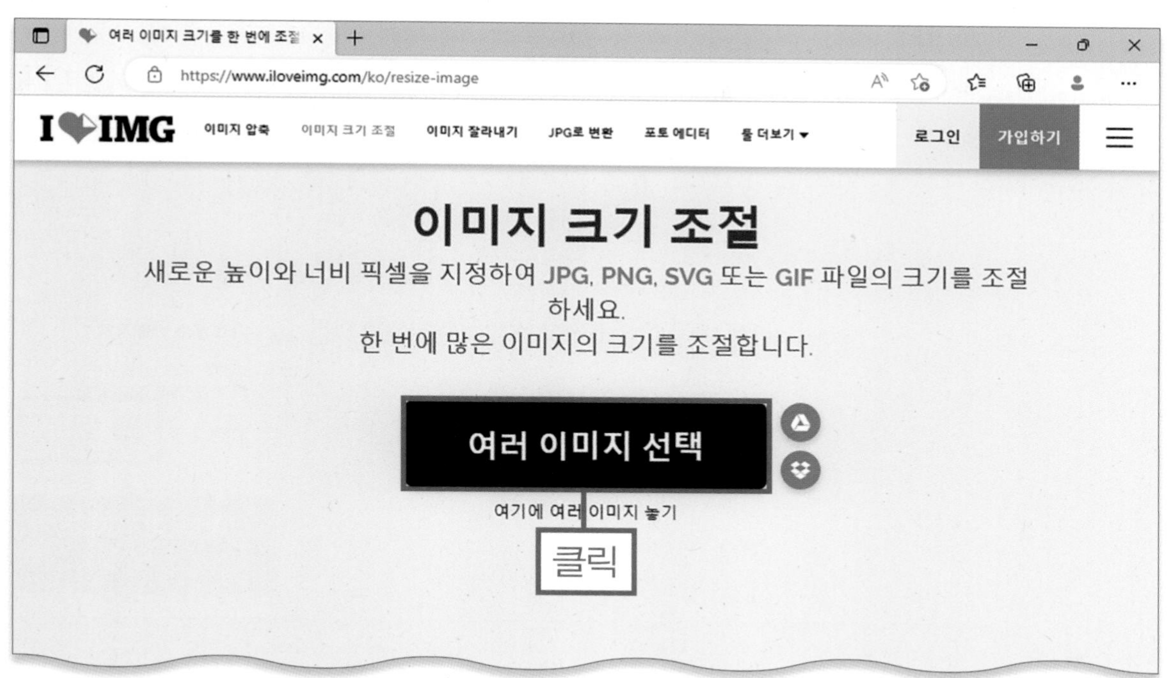

조금 더 배우기

[여러 이미지 선택] 버튼을 클릭하면 이미지를 여러 장 업로드하여 동일하게 크기를 한꺼번에 변경할 수 있습니다. 교재는 하나의 파일로 진행합니다.

04 [윈도우11]-[교재예제]-[15장] 폴더에서 [크기.jpg] 파일을 선택한 다음 [열기] 버튼을 클릭합니다.

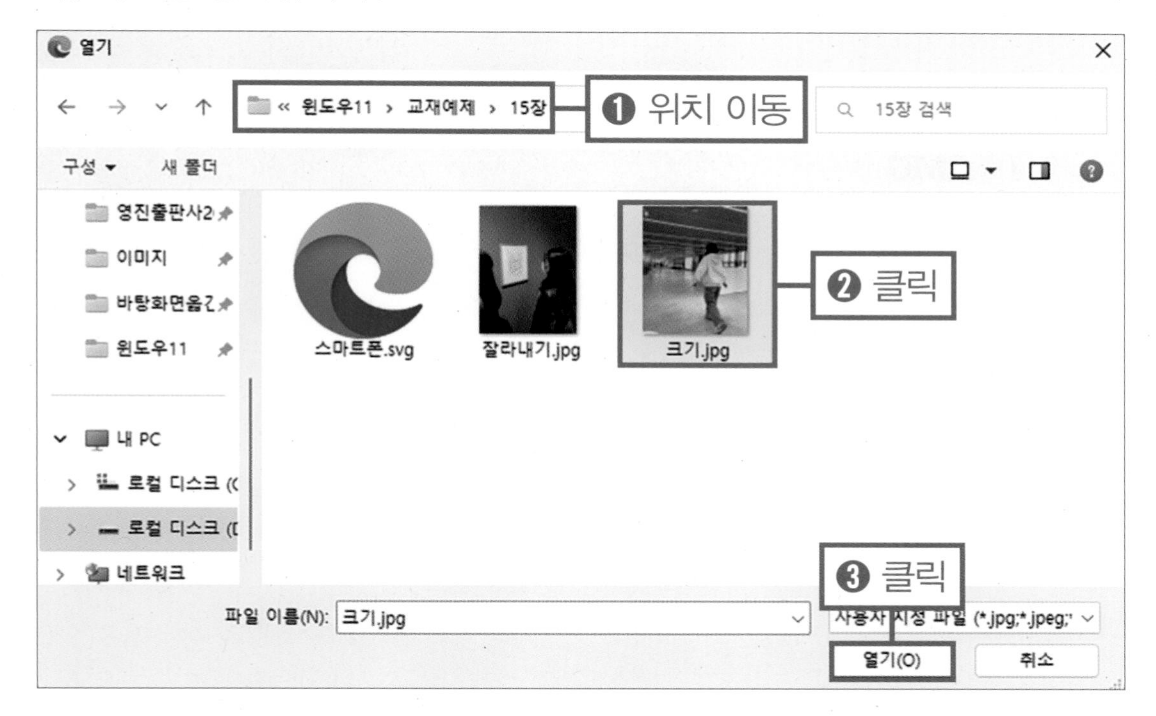

05 오른쪽의 너비를 '1000'으로 변경한 다음 [여러 이미지 크기 조절] 버튼을 클릭합니다.

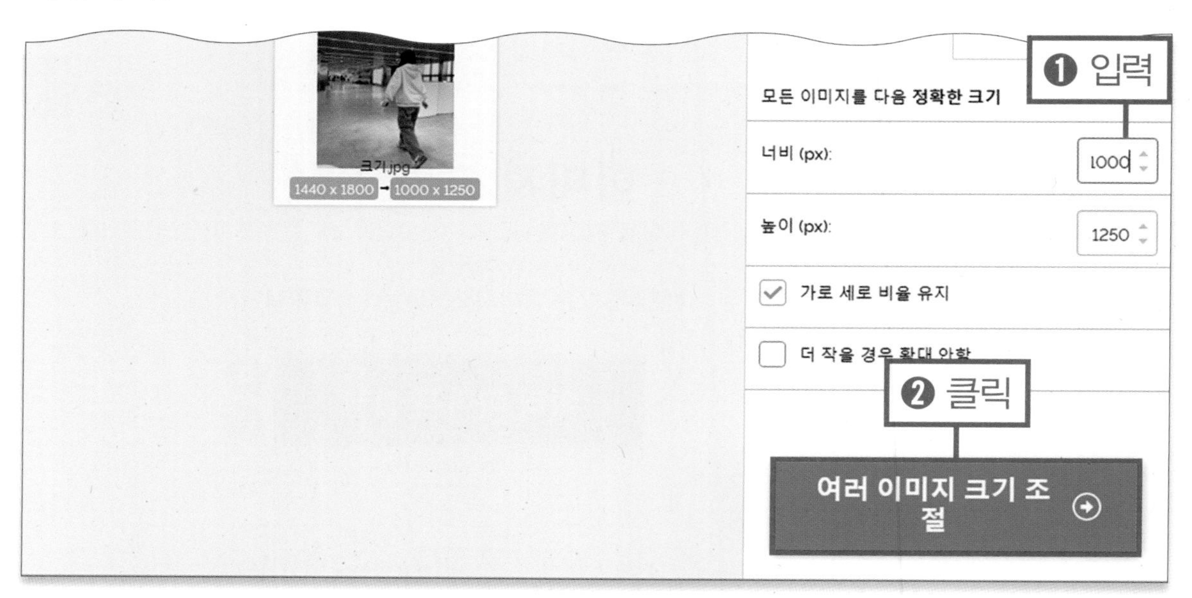

조금 더 배우기

jpg 파일은 픽셀로 이루어진 비트맵 파일입니다. 크기를 퍼센트로 조절 가능합니다. 미세하게 조절하려면 픽셀로 조절하는 것이 좋습니다. '가로 세로 비율 유지'를 체크하면 너비의 크기를 변경했을 때 높이도 비율에 맞춰 자동으로 변경됩니다. 참고로 픽셀의 수치를 원본보다 작게 조절할 경우 이미지의 용량도 줄어듭니다.

06 조절이 끝나면 [조절된 크기의 이미지 다운로드]를 클릭하여 이미지를 다운로드합니다.

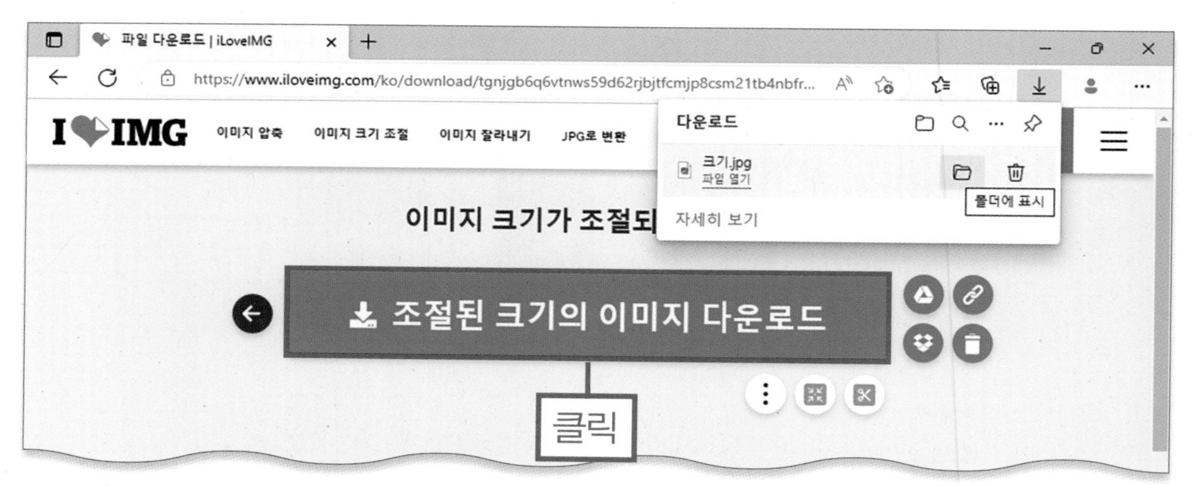

조금 더 배우기

- 엣지나 크롬 브라우저에서 파일을 다운로드하면 자동으로 '다운로드' 폴더에 저장됩니다.
- iloveimg 사이트에서 이미지 조절을 하면 약간의 오차는 있다는 점 참고하세요.

07 이미지 크기를 확인하기 위해 [다운로드] 폴더로 이동한 후 '크기.jpg' 파일에 마우스 오른쪽 버튼을 눌러 [속성]을 클릭합니다. [자세히] 탭을 클릭한 후 '사진 크기'를 확인합니다.

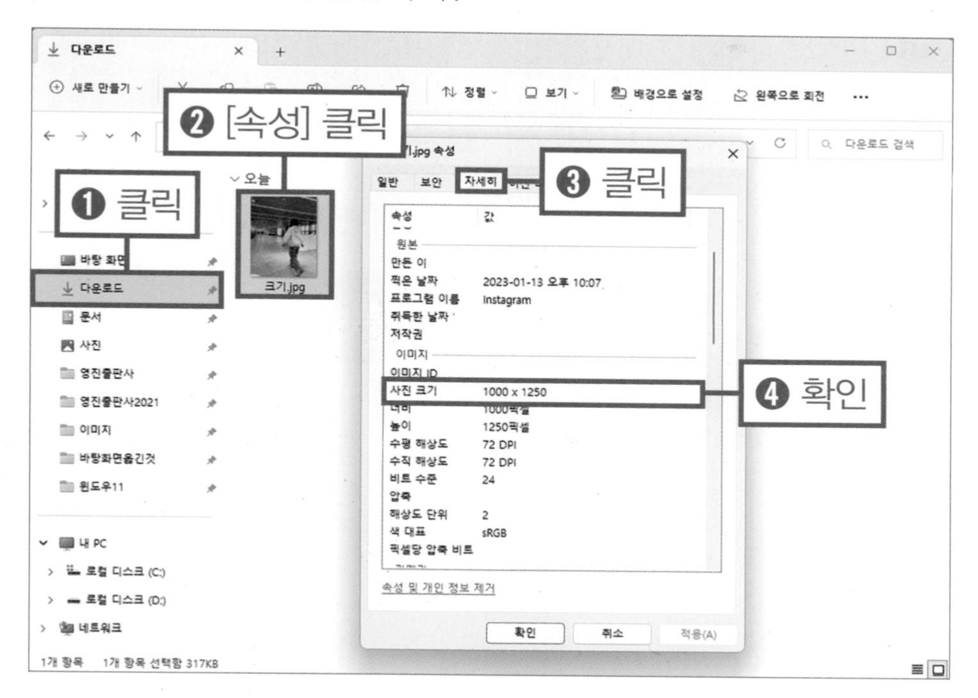

조금 더 배우기

다운로드받은 이미지에 마우스 포인터를 올리면 스크린 팁이 나타납니다. 간단하게 정보를 확인할 수 있습니다.

STEP 02 이미지 잘라내기

01 [이미지 잘라내기]를 클릭합니다.

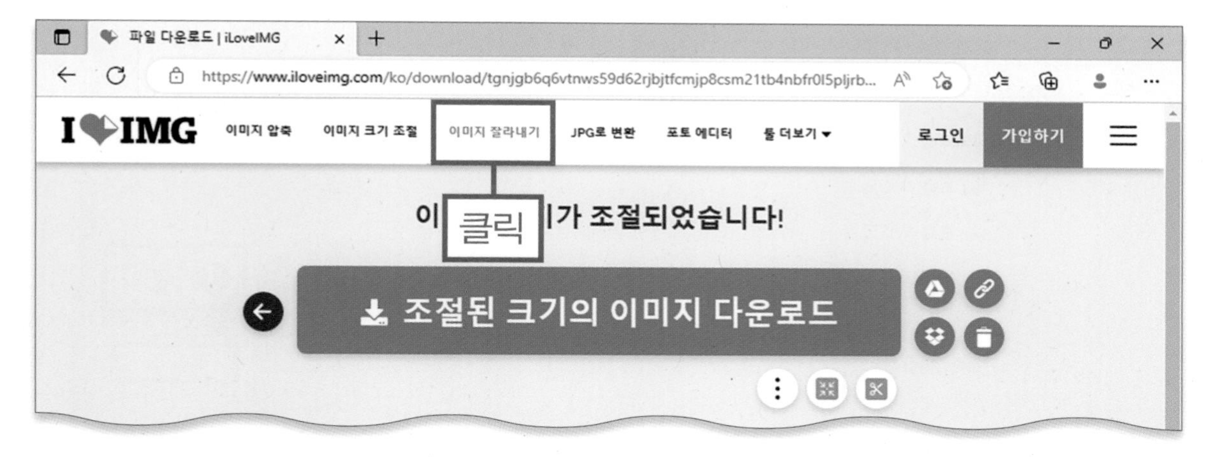

02 [여러 이미지 선택] 버튼을 클릭합니다.

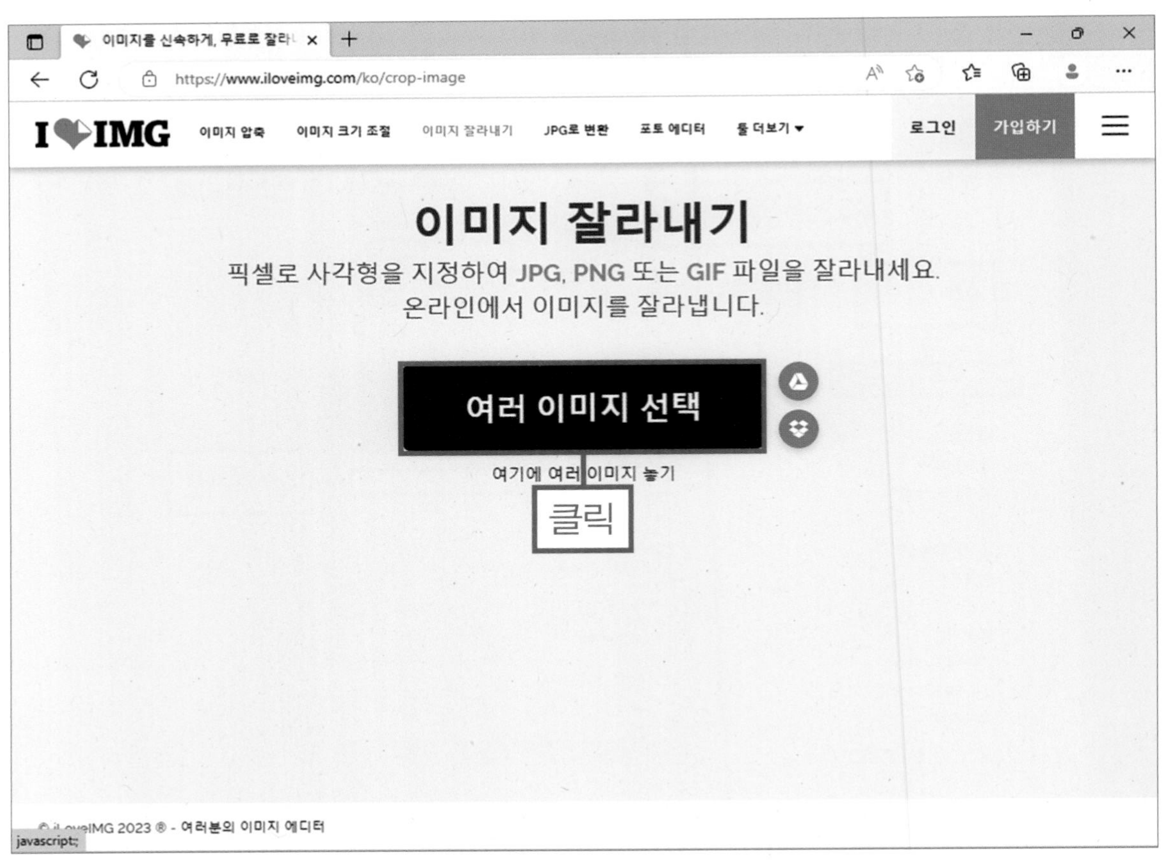

03 [윈도우11]–[교재예제]–[15장] 폴더에서 [잘라내기.jpg] 파일을 선택한 다음 [열기] 버튼을 클릭합니다.

04 왼쪽 사람을 잘라내기 위해 왼쪽 가운데 파란색 조절점을 오른쪽으로 드래그하여 크기를 조절한 다음 [이미지 잘라내기] 버튼을 클릭합니다.

05 [잘라낸 이미지 다운로드] 버튼을 클릭하여 이미지를 다운로드합니다.

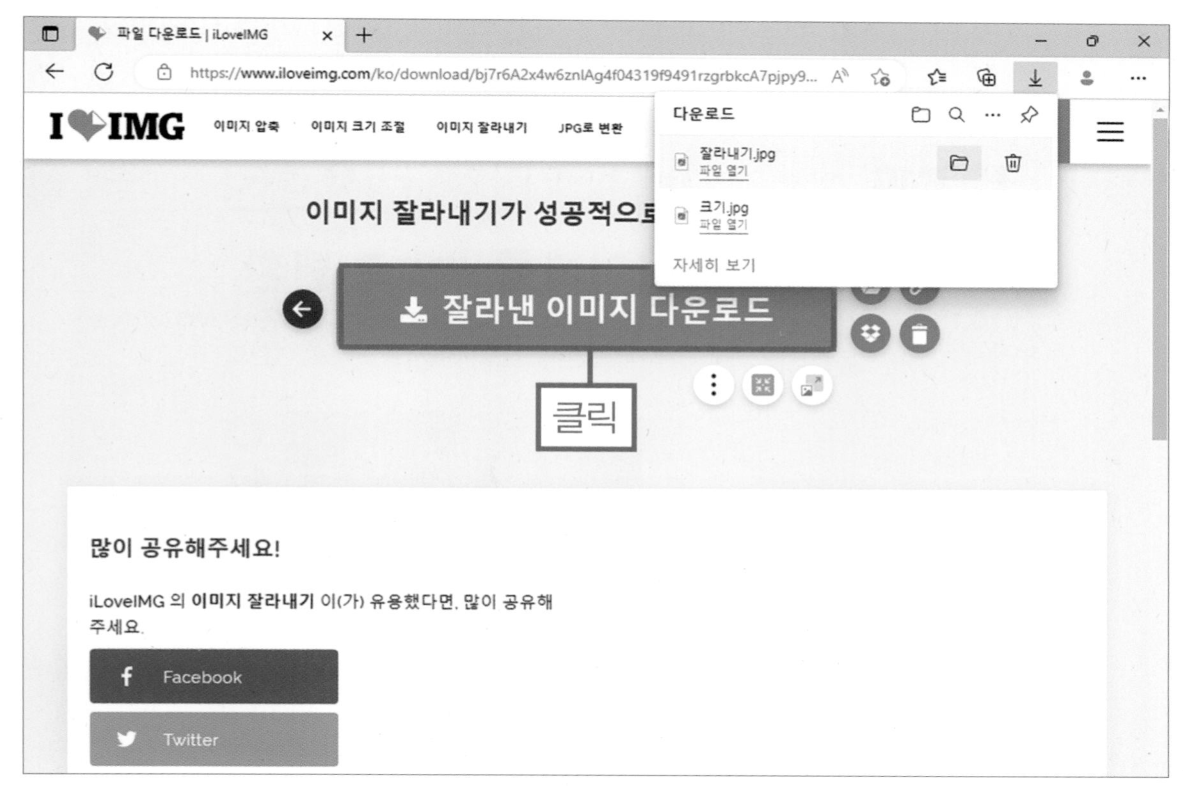

06 잘라낸 이미지를 확인하기 위해 [다운로드] 폴더에서 [잘라내기.jpg] 파일을 확인합니다.

STEP 03 벡터 파일 JPG로 변환하기

01 [JPG로 변환]을 클릭한 다음 [여러 이미지 선택]을 클릭합니다.

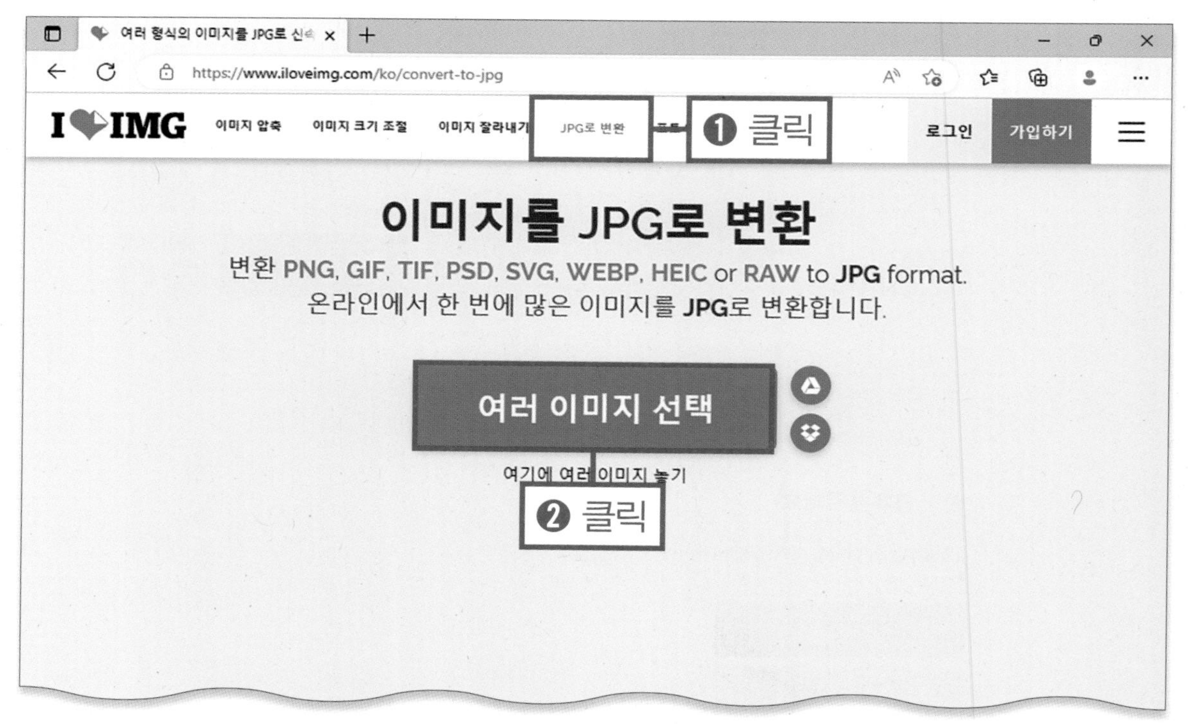

02 [윈도우11]-[교재예제]-[15장] 폴더에서 [스마트폰.svg] 파일을 선택한 다음 [열기] 버튼을 클릭합니다.

03 이미지가 나타나면 [JPG로 변환] 버튼을 클릭합니다.

04 [변환된 이미지 다운로드] 버튼을 클릭하여 이미지를 다운로드합니다.

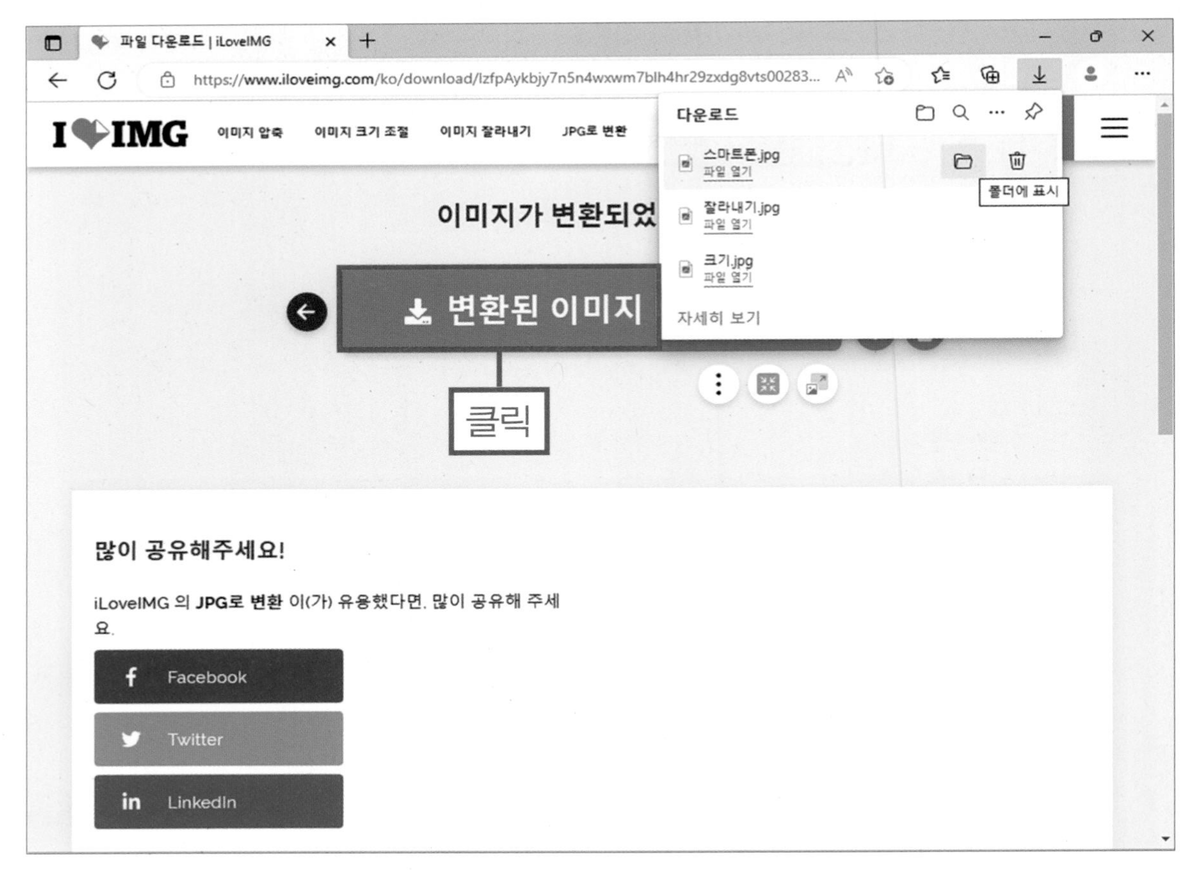

CHAPTER

16

유용한 정보 QR코드에 담기

POINT

전달하려는 정보를 여러 장의 문서로 보여주는 것보다 스마트폰으로 한 번에 보면 상당히 편리하겠죠? 이번 장에서는 여러 유용한 정보를 QR코드로 만드는 방법을 알아봅니다.

완성 화면 미리 보기

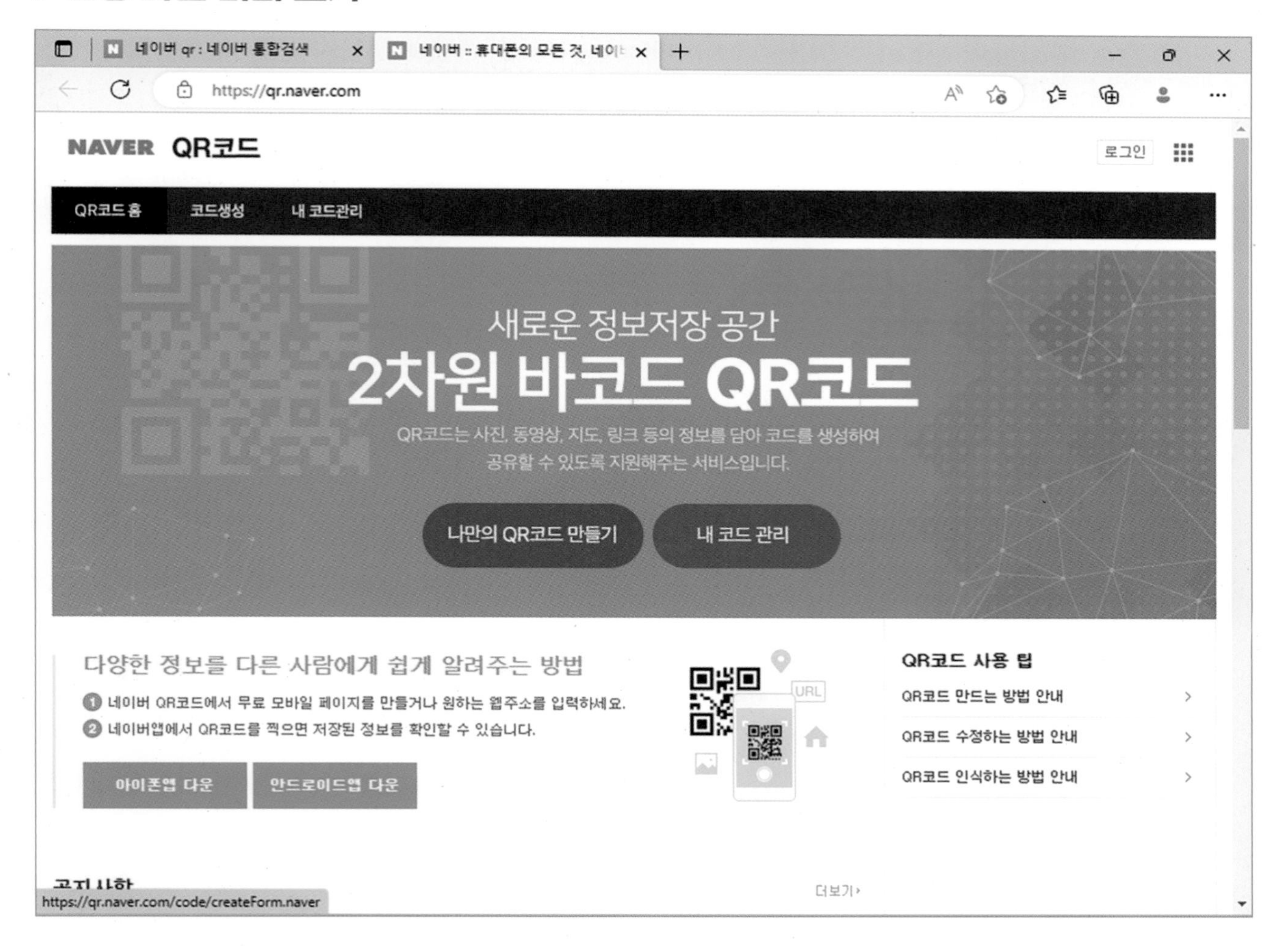

여기서 배워요!

네이버 QR코드에 정보 담기, 만든 QR 저장 및 전송하기

STEP 01 네이버 QR코드에 정보 담기

01 네이버 검색란에 '네이버 qr'을 입력한 후 Enter를 누릅니다. 검색된 결과 중 [네이버 QR코드]를 클릭합니다.

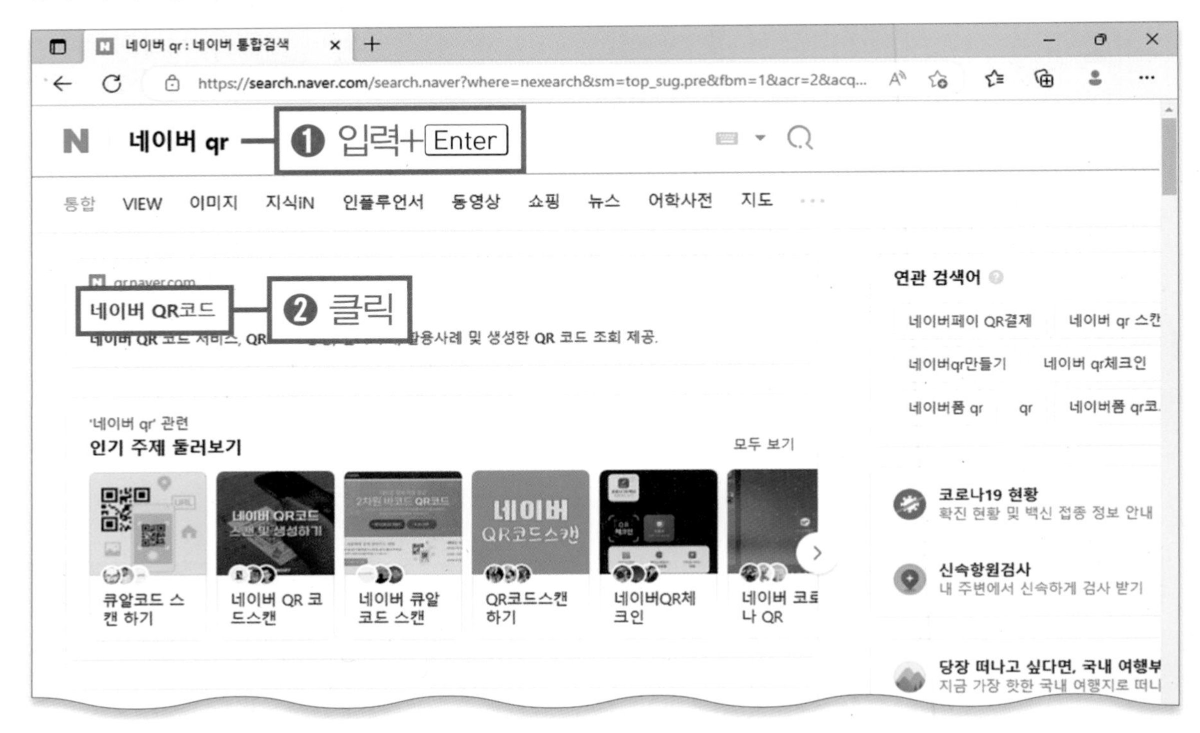

02 'QR코드' 사이트가 나타나면 [나만의 QR코드 만들기] 버튼을 클릭한 다음 로그인합니다.

03 '1. 기본정보 입력'에서 '코드 제목'을 '히말라야 봉우리'로 입력합니다. 마음에 드는 코드 스킨을 선택한 다음 [다음단계] 버튼을 클릭합니다.

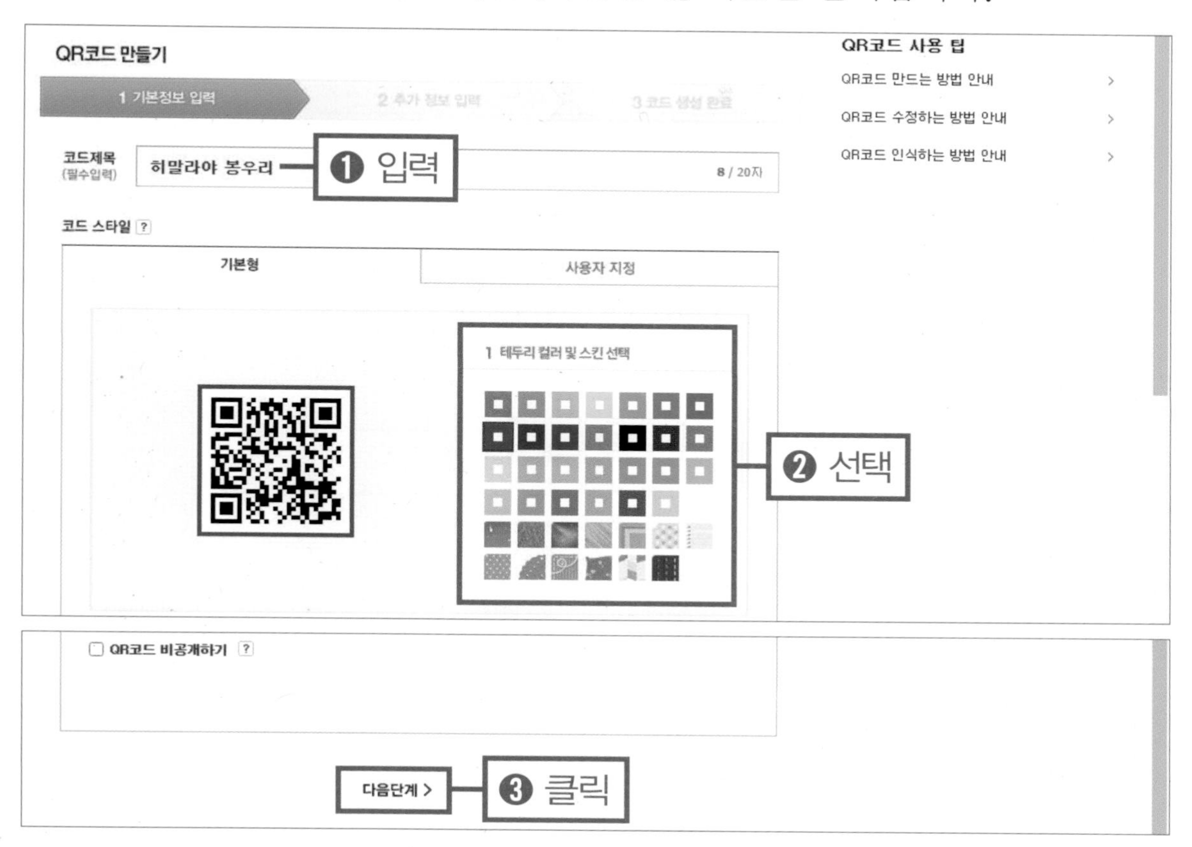

04 '2. 추가 정보 입력'에서 아래 이미지와 같이 입력한 후 [이미지]를 클릭합니다.

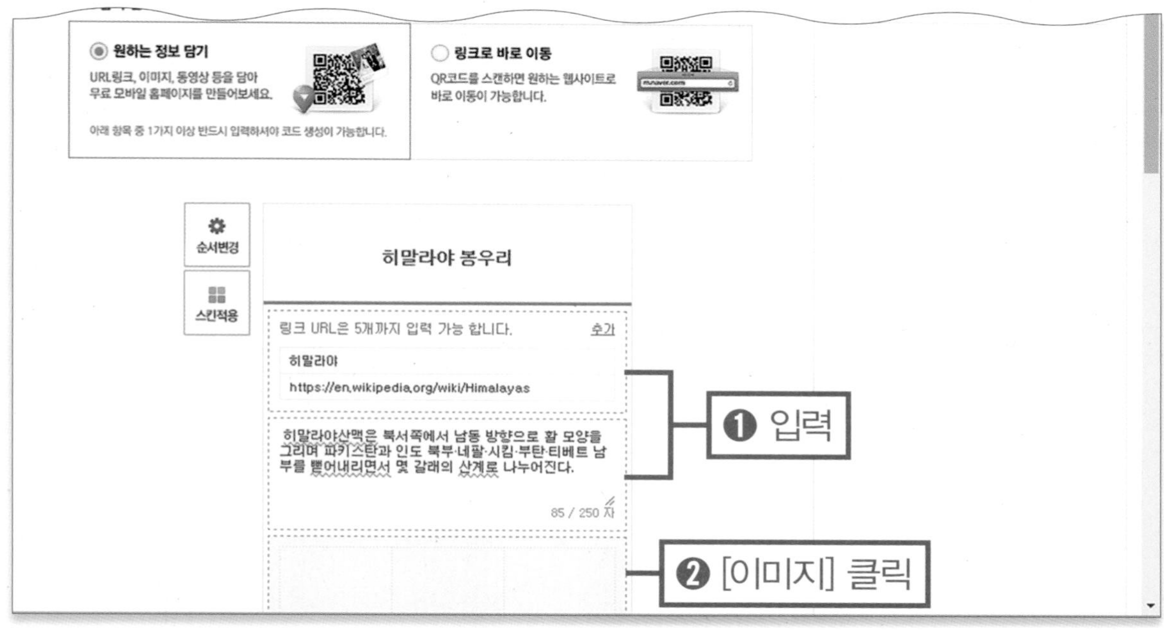

조금 더 배우기

바로 QR코드가 나오기를 원한다면 [링크로 바로 이동]을 클릭합니다.

05

'네이버 포토업로더' 창이 나타나면 왼쪽 상단의 [내 PC]를 클릭합니다. [윈도우11]-[교재예제]-[16장] 폴더에서 [히말라야.jpg] 파일을 선택하고 [열기] 버튼을 클릭합니다.

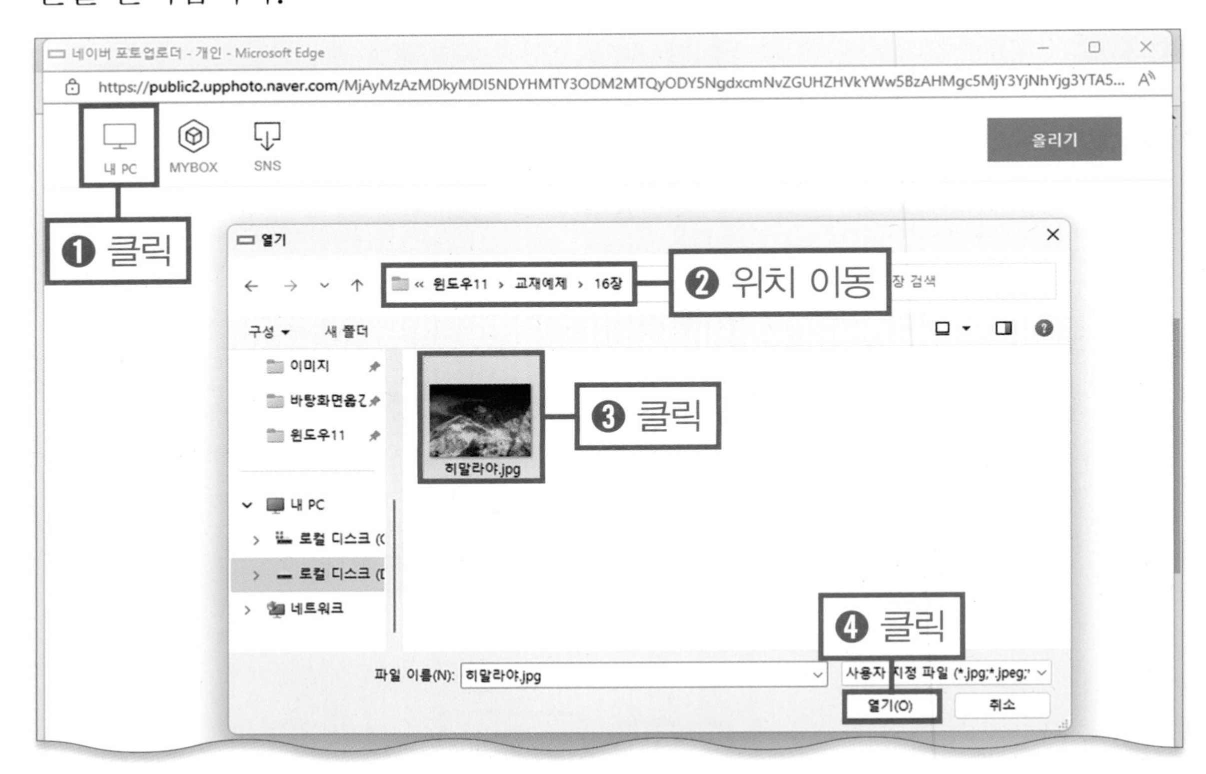

조금 더 배우기

알림 창이 나타나면 [닫기](×) 버튼을 클릭합니다.

06

[올리기] 버튼을 클릭합니다.

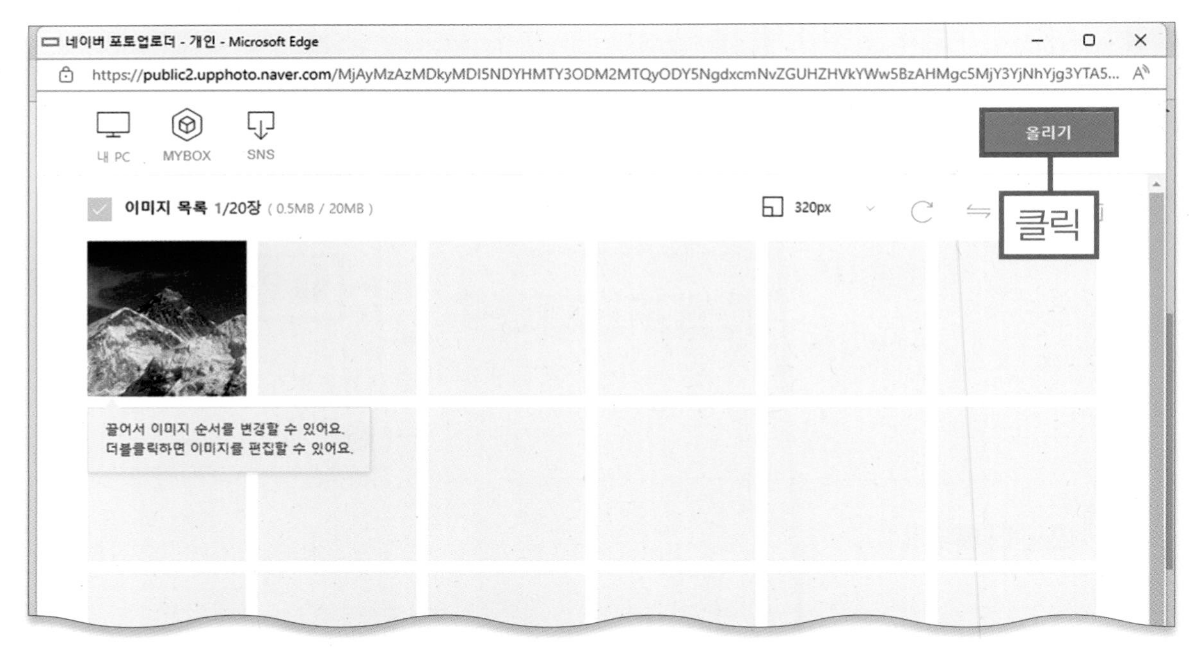

07 [작성완료] 버튼을 클릭합니다.

조금 더 배우기

지명의 정보를 담거나 연락처를 담을 땐 '지도'와 '연락처'를 클릭합니다.

STEP 02 만든 QR 저장 및 전송하기

01 코드가 완성되면 [코드저장] 버튼을 클릭한 후 '확장자'는 [JPG], '사이즈'는 [357x357]을 선택합니다. [저장] 버튼을 클릭합니다.

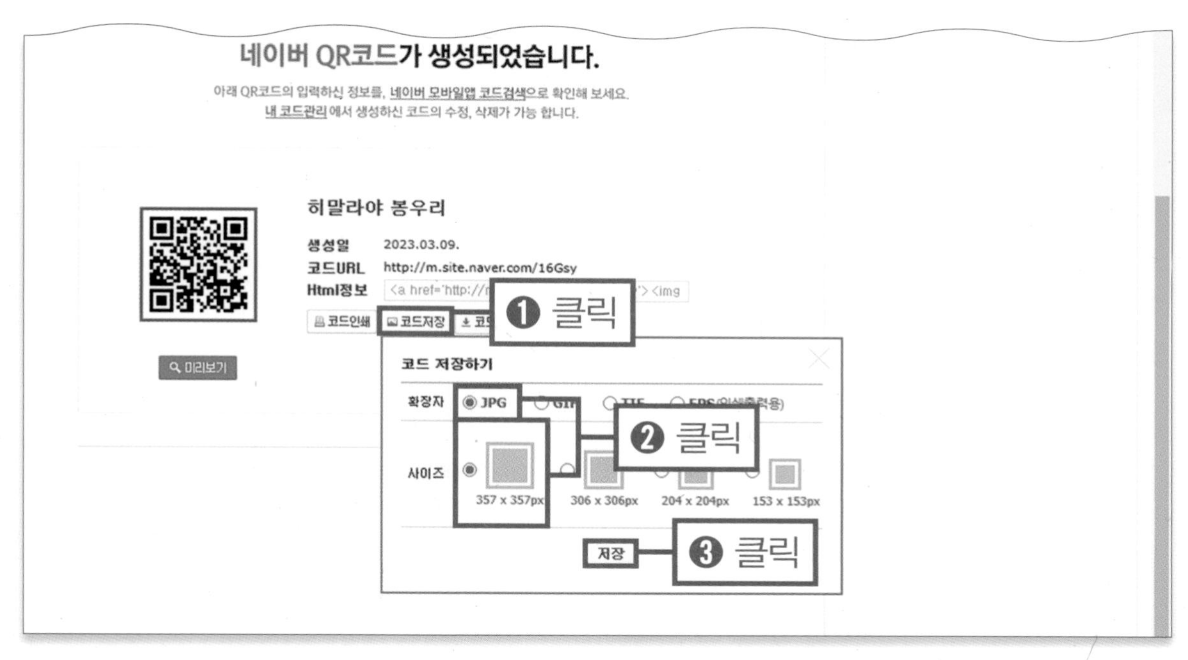

02 메일로 전송할 때는 [코드 내보내기] 버튼을 클릭한 후 [메일로 보내기]를 클릭합니다.

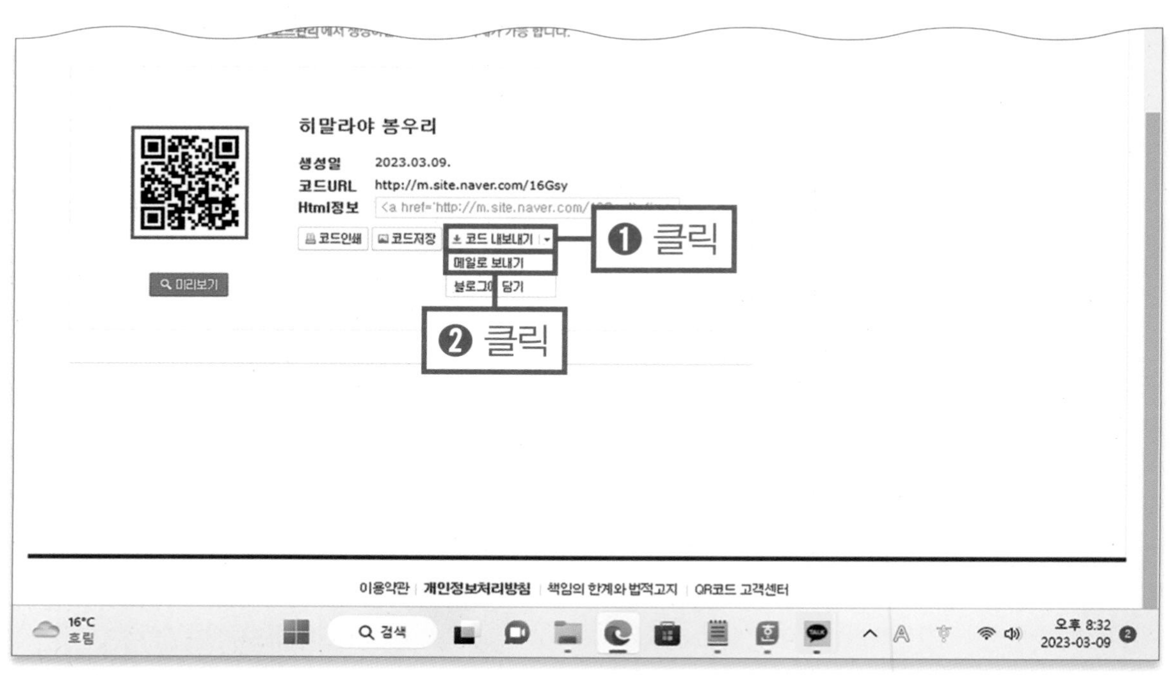

조금 더 배우기

문서에 다양한 정보를 QR코드로 만들어 삽입하면 문서를 보는 사람들이 스마트폰으로 QR코드의 내용을 확인할 수 있습니다. 활용해보면 좋겠죠?

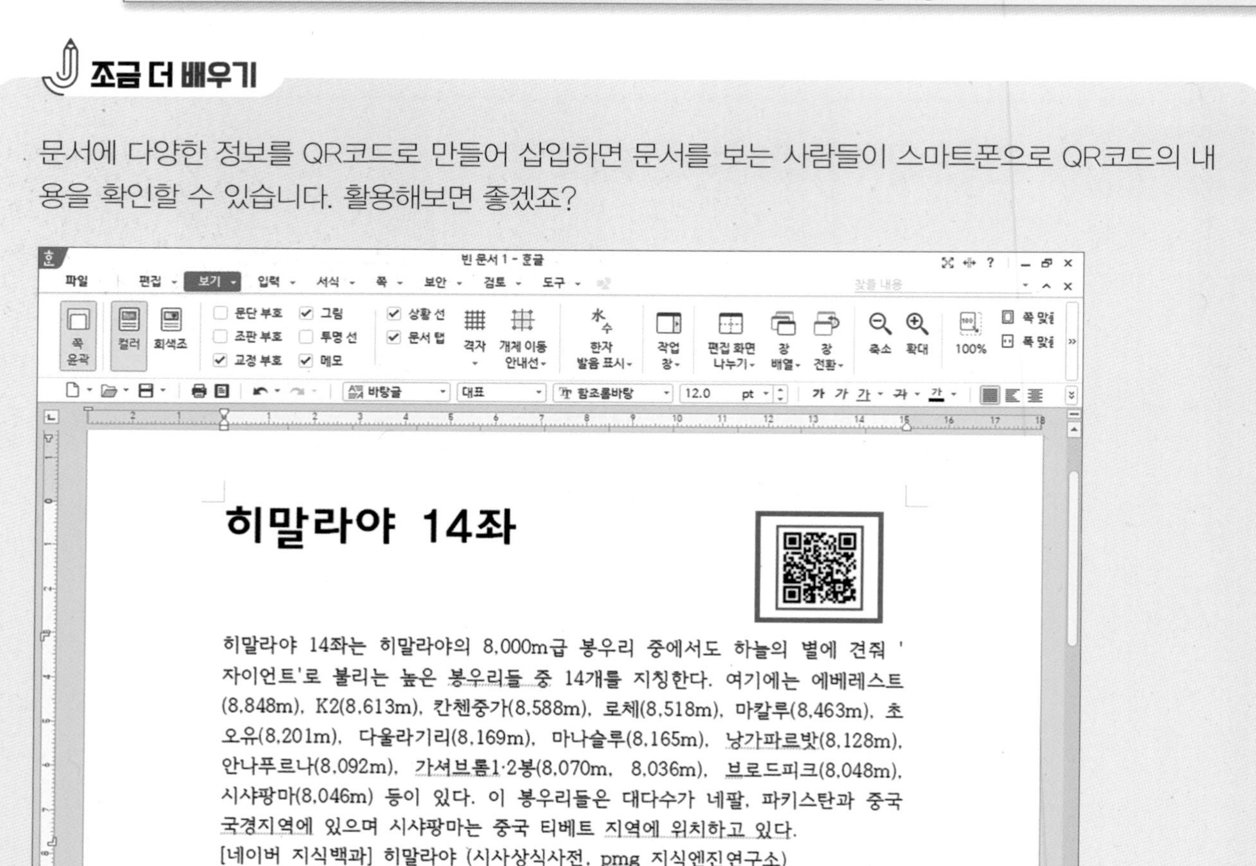

CHAPTER 17

인터넷에서 이미지 배경 투명하게 하기

POINT

이미지 배경을 투명하게 하려면 포토샵이나 다른 이미지 편집 프로그램을 사용해야 합니다. 여기서는 편집 프로그램이나 편집 기술이 없어도 정말 간단하게 전문가처럼 배경을 투명하게 만드는 방법을 알아봅니다.

완성 화면 미리 보기

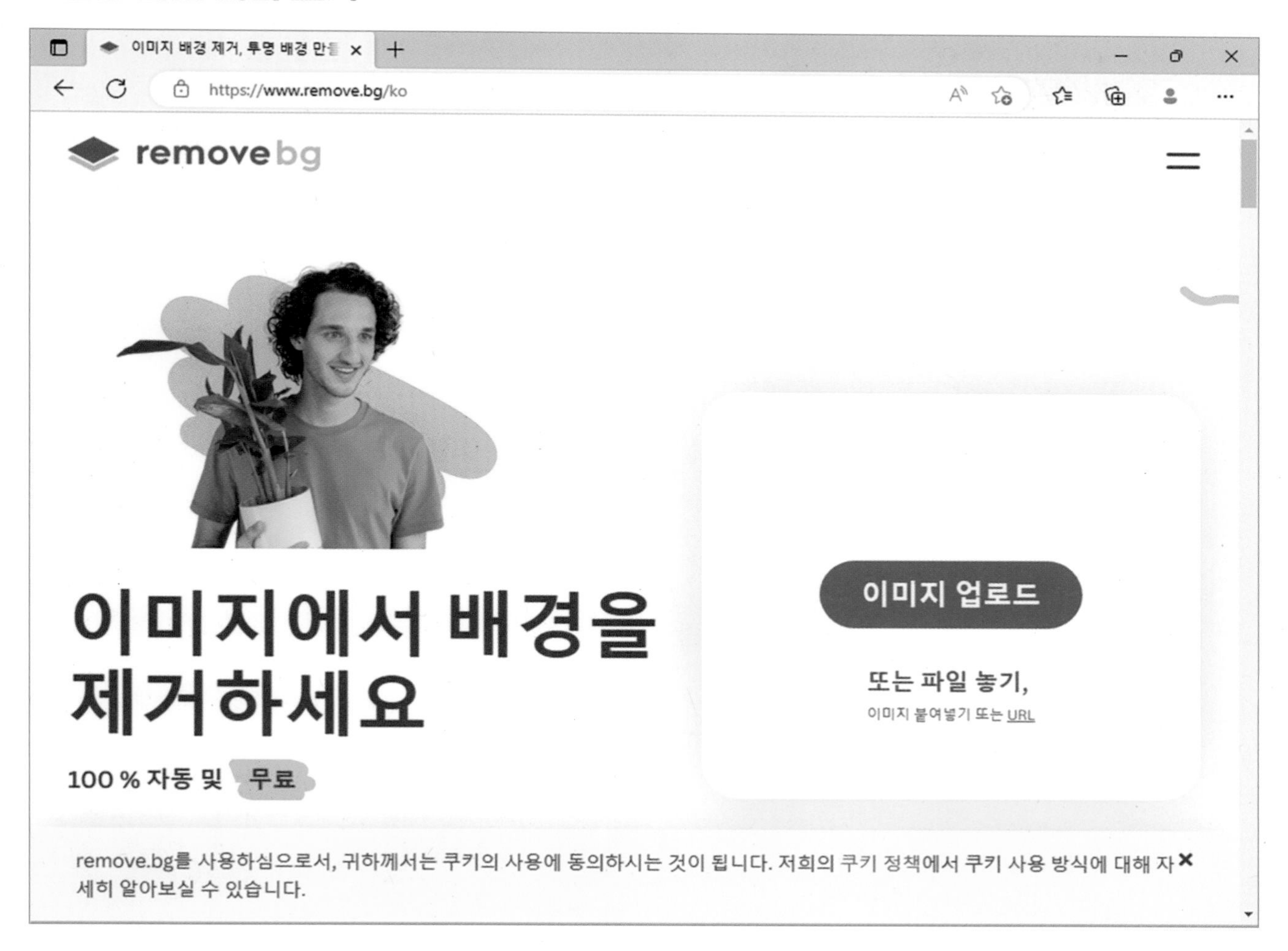

여기서 배워요!

배경 투명하게 만들기, 저장하기

STEP 01 배경 투명하게 만들기

01 removebg(www.remove.bg) 사이트에 접속한 다음 [이미지 업로드] 버튼을 클릭합니다.

02 [윈도우11]-[교재예제]-[17장] 폴더에서 [배경지우기.jpg] 파일을 선택한 다음 [열기] 버튼을 클릭합니다.

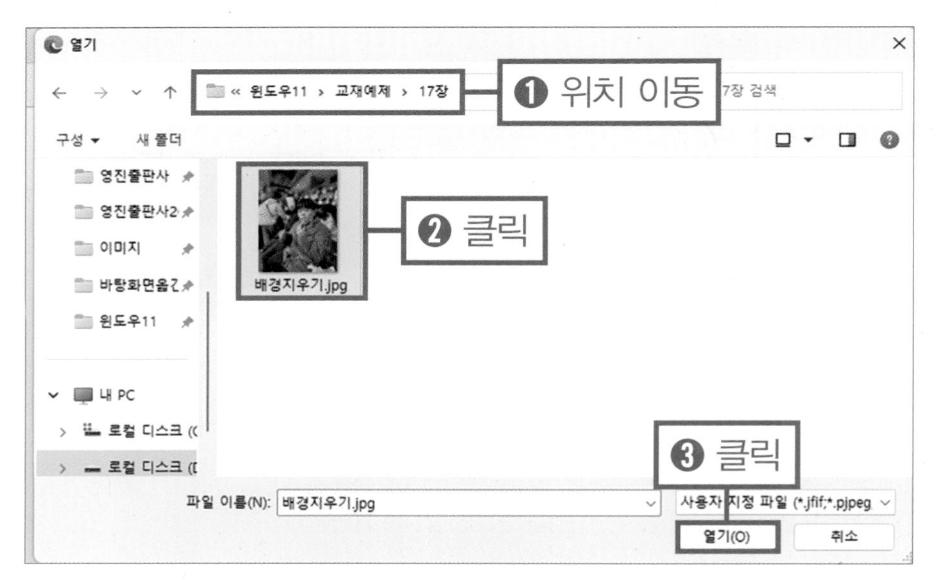

STEP 02 저장하기

01 배경이 투명하게 변경되면 [다운로드] 버튼을 클릭하여 저장합니다.

조금 더 배우기

- 격자무늬 배경은 투명하다는 뜻입니다.
- [HD 다운로드]는 removebg 사이트에 가입한 다음 사용할 수 있습니다.

02 투명하게 설정된 이미지는 아래와 같이 파워포인트나 여러 문서에 자연스럽게 삽입할 수 있습니다.

혼자서도 만들 수 있어요!

1 removebg 사이트를 이용하여 [윈도우11]-[교재예제]-[17장] 폴더의 [컵.jpg] 파일 배경을 투명하게 만들어 보세요.

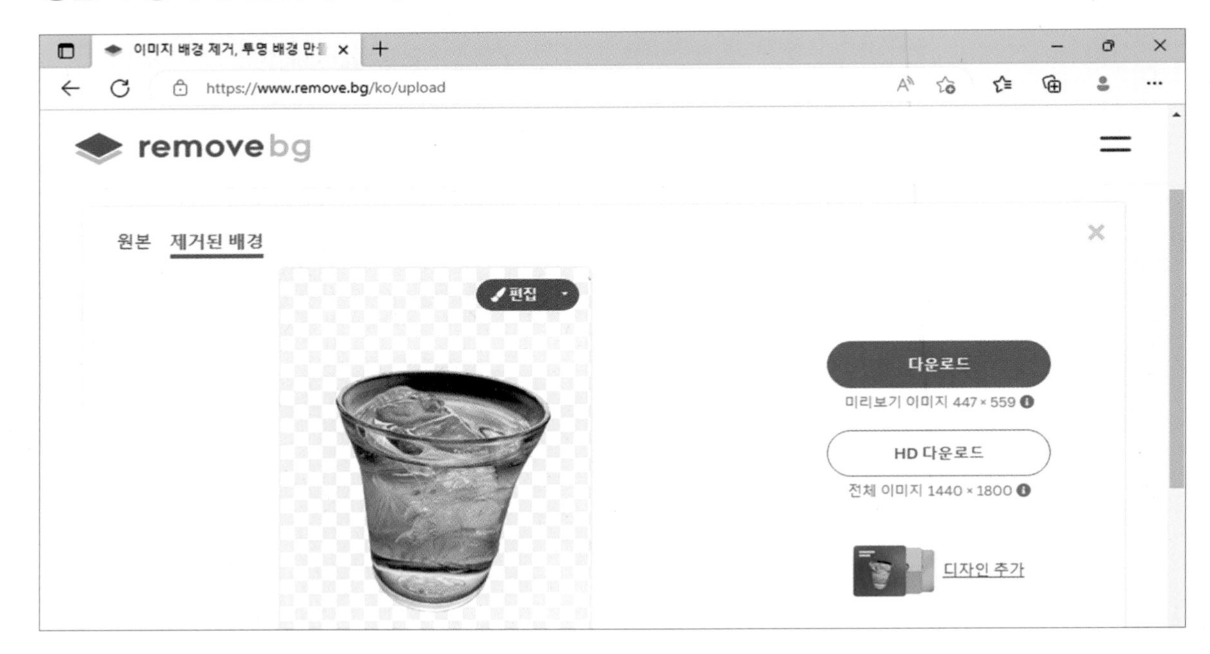

hint removebg 사이트에 접속한 다음 [이미지 업로드] 클릭 → [윈도우11]-[교재예제]-[17장] 폴더의 [컵.jpg] 파일 선택

2 다운로드 폴더에 저장한 다음 파일을 확인해 보세요.

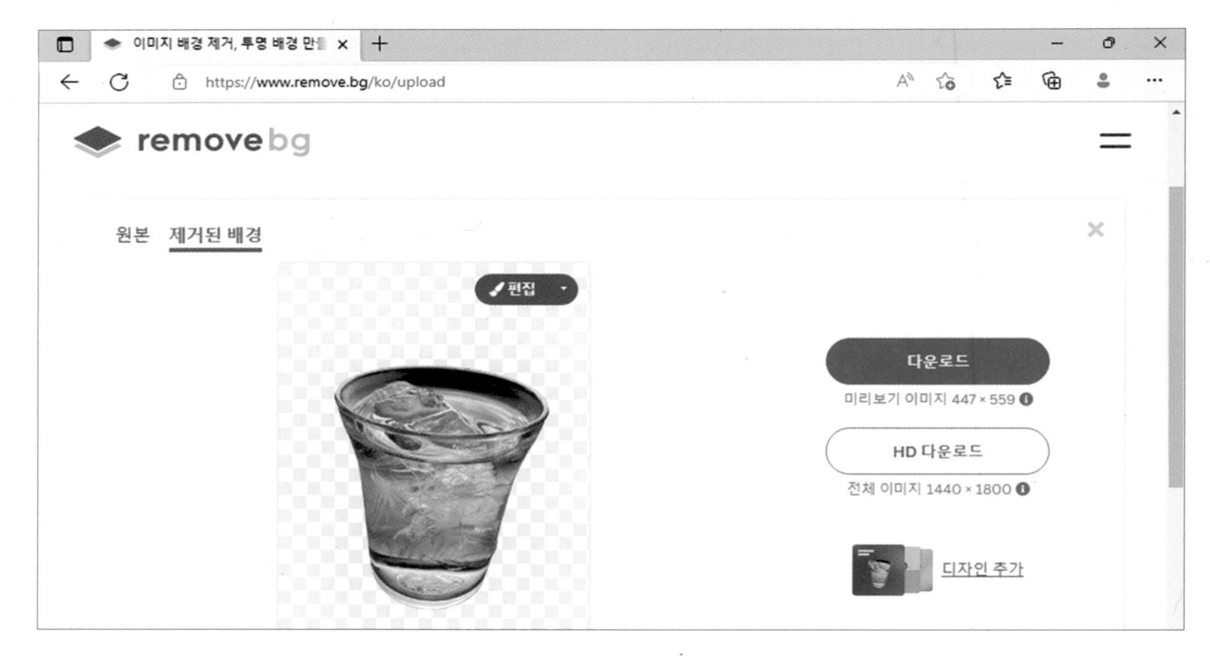

hint [다운로드] 버튼 클릭 → 작업표시줄에서 [파일 탐색기] 클릭 → 왼쪽의 [다운로드] 폴더 클릭

CHAPTER 18

컴퓨터에서 영상 재생이 안된다면?

POINT

스마트폰의 영상을 컴퓨터로 옮겨 작업할 때 영상이 열리지 않는 경우가 있습니다. 이유는 여러 가지가 있지만, 대표적인 이유는 영상을 재생할 수 있도록 도와주는 코덱이라는 프로그램이 설치되어 있지 않기 때문입니다. 코덱은 여러 가지가 있는데 모든 코덱을 설치할 수는 없겠죠? 그래서 영상이 열릴 수 있도록 변경하는 인코딩이라는 방법이 있는데요. 이번 장에서는 영상을 인코딩하는 방법을 알아봅니다.

완성 화면 미리 보기

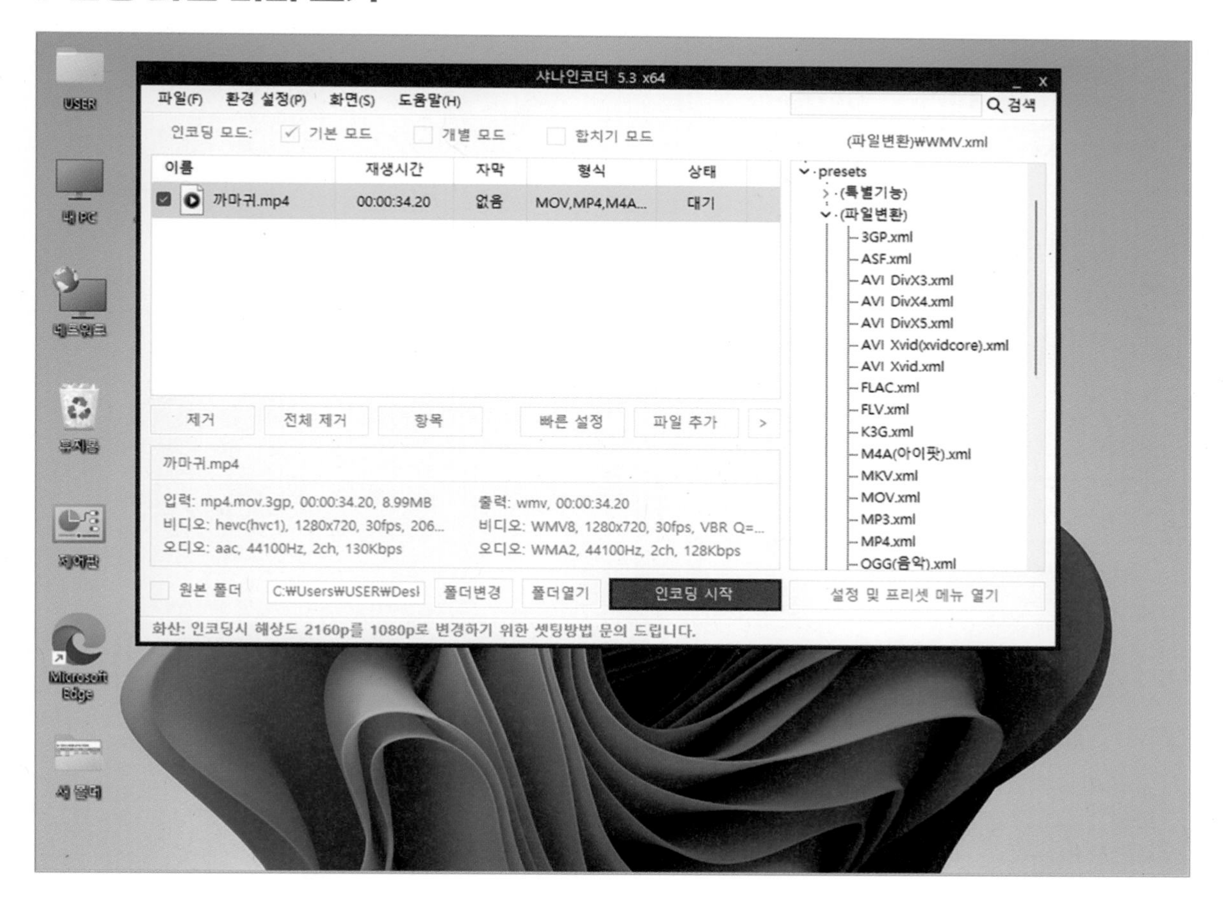

여기서 배워요!

샤나 인코더 설치하기, 영상 인코딩하기

STEP 01 샤나 인코더 설치하기

01 네이버 검색란에 '샤나인코더'를 입력한 후 Enter를 누릅니다. 검색된 결과 중 [샤나]를 클릭합니다.

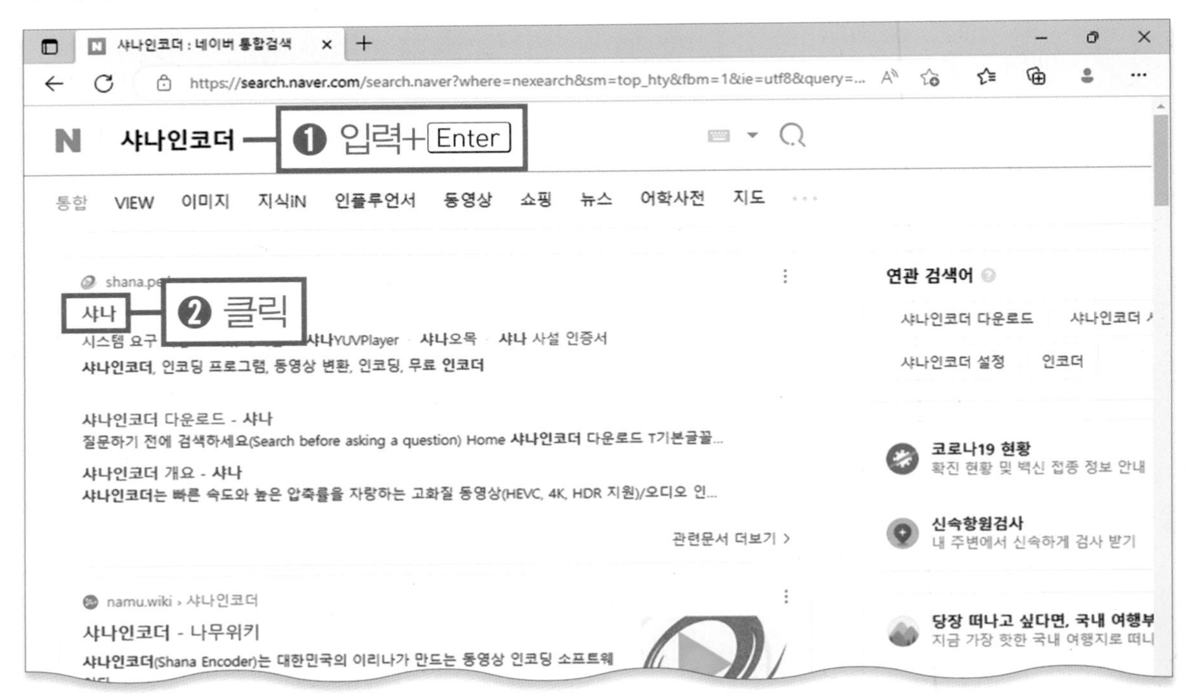

02 '샤나' 사이트가 나타나면 '샤나인코더 다운로드' 그룹에서 [샤나인코더(ShanaEncoder)5.3.1.1]을 클릭합니다. '설치 프로그램 다운로드' 부분의 [ShanaEncoder5.3.1.1.exe]를 클릭합니다.

03

상단에 다운로드가 완료되면 [파일 열기]를 클릭합니다. '언어 선택' 대화상자가 나타나면 [한국어]를 선택한 다음 [OK] 버튼을 클릭합니다.

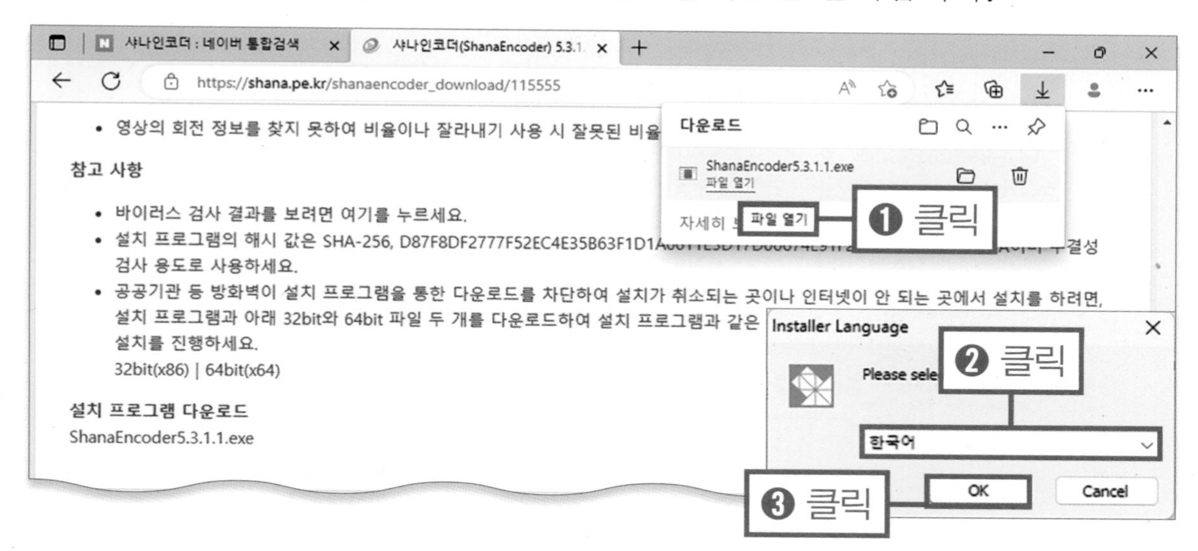

04

'설치 시작' 대화상자가 나타나면 [다음] 버튼을 클릭합니다. '사용권 계약' 대화상자가 나타나면 [위 사항에 동의합니다.]에 체크한 후 [다음] 버튼을 클릭합니다.

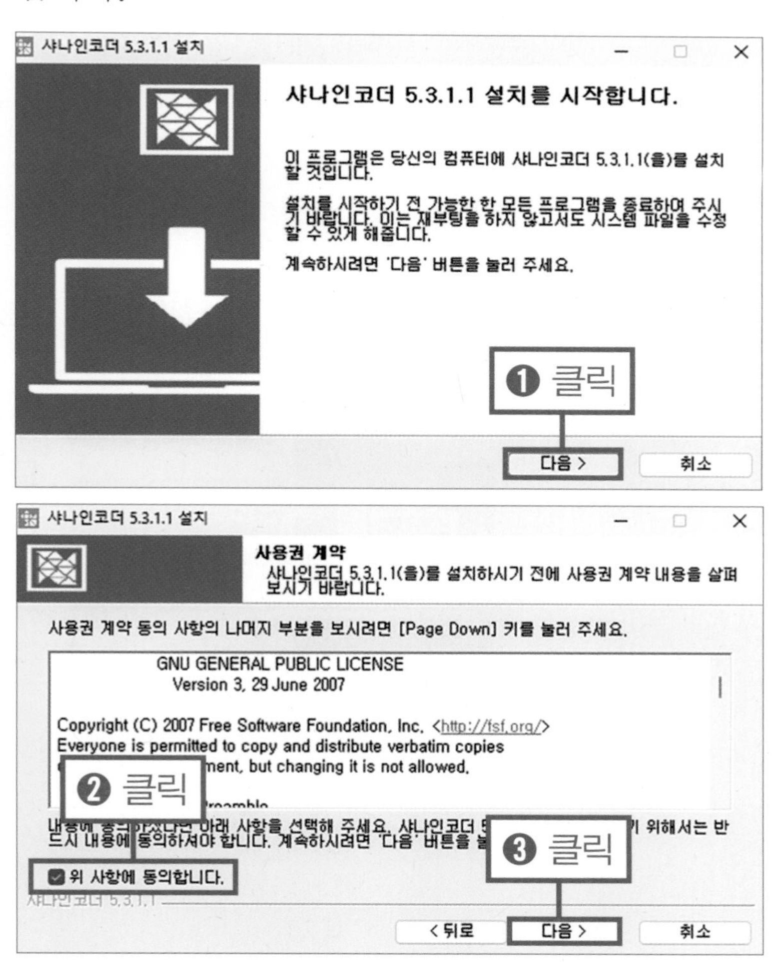

05 다시 '사용권 계약' 대화상자가 나타나면 [위 사항에 동의합니다.]에 체크한 후 [다음] 버튼을 클릭합니다. '구성 요소 선택' 대화상자가 나타나면 [다음] 버튼을 클릭합니다.

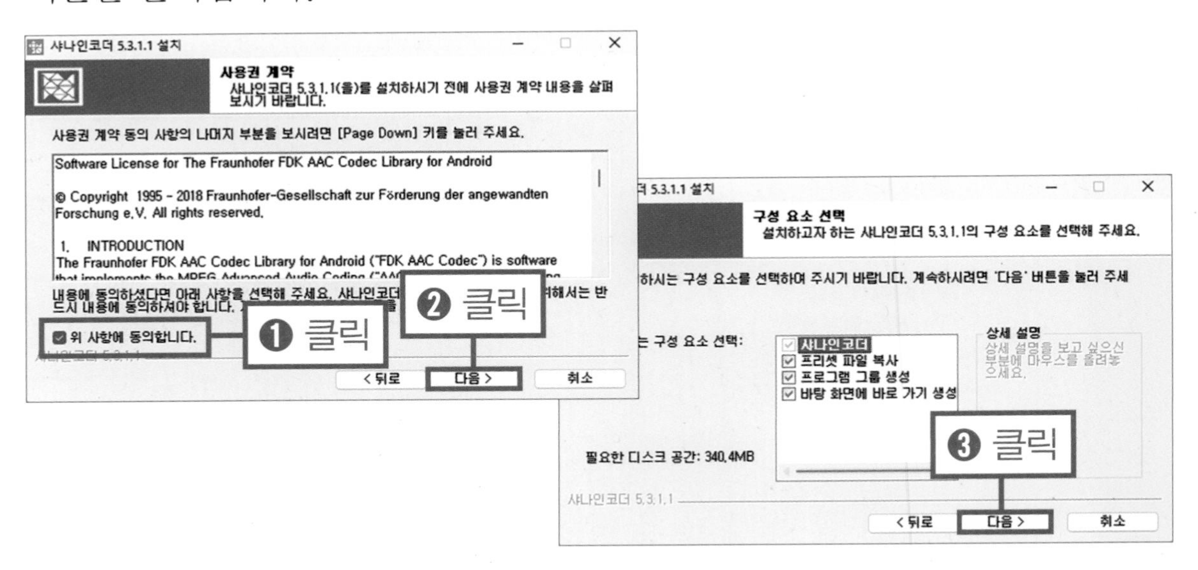

06 '설치 위치 선택' 대화상자가 나타나면 [설치] 버튼을 클릭합니다. '설치 완료' 대화상자가 나타나면 [사냐인코더 홈페이지 방문하기]를 체크 해제한 후 [마침] 버튼을 클릭합니다.

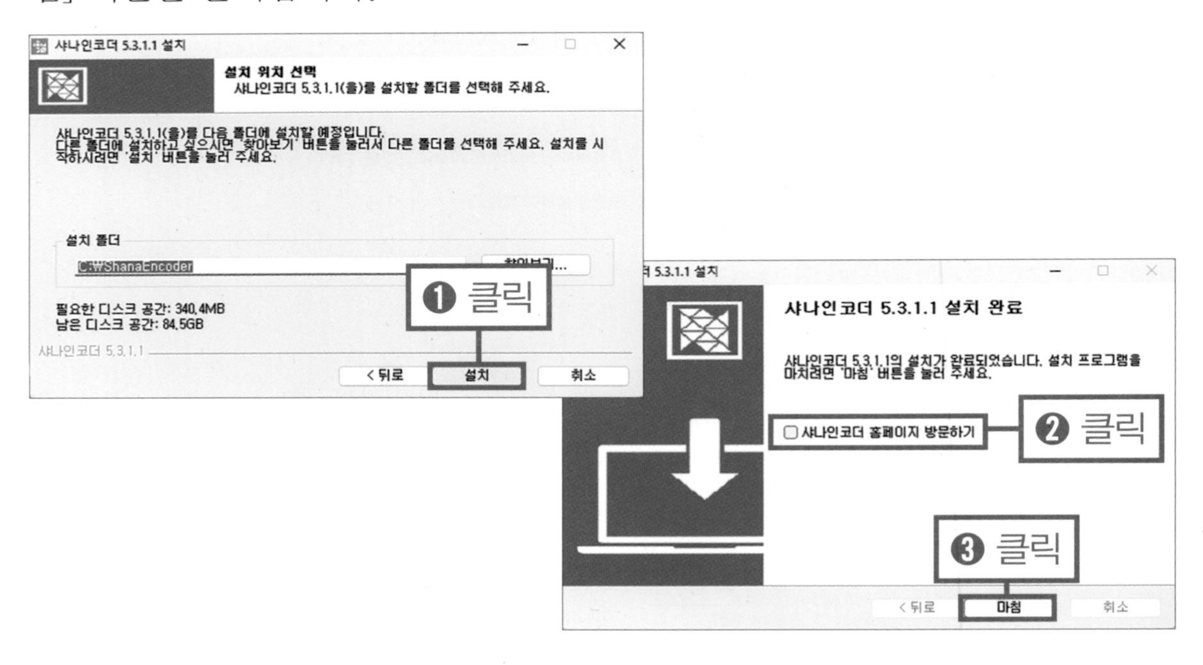

STEP 02 인코딩하기

01 바탕화면에 설치된 [샤나인코더] 아이콘을 더블 클릭합니다.

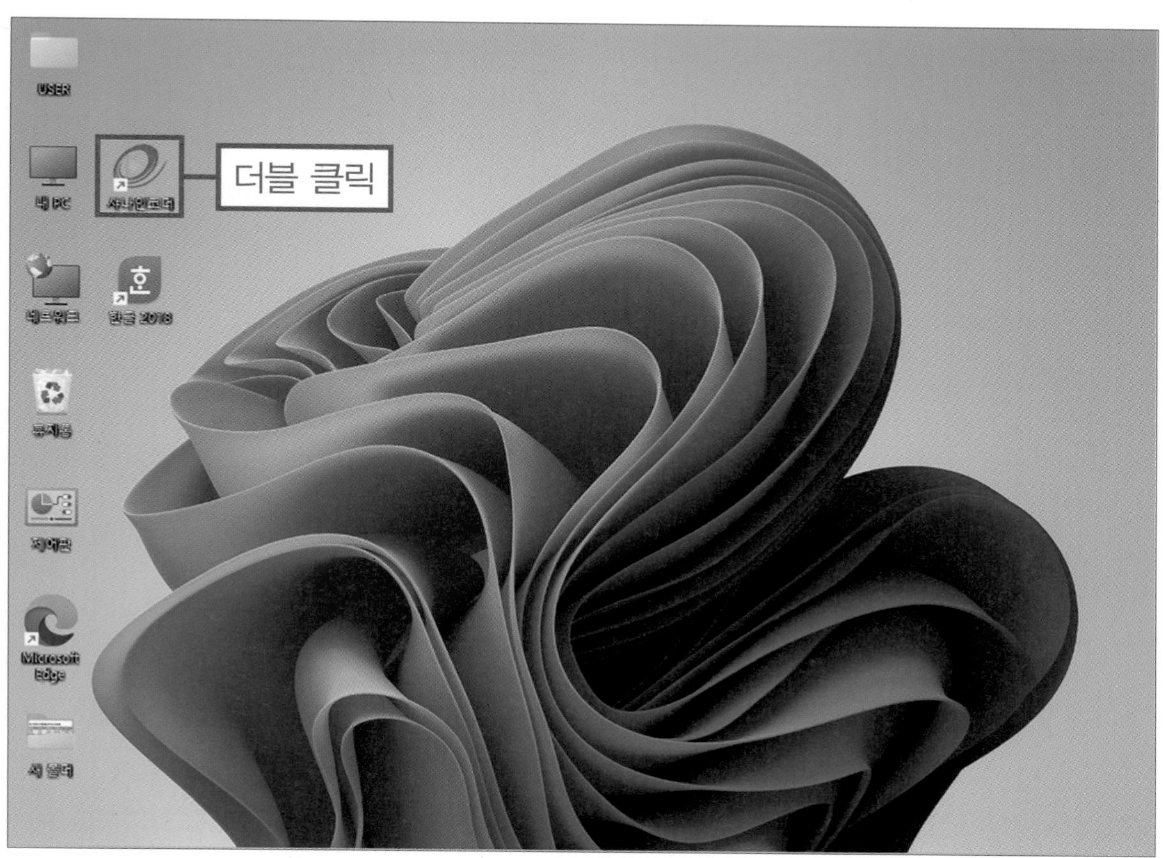

02 '샤나인코더' 대화상자가 나타나면 [파일 추가] 버튼을 클릭합니다.

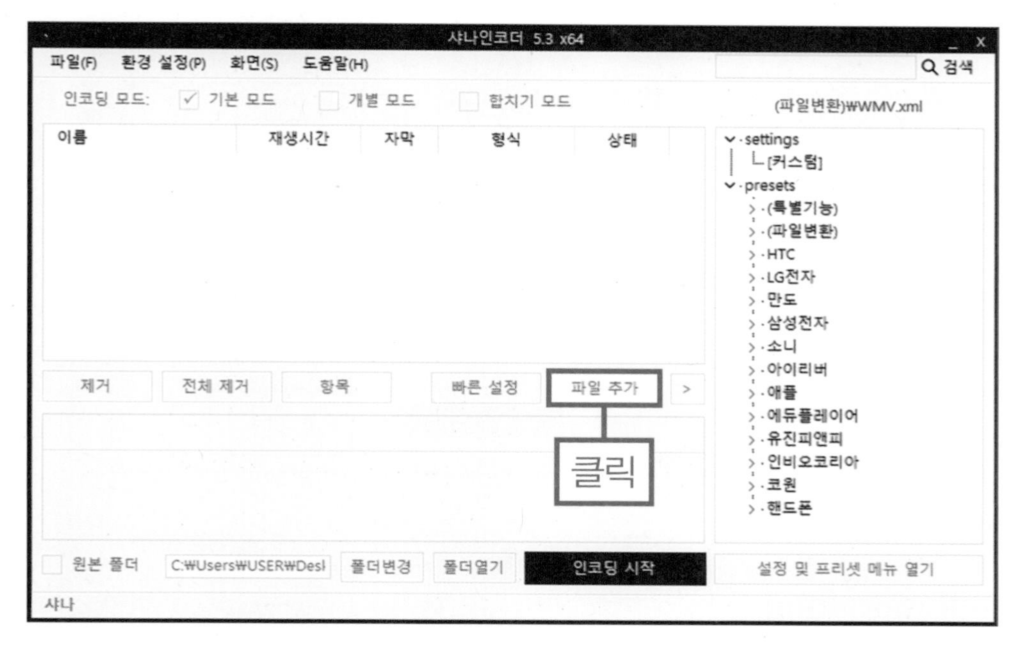

03 [윈도우11]-[교재예제]-[18장] 폴더에서 [까마귀.mp4] 파일을 선택한 다음 [열기] 버튼을 클릭합니다.

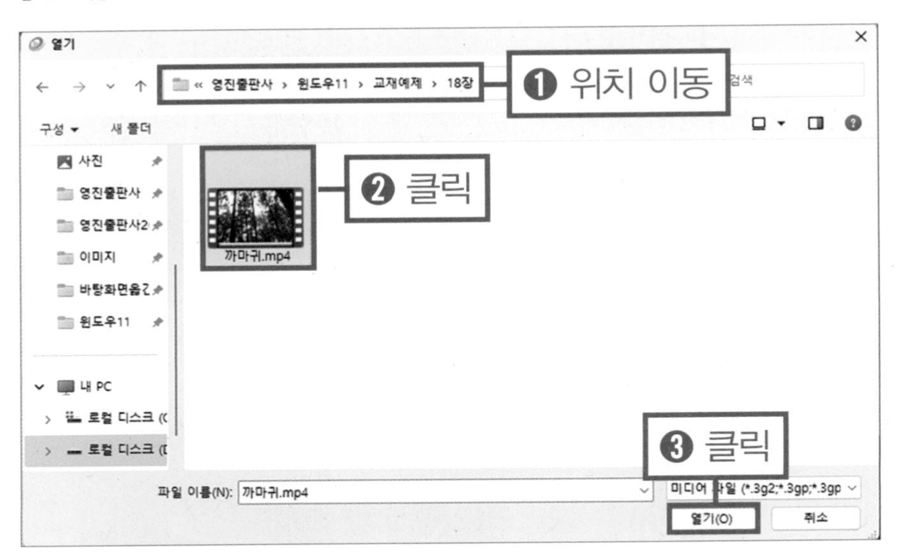

04 mp4 파일을 wmv 파일로 변경하기 위해 [presets]-[파일변환]-[WMV.xml]을 차례대로 클릭합니다. '알림' 대화상자가 나타나면 [예] 버튼을 클릭합니다.

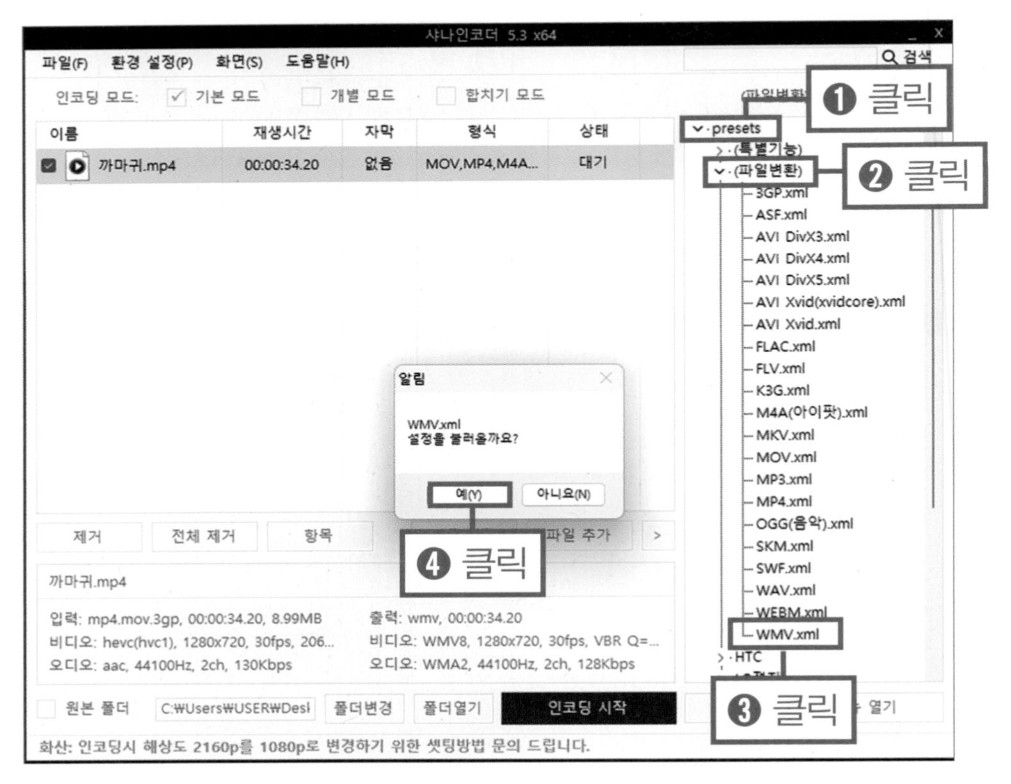

조금 더 배우기

mp4 파일이 윈도우에서 열리지 않을 때 윈도우 전용 비디오 파일인 wmv 파일로 변경 즉, 인코딩을 하면 쉽게 열립니다.

05 하단에서 입력과 출력 상태를 확인한 다음 [인코딩 시작] 버튼을 클릭합니다.

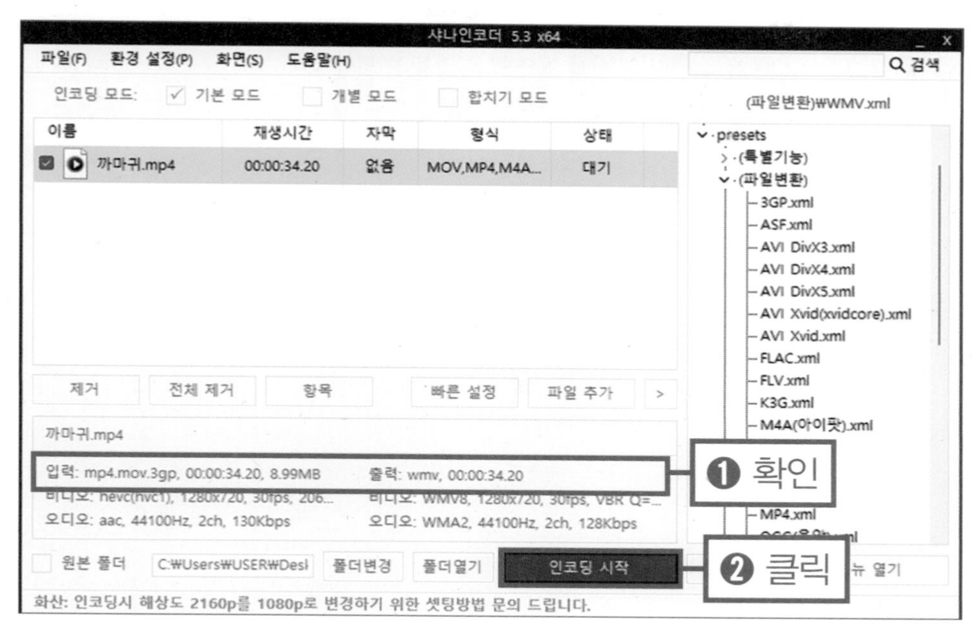

06 바탕화면에서 '[SHANA]까마귀.wmv' 파일을 확인합니다.

조금 더 배우기

샤나인코더에서 인코딩하면 바탕화면에 자동으로 인코딩되며 파일 이름 앞에 [SHANA]가 붙습니다.

CHAPTER 19

저작권 걱정 없는 폰트 다운로드받기

POINT

광고지나 알림 문서의 글자를 디자인하여 작성을 할 때 기본 폰트보다 디자인이 되어 있는 폰트를 사용하면 더욱 멋있는 문서를 작성할 수 있습니다. 이런 디자인 폰트는 인터넷에서 다운로드받아 사용할 수 있는데요. 이번 장에서는 저작권 상관없이 상업용으로도 사용할 수 있는 폰트를 다운로드받아 설치해 봅니다.

완성 화면 미리 보기

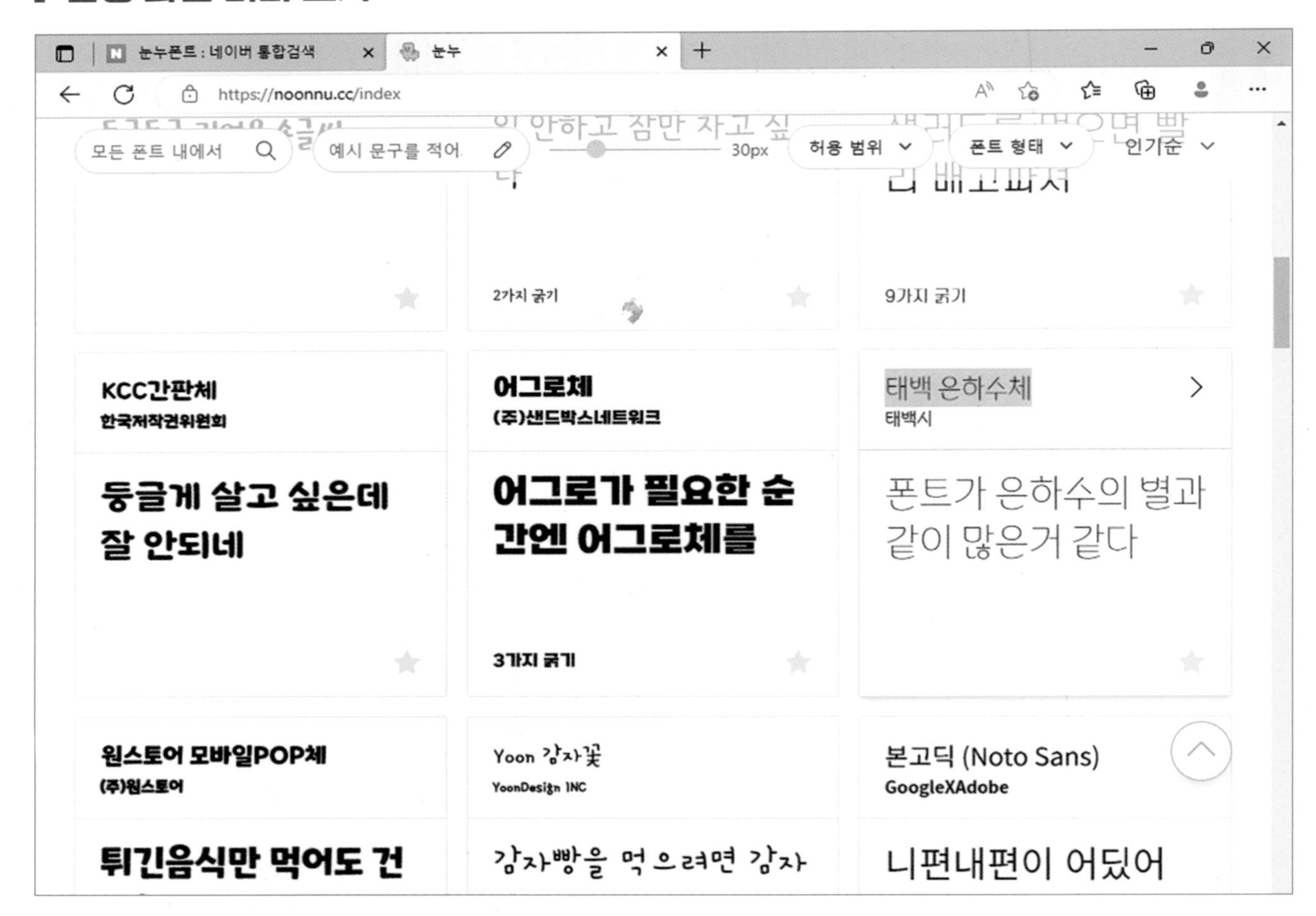

여기서 배워요!

폰트 다운로드받기, 폰트 설치하기

STEP 01 폰트 다운로드받기

01 네이버 검색란에 '눈누폰트'를 입력한 후 Enter를 누릅니다. 검색된 결과 중 [눈누]를 클릭합니다.

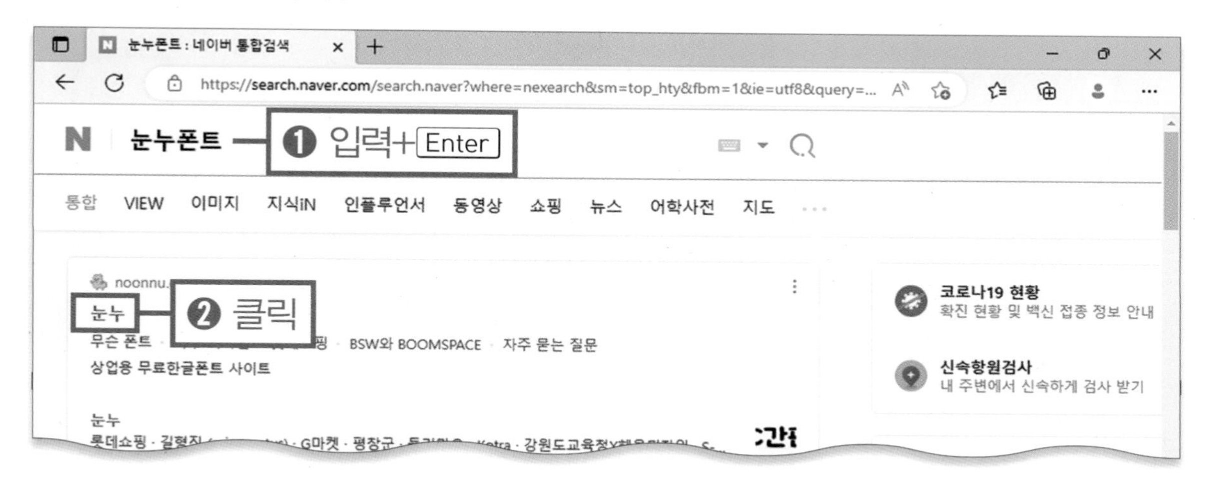

02 '눈누' 사이트가 나타나면 [모든 폰트]를 클릭합니다.

조금 더 배우기

'광고' 창이 뜨면 [닫기]를 클릭하세요.

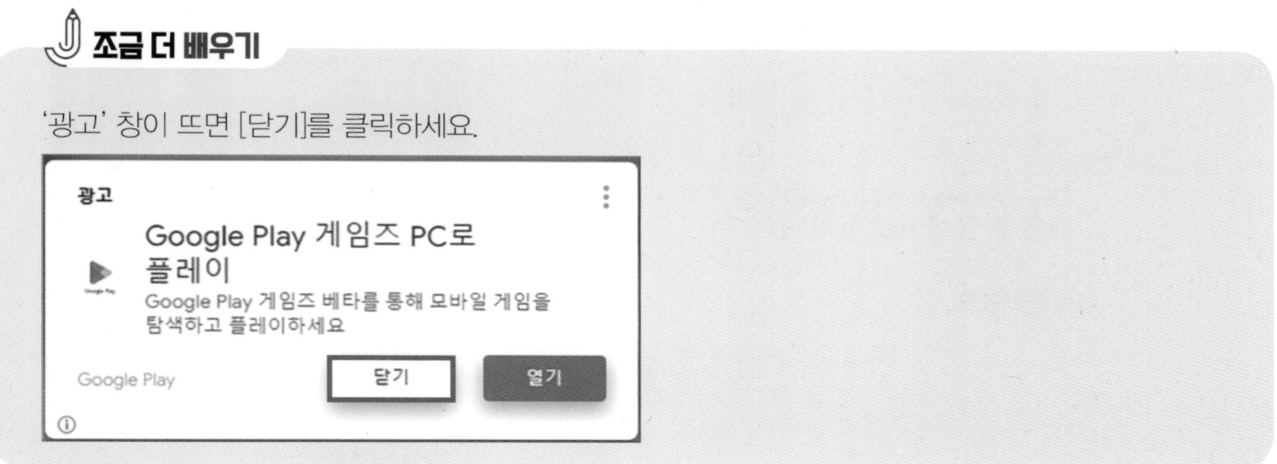

03 아래 폰트 종류 중 [태백 은하수체]를 클릭합니다.

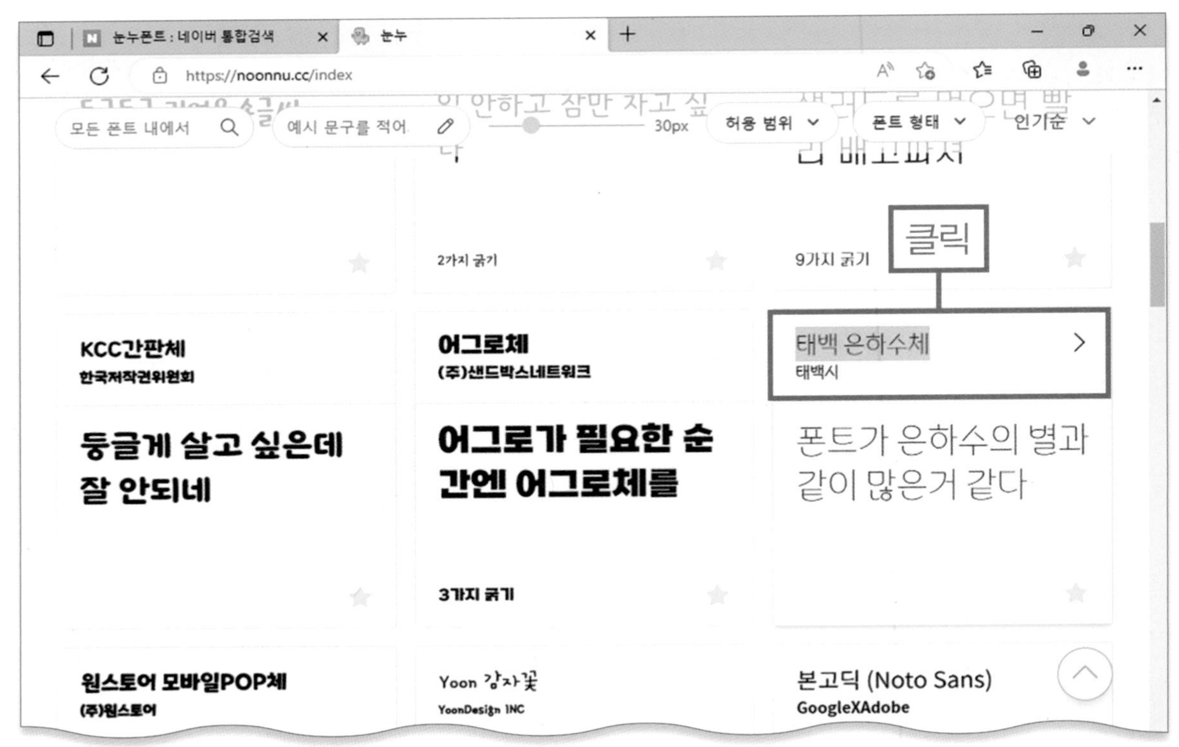

04 라이선스 본문을 확인한 다음 [다운로드 페이지로 이동] 버튼을 클릭합니다.

05 태백시청의 폰트 다운로드 사이트가 나타나면 아래의 [태백은하수체_true type font다운로드] 버튼을 클릭합니다.

조금 더 배우기

- '눈누' 사이트는 상업용으로 사용할 수 있는 폰트를 가지고 있는 사이트를 모아 놓은 공간입니다. 따라서 다운로드받는 사이트나 방법이 다를 수 있습니다.
- 폰트는 open type font와 true type font로 나뉘어 있습니다. 윈도우 사용자들은 두 개를 다 받아 사용할 수 있지만, true type font가 조금 더 설치가 잘 되기 때문에 true type font를 추천합니다.

STEP 02 폰트 설치하기

01 폰트가 다운로드되면 오른쪽 상단의 '다운로드' 창에서 [파일 열기]를 클릭합니다.

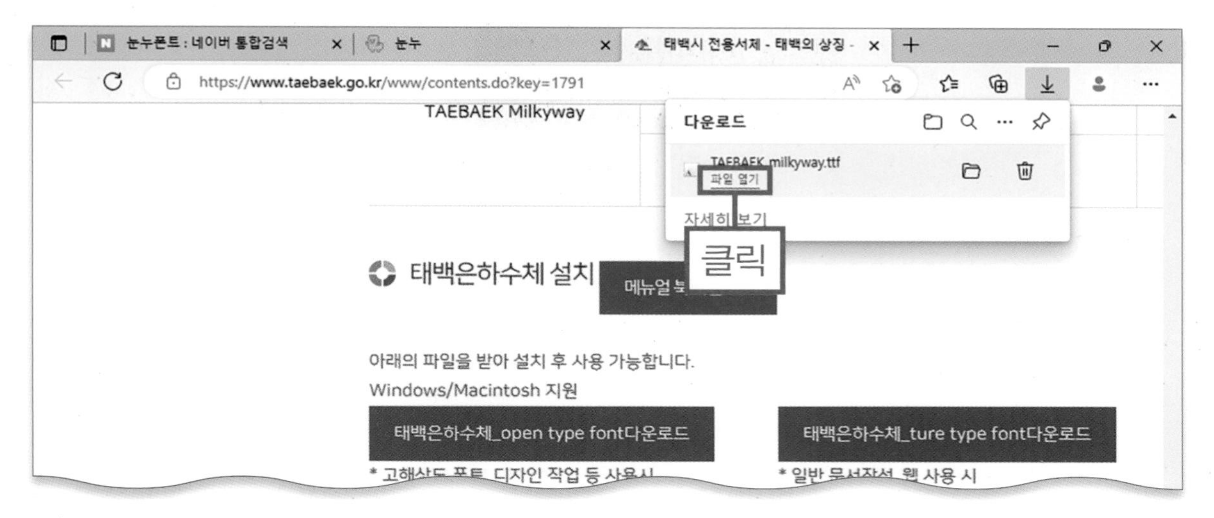

02 '설치' 대화상자가 나타나면 [설치] 버튼을 클릭합니다.

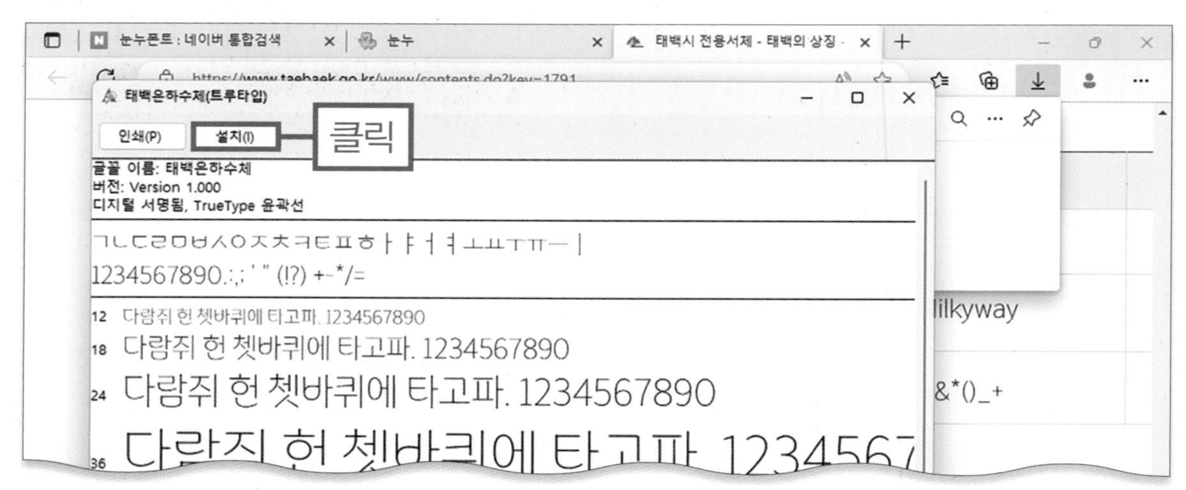

조금 더 배우기

확장자가 .ttf, .otf, .exe로 되어 있다면 클릭하여 설치할 수 있지만, .zip로 되어 있다면 압축을 풀어서 설치해야 합니다.

03 한글 문서를 열어 글자를 입력한 후 다운로드받은 [태백은하수체]를 확인하고 적용해 봅니다.

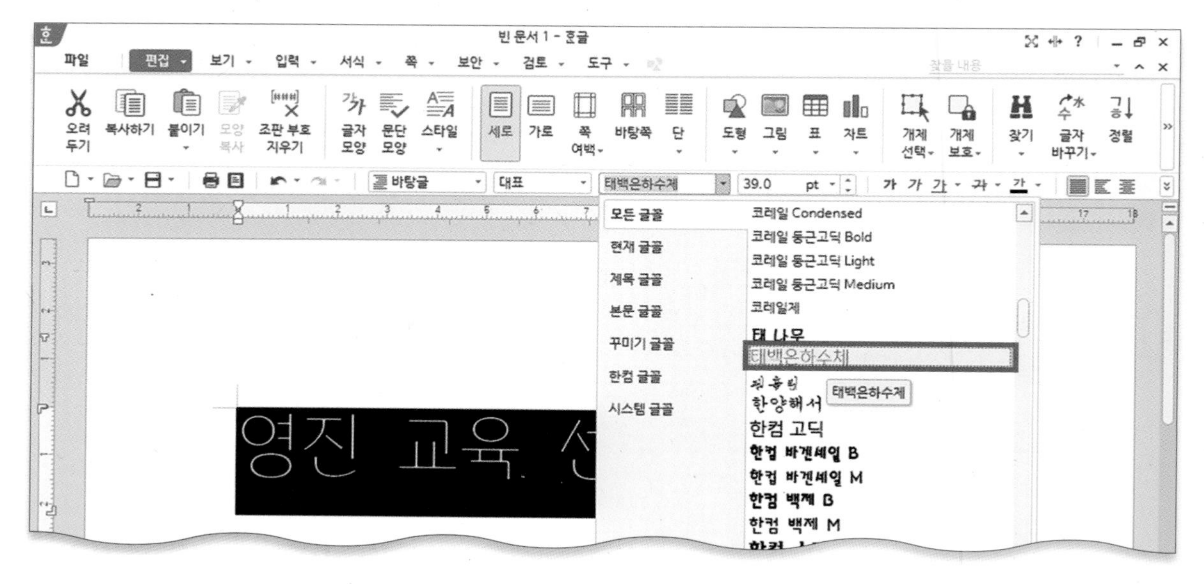

조금 더 배우기

문서 작성 프로그램에 다운로드받은 폰트를 적용할 때 다운로드받은 폰트가 나타나지 않는 경우가 있습니다. 그 이유는 문서 프로그램을 열어놓고 다운로드받아 설치했기 때문입니다. 모든 문서 프로그램을 종료하고 다시 열어 확인합니다.

혼자서도 만들 수 있어요!

1 눈누 사이트에서 '여기어때 잘난체' 폰트 중 [true type font]를 다운로드해 보세요.

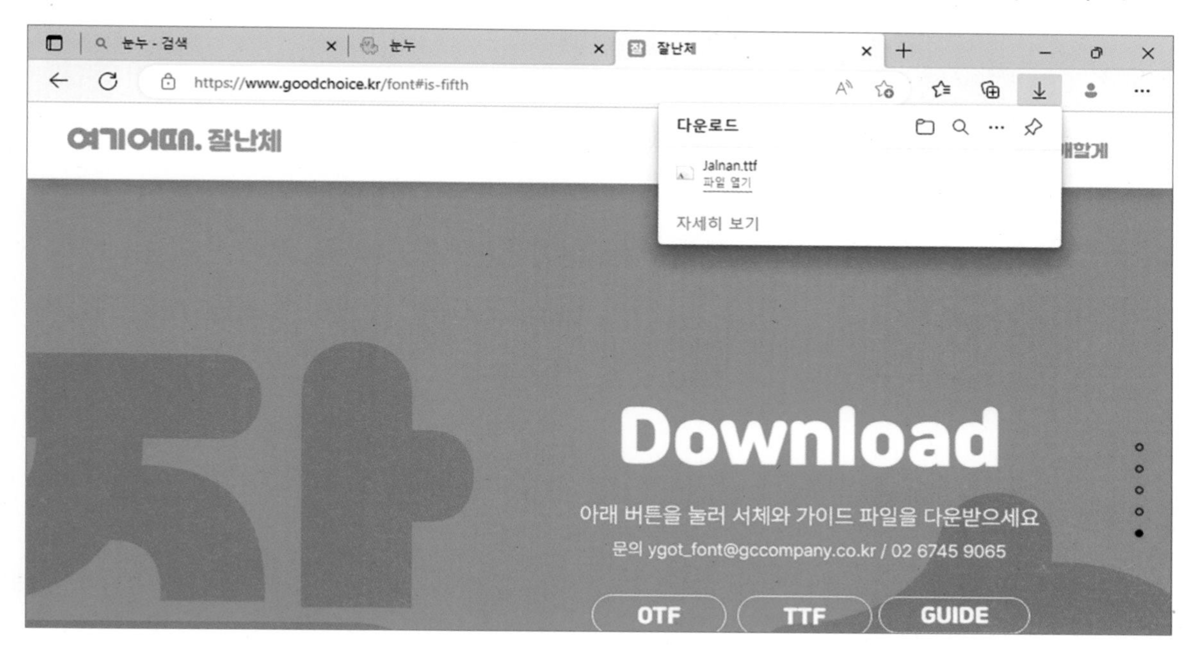

hint 눈누 사이트에 접속한 다음 [모든 폰트] 클릭 → [여기어때 잘난체] 클릭 → [다운로드 페이지로 이동] 버튼을 클릭한 다음 아래로 드래그하여 [TTF] 클릭

2 다운로드받은 '여기어때 잘난체' 폰트를 설치해 보세요.

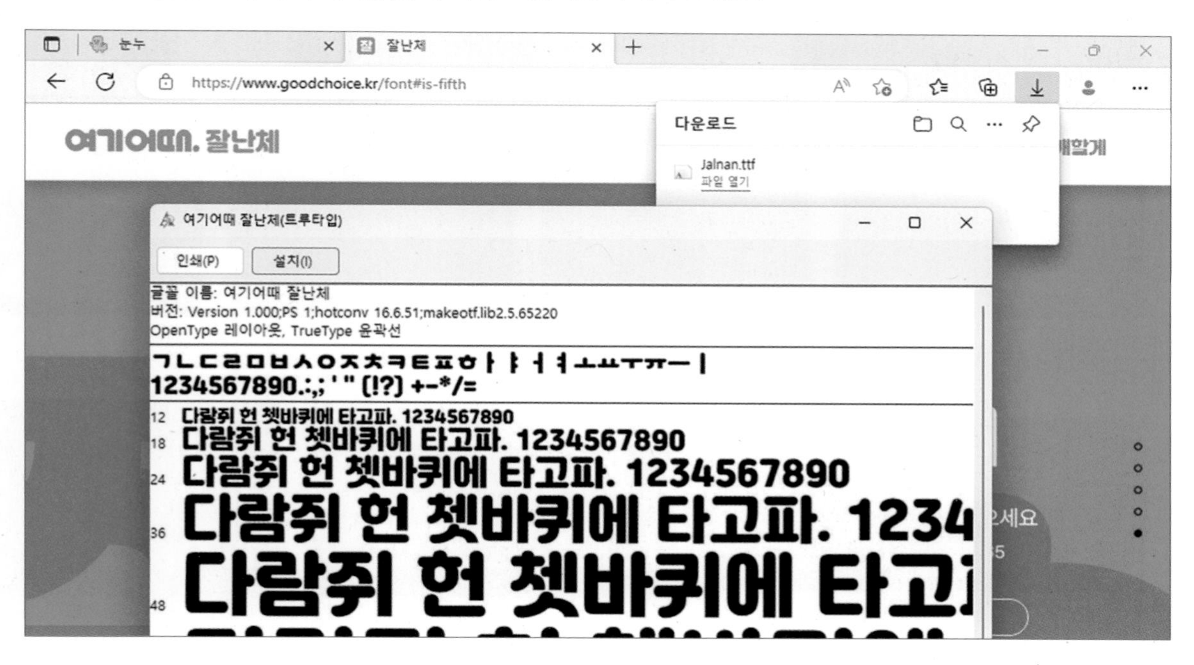

hint 상단의 '다운로드' 대화상자에서 [파일 열기] 클릭 → '설치' 대화상자가 나타나면 [설치] 클릭

CHAPTER 20

저작권 걱정 없이 포털 사이트에서 이미지 다운로드받기

POINT

우리는 가끔 인터넷에서 마음에 드는 이미지를 그냥 다운로드받아 사용하는 경우가 있습니다. 이런 이미지나 폰트, 음악 등에는 저작권이 있는데요. 이런 저작권 때문에 인터넷에서 아무것이나 마음에 든다고 다운로드받으면 안됩니다. 이번 장에서는 포털 사이트에서 저작권 걱정 없이 이미지를 다운로드받는 방법을 알아봅니다.

완성 화면 미리 보기

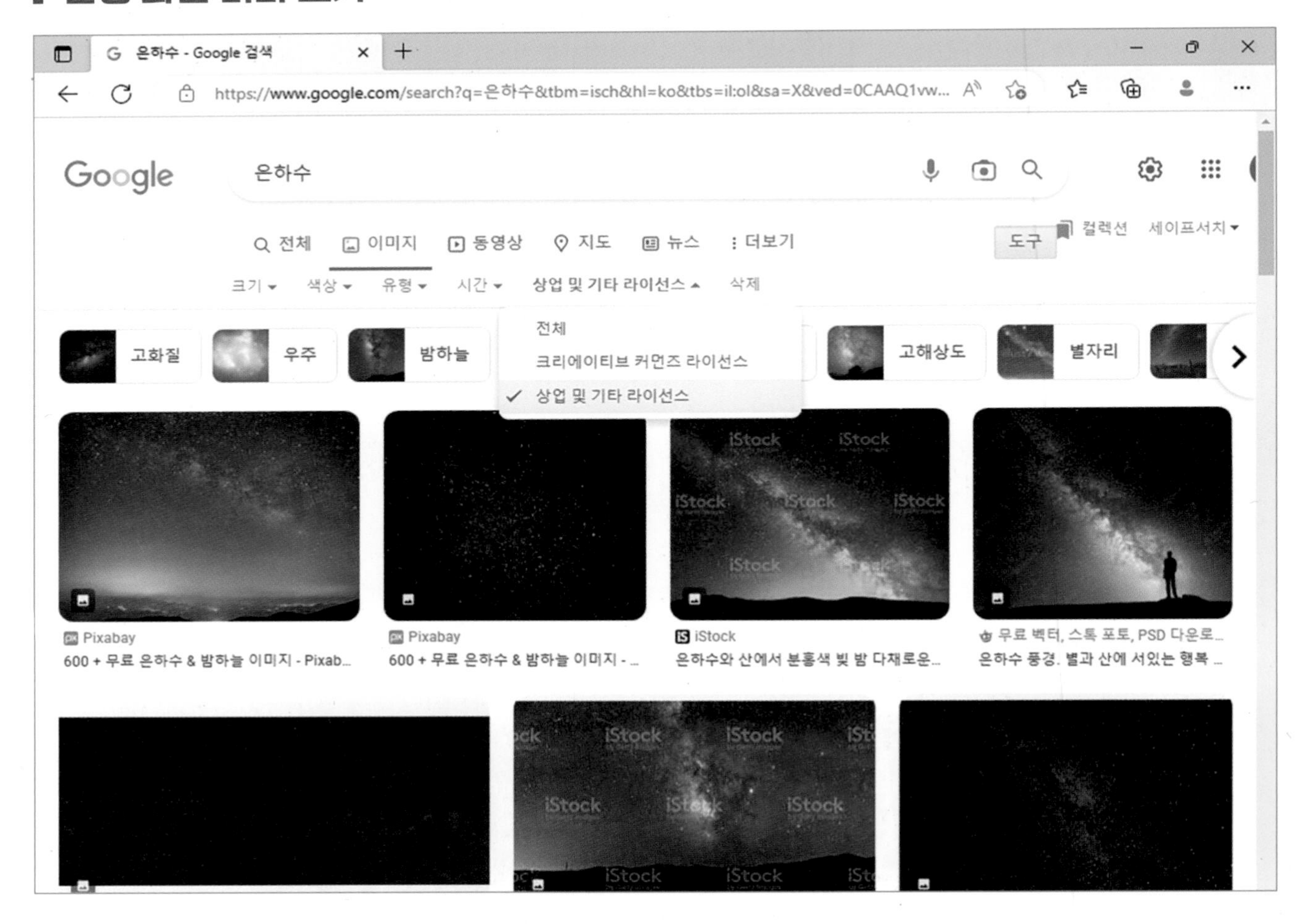

여기서 배워요!

구글에서 이미지 다운로드받기, 네이버에서 이미지 다운로드받기

STEP 01 구글에서 이미지 다운로드받기

01 구글 검색란에 '은하수'를 입력한 후 Enter를 누릅니다. 검색된 내용이 나타나면 상단의 탭 목록에서 [이미지]를 클릭합니다.

02 오른쪽 상단의 [도구] 버튼을 클릭한 다음 [사용권]-[상업 및 기타 라이선스]를 차례대로 클릭합니다.

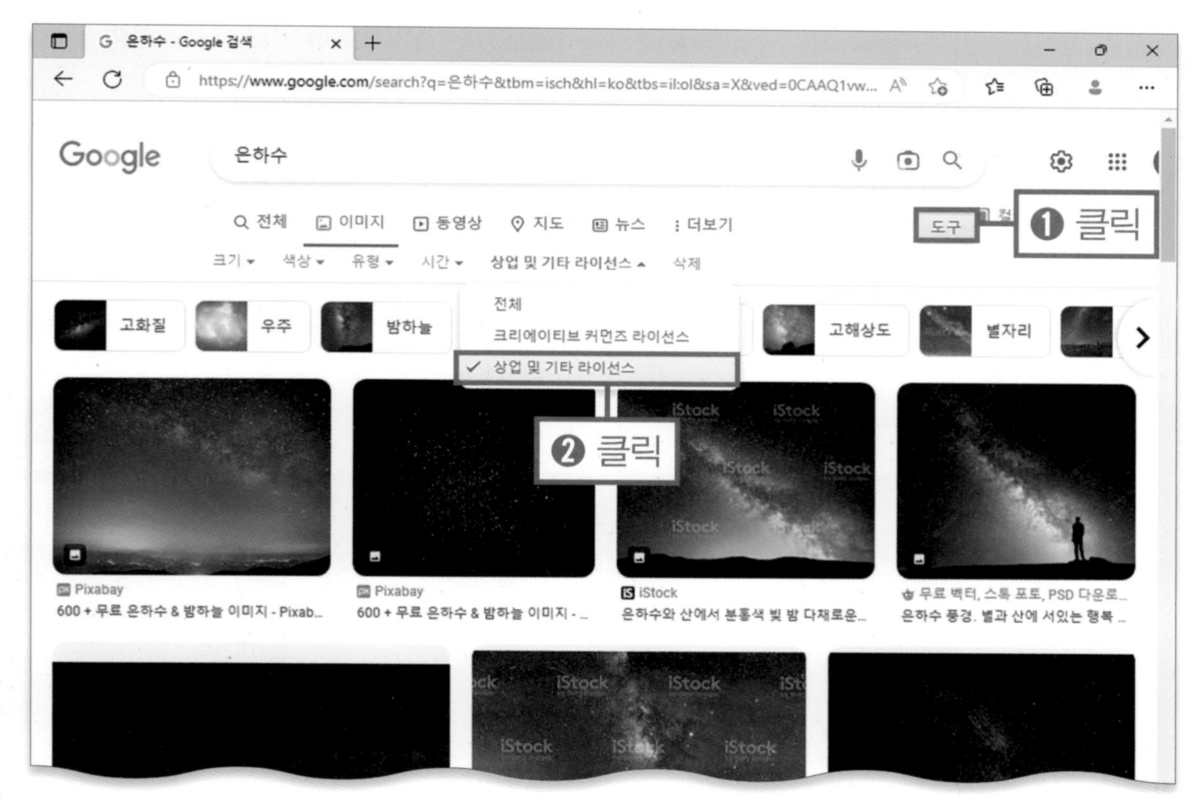

03 검색된 이미지 중 이미지 배경에 워터마크가 붙어 있는 이미지를 제외한 마음에 드는 이미지를 클릭한 다음 검색된 이미지 하단의 [방문] 버튼을 클릭합니다.

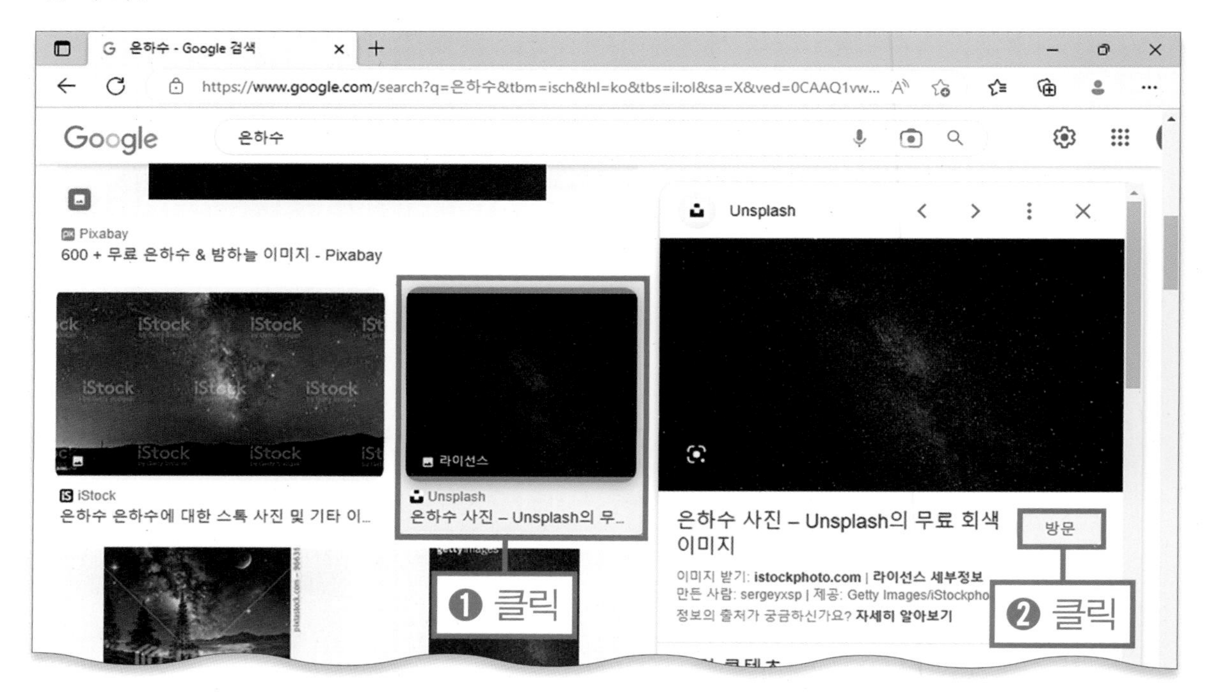

조금 더 배우기

구글 사이트에서 바로 이미지를 다운로드받을 수 있지만, 사이트에 방문해서 다운로드받으면 좋은 화질의 이미지를 받을 수 있습니다.

04 이미지가 있는 사이트(unsplassh.com)로 이동하면 오른쪽 상단의 [무료 다운로드] 버튼을 클릭합니다.

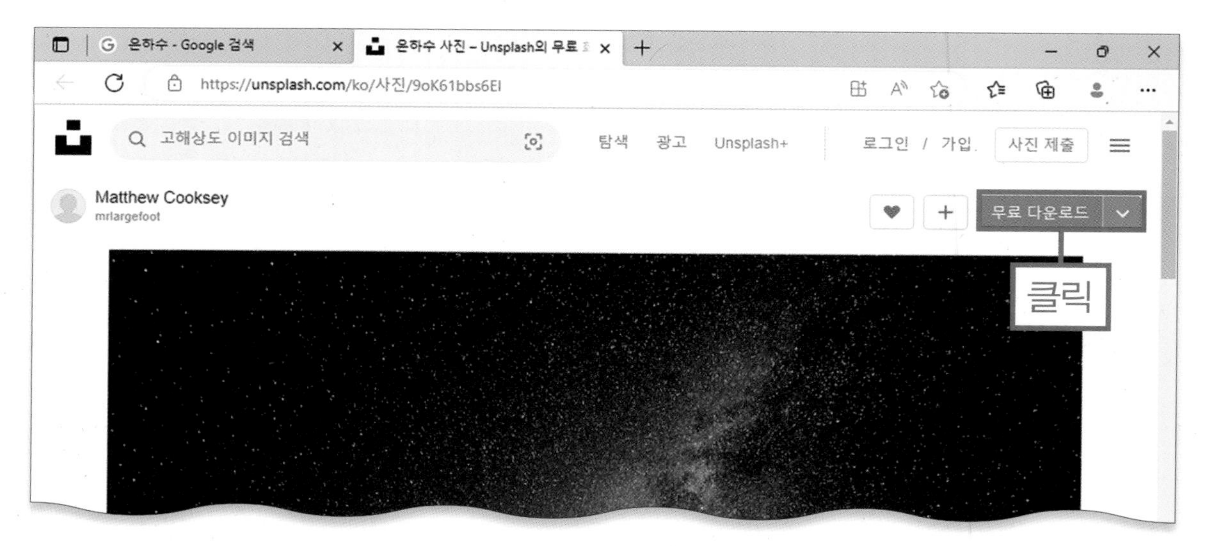

STEP 02 네이버에서 이미지 다운로드받기

01 네이버 검색란에 '은하수'를 입력한 다음 Enter를 누릅니다. 상단 탭 목록에서 [이미지]를 클릭하고 [옵션]을 클릭합니다.

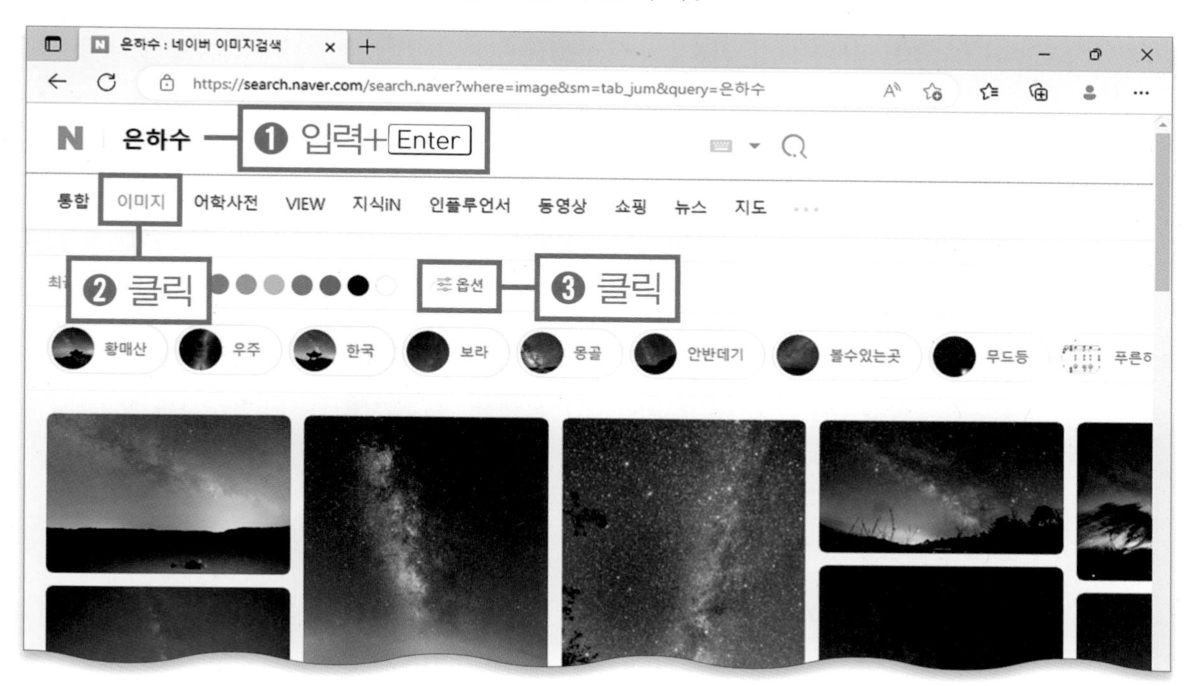

02 [상업적 이용 가능]을 클릭합니다.

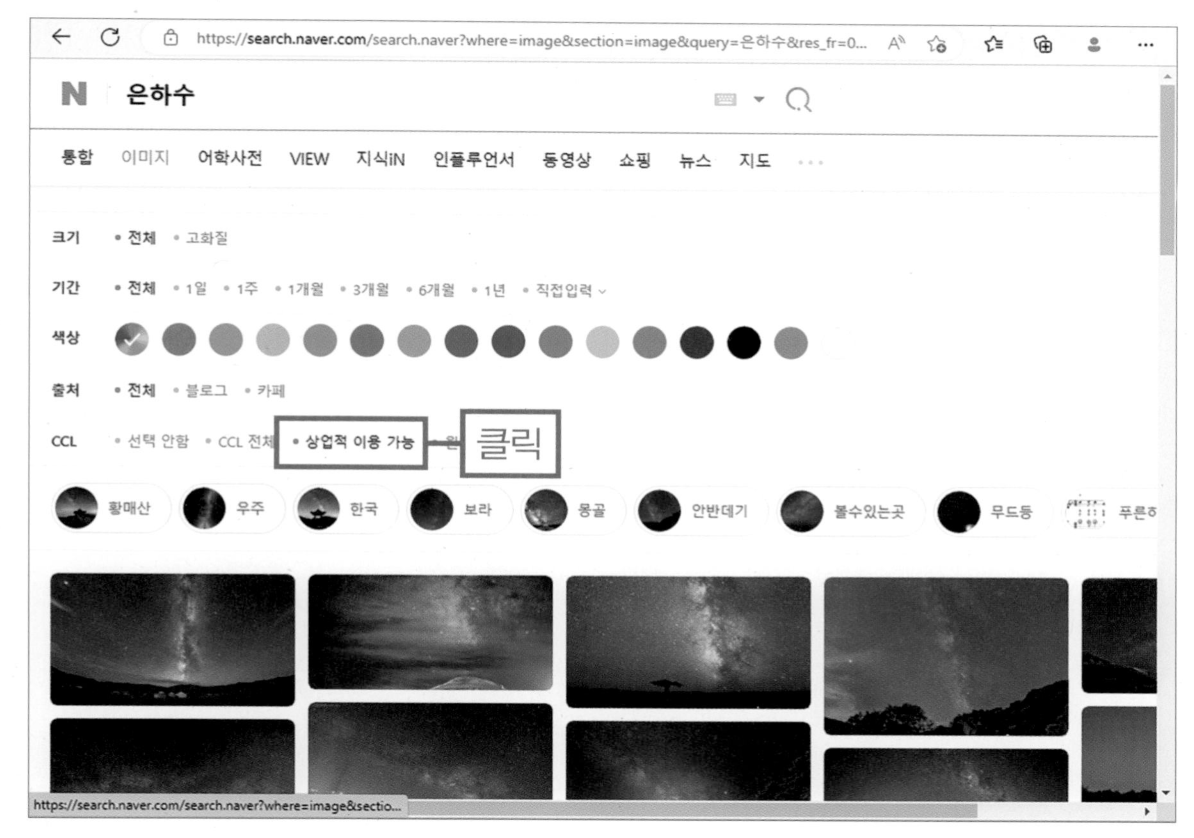

03 마음에 드는 이미지를 클릭한 다음 오른쪽 크게 나온 이미지에 마우스 오른쪽 버튼을 누릅니다. 메뉴 목록에서 [다른 이름으로 사진 저장]을 클릭하여 이미지를 저장합니다.

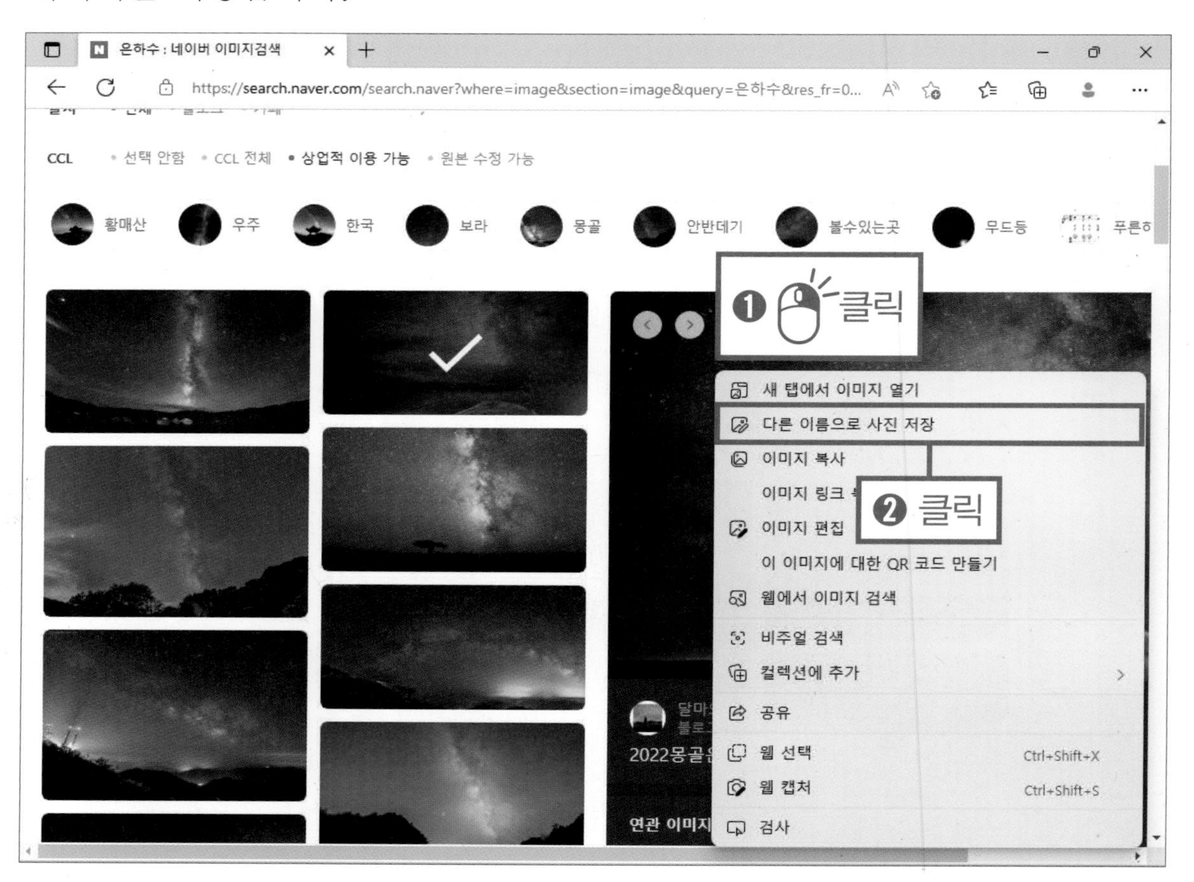

조금 더 배우기

네이버에서는 이미지가 있는 사이트로 방문하면 이미지가 있는 블로그로 접속됩니다. 블로그는 대부분 이미지를 저장하지 못하게 마우스 오른쪽 버튼을 막아 놓기 때문에 이미지 검색 창에서 바로 저장하는 것을 권장합니다.

쓱 하고 싹 배우는
윈도우11 & 웹 콘텐츠

1판 1쇄 발행 2023년 7월 3일

저　자 | 김영미
발행인 | 김길수
발행처 | ㈜영진닷컴
주　소 | 서울특별시 금천구 가산디지털1로 128 STX-V 타워 4층 401호
등　록 | 2007. 4. 27. 제16-4189호

ISBN 978-89-314-6923-3